我从太空考古

ARCHAEOLOGY from SPACE

[美]萨拉·帕卡克 著
陈召强 译

中信出版集团 | 北京

图书在版编目（CIP）数据

我从太空考古 /（美）萨拉·帕卡克著；陈召强译 .-- 北京：中信出版社，2023.10
书名原文：Archaeology from Space: How the Future Shapes Our Past
ISBN 978-7-5217-5982-2

Ⅰ.①我… Ⅱ.①萨… ②陈… Ⅲ.①卫星遥感—应用—考古学—研究 Ⅳ.① K851

中国国家版本馆 CIP 数据核字（2023）第 164192 号

Archaeology from Space
Copyright © 2019 by Sarah H. Parcak
Published by arrangement with A3 Artists Agency, through The Grayhawk Agency Ltd.
Simplified Chinese translation copyright © 2023 by CITIC Press Corporation
ALL RIGHTS RESERVED
本书仅限中国大陆地区发行销售

我从太空考古

著者：　[美] 萨拉·帕卡克
译者：　陈召强
出版发行：中信出版集团股份有限公司
　　　　（北京市朝阳区东三环北路 27 号嘉铭中心　邮编 100020）
承印者：　嘉业印刷（天津）有限公司

开本：787mm×1092mm 1/16　　印张：24.25　　字数：300 千字
版次：2023 年 10 月第 1 版　　印次：2023 年 10 月第 1 次印刷
京权图字：01-2020-0936　　　　书号：ISBN 978-7-5217-5982-2
　　　　　　　　　　　　　　　　定价：79.00 元

版权所有·侵权必究
如有印刷、装订问题，本公司负责调换。
服务热线：400-600-8099
投稿邮箱：author@citicpub.com

谨以此书献给我们家族的"冥想盆"
苏珊·扬

目录

CONTENTS

读者须知　　　III
前言　　　V

1 时间胶囊　　　001
遗址不是像片，而是电影胶片。

2 太空考古学　　　027
通过太空中的卫星，把目光重新投向地球。

3 太空考古学前景　　　053
我们或许可以破解任意规模遗址的密码。

4 高风险行业　　　083
诱惑力巨大，但成功的可能性微乎其微。

5 "挖错地方了"　　　113
城市在分崩离析后，会为我们留下什么？

6 伟大旅程   137
全球范围内，还有多少遗址等着我们去发现？

7 帝国覆灭   163
古埃及女性梅莉特的一生与一个时代的落幕。

8 古都重现   195
帮伊塔威古城实现其最深切的愿望：被铭记。

9 过去的未来   223
多种异常先进的成像技术已为未来做好准备。

10 挑战   251
"吟游诗人"唱着早已被大地吸收的文化之歌。

11 失窃的遗产   273
"盗墓贼，我们在看着你。"

12 面向大众的太空考古学   297
当凝视的时间够长，你便会重拾儿时的好奇心。

致谢   319

注释   327

读者须知

作者将把本书的部分预付款捐赠给据美国税法 501(c)(3) 条款在亚拉巴马州注册成立的非营利组织——全球探索者（GlobalXplorer），助其履行使命。这包括在埃及开展田野调查和设立教学与科研基地，为国外考古专家和文化遗产专家提供创新技术培训，为全球公民考古运动赋能。如果本书分享的观点对你有所触动，欢迎你访问 www.globalxplorer.org 网站，加入太空考古学家训练营。

前言

我这一生都活在废墟中。绝非虚言。不过，这不是一本哭求帮助的书，亦非讲述自我探索之旅的书。我是一名考古学者。在过去的20年里，我大部分时间都在埃及和中东其他地区进行考古发掘，在中南美洲探索遗迹，在欧洲各地绘制遗址地图，甚至偶尔挖掘维京人的遗迹。你可能会说我沉迷于脚下的土地以及地下可能存在的所有奇迹。它们未必璀璨夺目，但都是无价之宝。地下藏着种种线索，让我们知道我们是谁，我们是如何走到今天的，以及未来我们如何才能蓬勃发展下去。

回顾过往，我们大多数人都能够确认影响我们人生历程包括职业生涯的关键时刻。这可能是一个出乎意料的事件，可能是你遇见了一个对你至关重要的人，也可能是某种顿悟。总之，一些人或事影响了你。就我个人而言，我可以确认，我所受的影响一方面源于虚构作品，另一方面则源于现实生活。

比萨、录像带以及我成为考古学家之路

如果你和我一样出生在 20 世纪 80 年代，那么周五晚上的例行安排可能就是买外带比萨，然后去当地录像带租赁店挑选录像带。唉，写到这儿，我都觉得我已经老了。放学之后，妈妈会带我和弟弟阿伦·帕卡克去街上的一家录像带租赁店。这原本是栋破旧的老房子，一番改装之后，里面摆放着数以千计的录像带，并按不同的题材和年龄段进行了分类。

妈妈颇为懊恼的是，我们每次挑选的影片不外乎以下三部：《公主新娘》《大魔域》《夺宝奇兵》。（如今我自己也当妈妈了，而我家孩子只想无限循环播放《小黄人大眼萌》。我很是佩服我妈妈扛过了当年炼狱般的经历。现在，轮到她笑话我了。）

如果我们挑的是《夺宝奇兵》，我会全神贯注地坐在屏幕前，牢记影片中的每一个场景、每一段对话、每一种手势。我也说不上来吸引我的是什么，可能是埃及，可能是纯粹的冒险刺激，也可能只是哈里森·福特。但就是这部影片，让我感受到了使命的召唤。

在当时那个年龄，我还不知道考古学家是有分类的，他们并非都从事相同的工作。考古学有很多分支：除了专门研究某一特定时期或某一特定地区的考古学家之外，还有专注于陶器、艺术、骸骨、古建筑、年代测定技术乃至文字和图案的考古学家。

就我而言，我属于一个较新的分支——太空考古学。这个术语可不是我臆造的。太空考古学是指利用卫星数据集寻找那些靠其他手段难以发现的考古遗址，然后对其进行测绘。其中，谷歌地球就是常用的卫星数据集之一。虽然这份工作很酷，但在本科刚上考古学课程时，我并没有把它列为明确的职业选择。

但为什么我最终选择了这个职业呢？故事还得从我的外公、曾在缅因大学任林业学教授的哈罗德·扬说起。小时候，每逢周末，我和阿伦就会去外公外婆家，因为父母经营着一家家庭餐馆，常常要忙到深夜。外公外婆住在缅因州奥罗诺，房子旁边是一条丘陵林荫道。那时候，两人都已经退休了。退休前，外公在缅因大学任教，而外婆则是这所大学的教师评议会的秘书。

无论是在家中还是早前在教师评议会，外婆都掌握着绝对话语权。所以，每当我和阿伦问能不能到外面玩时，外公总是以同样的话回应我们。

"我只是个上尉，"他笑着说，"这得去请示将军！"然后他转过身，利落地行起军礼。这会惹得外婆生气，而我们则咯咯地笑起来。

外公和我的太空之旅

外公的确当过上尉，二战期间在伞兵部队，即被称作"呼啸之鹰"的美国陆军第101空降师服役。在诺曼底登陆的前一天，他带领一个排的兵力执行跳伞任务。他还领导过一次刺刀冲锋，荣膺一枚加缀一簇橡树叶的铜星勋章和一枚紫心勋章。要知道，在这场战役中，类似的白刃战总共只发生过6次。为筹划人员着陆位置并绘制集结地点，外公对航摄像片进行了分析。这在当时是一项非常先进的技术。

在杜克大学攻读林业学博士学位期间，外公仍不忘这项技术，并在此基础上开发了利用航摄像片测绘树木高度的新技术。在近30年的时间里，他培养了一代又一代的林业学学子，指导他们在研究中运用这类像片，并且成为世界知名的林业学家。

对于外公的职业生涯，我只是偶尔听家人讲起。有时候，他会消失一段时间，到遥远的地方参加国际会议，回来时会给我们带扎伊尔（现刚果民主共和国）的木雕大象。后来我才知道，他把自己所有的林业学藏书都捐给了那里的机构。小时候，我还搞不清楚佩戴勋章的战争英雄或杰出的科学家意味着什么。我只知道外公是一个善良、温和的人，他会开车带我和阿伦去校园里看那里的奶牛。奶牛被关在牲畜棚里，都是做研究用的。如果表现得好的话，我们还会喝上新鲜的巧克力牛奶，这在当时是罕有的。直到今天，我仍然以为巧克力牛奶来自巧克力色的奶牛。

最重要的是，我记得外公让我们看他的立体镜。[1] 这个立体镜看起来像台式双筒望远镜，当你用它来观察两张略微重叠的航摄像片时，效果非常神奇——像片成了三维的。对易受影响的小孩子来说，这种经历是难以忘记的，同时也指引了我人生最初的道路。

作为"最伟大的一代"的一员，外公跟同时代的很多人一样，绝口不提自己的战争经历。我高中时曾就一份课业采访外公，但他说那些日子都已经过去了，真是谢天谢地！森林里很安全，有各种各样的树可以测绘和标记，而他每次带我们外出，必定是去森林无疑。外公每天都坚持跑3英里①，在因癌症去世的前一天，他依然有力气在街区散步。

在外公去世3年后，我逐渐对他的研究有了更多了解，同时也越发对自己再没机会和他进行这方面的讨论而感到遗憾。那时，他的研究论文已经可以在网上查阅，在越来越强烈的好奇心的驱使下，我在大四学年选修了一门关于遥感的入门课。外公从未涉足卫星影像领域，作为一项技术，卫星影像在他退休约15年后才开始应用于林业。我

---

① 1英里=1.609 344千米。——编者注

只是想搞清楚卫星影像和航摄像片存在哪些不同之处。另外，大多数考古学家可能已经将卫星影像应用到自己的研究之中，特别是在埃及考古领域。不是吗？一切应该都被测绘了。哦，我可真是太天真了！

在准备这门课程的期终论文时，我理了一下头绪，意识到可以利用卫星探测埃及西奈一带考古遗址附近的水源。在搜索相关论文时，我找到的屈指可数，而且它们之间是相互引用的。我一下子走进了死胡同。正是因为这门课，我先后攻读了该专业的硕士和博士学位，至今从事相关研究工作已经约20年。走上这条职业道路，我要感谢外公。

帽子、我的过去以及未来

作为一名考古学者，我觉得我和外公之间的这种联系很有意义。你的长相和好恶，只不过是"你"这处考古遗址的表象。我们的祖先长眠于地下，以其独有的方式丰富着我们的生活，而这种方式连我们自己都搞不清楚。有太多的东西藏在我们的DNA（脱氧核糖核酸）中，藏在我们现在以及我们人类数千年前生存的土地的DNA中。我们只是需要一种视角，把自己抽离出来，进而揭示我们之间以及我们内在的线索与联结。

在这样一种视角的坚实支撑下，梦想可以带我们去任何地方。小时候看《夺宝奇兵》时，如果你说我将来会成为一名太空考古学家，我是不会信你的。我也绝对想不到有朝一日我会见到饰演印第安纳·琼斯的哈里森·福特本尊。

时间要拉回2016年。当时我在温哥华做一场TED[2]演讲，主题是太空考古学家的工作以及我对太空考古学发展潜力的设想。同影片中的印第安纳·琼斯一样，那时我已经是一名考古学者了。我听说哈里森·福特有可能来听这场演讲，但同时也被告知不要抱太大希望。但好运气是挡不住的——他真的来到了演讲现场。我的好友、TED研究员项目创始人汤姆·里利为哈里森组织了一场午宴，我也被邀请了。我记得得知这个消息后，我前一天晚上都没怎么合眼。

当哈里森走近时，我的心狂跳起来。他看起来和电影中一模一样——棱角分明、粗犷不羁、俊朗帅气。当我们握手时，他对我前一天所做的演讲大加赞赏。这时，我觉得有一件事必须开诚布公地讲出来。

"我是受印第安纳·琼斯的启发进入考古学领域的，"我告诉他，"我们这个行业里的很多人都是如此。我代表我们所有人感谢你。"

"你很清楚我只是饰演一个角色而已，不是吗？那部电影中的台词，你记得的比我还多。"

"那当然只是一部电影，不过是你把印第安纳·琼斯演活了。这给我带来了最初的启发，所以我要感谢你，发自内心地感谢你。"

也许他只是一个非常优秀的演员，但我真心觉得，直到那一刻他才明白他对我们这个领域近几代从业者所产生的影响。

我和丈夫一起与他共进午餐，真是棒极了。这期间，过于兴奋的我一直唠叨着考古的事情。其实，他更关心的是野生动物的保育，而不是文化遗产，即便如此，他还是认真听我讲，时不时露出迷人的笑容。他是那么礼貌和友善，听得又那么津津有味，我真的感激他。

饭后，我们到室外拍照留念。这时，我拿出了一顶棕色的软呢帽。哈里森看着我，然后摇了摇头。

"想不到你连帽子都带来了。"

"我实在无法抗拒。"我说。他大笑起来。

"既然你是货真价实的考古学家，我就让给你了。"

没错，我们拍了一张争抢那顶帽子的照片，我会永远珍藏它。

太空考古学的范畴

得益于日新月异的科技，人类的故事，或者说我们的故事，正以极快的速度向前发展着。在新的数据集的辅助下，我们构造出来的新故事，可以让我们以一种更真实的方式了解我们的祖先，以及了解我们自己。

卫星影像等新技术带给我们的发现是令人震撼的。它们可以帮助我们重写历史。过去，在整整一个夏季那么长的考古季中，我们只能测绘几十处古遗址，而现在，仅用短短几周的时间，我们就可以测绘几百处乃至数千处古遗址。随着信息处理和人工智能技术的飞速发展，这样的考古任务，未来可能只需要几个小时就能完成。

假使你有志成为一名考古学者，但又担心我们这些太空考古学者会占得先机，抢先发现新的遗址，那么在这里，我要说的就是你大可放宽心。发现古遗址的位置，只是考古工作的第一步。我们还要对遗址进行地面实况调查，然后是持续数年之久的发掘工作，以便更好地了解遗址内的各种遗迹。说实话，我们真的有太多的工作要做。

为让你了解太空考古领域的变化有多大以及发展得有多快，我特意最后才写前言，以便将最新出炉的卫星技术相关的考古发现纳入本书。在完成各章的撰写和编辑工作之后，在下一个重大发现公布之前，我想应该可以稍稍松一口气。但帕卡克，别做梦了！

《自然》上发表的一篇文章称，考古学家乔纳斯·格雷戈里奥·德索萨的团队通过卫星影像技术和地面勘测，在巴西亚马孙河流域发现了81处前哥伦布时代的遗址。根据他们的发现，该团队推测亚马孙河流域7%的区域内，可能还存在其他1 300处可追溯到公元1250年到1500年的遗址，而在整个亚马孙河流域，更是有超过

18 000处遗址。这个现在看起来已基本不适宜居住的地区，曾经可能是超过100万人的家园。

在巴西中北部地区、早前鲜有考古学家踏足的塔帕若斯河上游流域，该团队发现了仪式中心、大规模土墩、环形村镇和修建有防御工事的定居点。[3]对我来说，这些发现的非凡之处是，考古学家以及其他一些人对这片热带雨林中是否存在遗址以及存在何种遗址的认知有多么自以为是。借助卫星数据，考古团队可以在几个月内完成大片区域的搜寻工作，而若是采取田野调查的方法，同样的区域则需要几十年的时间。这一切都源于一个仅仅出现了20年的考古学分支。虽然这个世界对它的了解越来越多，但要在大众中普及开来，还有很长的路要走。我曾因出国工作而申请购买一份旅行保险，对方的报价高得吓人，年费超过5万美元。当我问起原因时，他们承认他们以为我要飞上太空，然后通过卫星寻找古遗址。我简直要笑死了。

在撰写前言时，我正在下载埃及吉萨金字塔全新的卫星影像，该处的胡夫金字塔是世界七大奇迹中唯一尚存的。我会不会在那里找到以前从未发现的东西呢？不得而知。我从过往经历中学到的最重要的一课，就是期待各种意想不到的事情。新的遗迹可能会出现在你先前没有想到的地方。就吉萨金字塔而言，新的遗迹可能会推翻长期以来业界所持的有关遗址主要地点和时期的假设。在接下来的章节中，你会读到这方面的内容。

通过卫星数据测绘遗址虽然很有趣，但真正让我穿越时空、把我带回几千年前的是对遗址的探索。在那个时代，人们信仰不同的神，讲着如今已经灭绝的语言，住在我们认为从未有人住过的地方。他们就是晚期智人。

正因为如此，考古有激发我们创造伟大奇迹的潜力，进而把我们所有人团结起来。在当今这个充满冲突的世界里,这种团结的力量正是我们迫切需要的。在我们中间,有的人可能没有机会亲临遗址,亲身体验那种油然而生的敬畏感,但我希望我在书中分享的故事能够给人带去这种情感。同时我也想说,基于我们所得到的碎片化信息,我们对古人的了解有多么自以为是,而有时候又错得多么离谱。

关于遥感技术能否全面揭示我们生而为人的意义,以及能否帮助我们避免重蹈先前伟大文明的覆辙,目前还没有相关论文发表。我要说的是,先前的文明中包含着非凡的智慧,是值得我们认真学习和借鉴的。这些智慧深深地影响了我,并教我从长远的眼光来审视当前发生的事。在超过30万年的时间里,我们的祖先在地球这颗行星上不断迁徙,并凭借自身的创造力、胆识和创新精神,当然还有破坏力,得以生存下来,有些时候还蓬勃发展。

书中所讲的太空考古学以及它对研究的贡献和它为人类叙事提供帮助的故事,仅是为了表明这门科学有很多的可能性。然而,这些新故事所涉范围极广,我想你一定会感到惊讶,也一定会受到启发。自从在地球上出现,我们人类就不断深入地探索未知领域。现在,我们已经开始把探索重点转向火星以及其他遥远的地方。据此,我们可以想象,再过10万年,将会有真正意义上的太空考古学家从一颗行星飞到另一颗行星,探索我们在其他星系建立的早期聚落的遗迹。

他们探索的起源与他们相隔很多光年,但他们所问的问题与我们现在所问的问题大致相同,都是关于前人的。不过,问题的答案远没有问题本身重要。太空考古或许是我们了解人之所以成为人的一个起点。我们的问题包括事件的时间、地点、起因、经过以及与之相关的人物,而从外太空俯瞰地球,我们还需要创造新的工具,用来帮助我们解答这些问题。

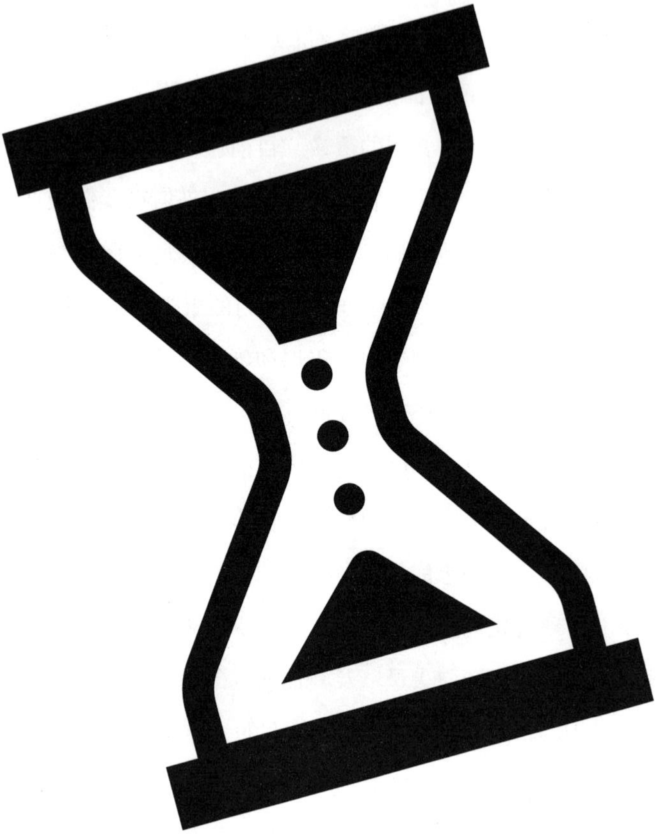

时间胶囊

遗址不是像片,而是电影胶片。

I

当我第一次看到古遗址时，我的内心没有任何准备。那是1999年的一个下午，我搭乘航班前往开罗。可能是运气使然，也可能是上天的安排，我坐在机舱左侧。当飞机低空飞过吉萨金字塔时，我望向窗外，一时间竟不敢相信自己的眼睛。我曾梦想的一切，以风化的淡黄色石灰石的形态呈现在我的眼前。沐浴在阳光下，这些有着4 500年历史的遗迹向我发出了邀请——对我余生的邀请。即便是在今天，我已经参观过吉萨金字塔很多次，每到现场，我还是会感受到全身心的震撼。作为一名埃及古物学家，我了解古埃及人是何时、以何种方式和因何种原因为第四王朝的伟大国王建造陵墓的，而整个工程算下来，估计动用劳工多达2万人。但熟知详情，也丝毫不减我的惊讶之情。

我那次去埃及出差，是为参加当地的发掘工作，这也是我生平第一次参加这类项目。在发掘开始前的两周，我独自一人在埃及各地旅行。（我想问一问20岁的自己："你到底在想什么？"）这是一次大冒险，其间也有许多奇妙的偶遇。比如，在阿斯旺的菲莱，我遇到了一群来自中国台湾的老年游客，并在他们的邀请下，参加了为期4天的尼罗河豪华游轮之旅。整个行程中，旅游团领队只收了我200美元的费用，并告诉我，我将来可以当"考古大使"。而要说出力最多的一次经历，则是在一家以装饰艺术和经典艺术混搭为主题的迪斯科舞厅，教几位老奶奶跳赛前舞。

尽管考古有着超乎寻常的魅力，但我的工作经常会让我远离那些迷人的高光时刻。在任何一个旁观者看来，校园附近的现代足球场之下，可能不会藏有值得登上全球新闻头条的考古发现，但我就是在这些看起来并不起眼的地方发掘古老的答案的。虽然它们不像吉萨金字塔那样耀眼，亦未被完好地保存下来，但职责所系，我要通过文字或模型来重建这被时间摧毁的一切。

即便是在同一个国家，也不存在典型的古遗址，而且各地遗址的保存情况也不尽相同。在吉萨金字塔以南仅20千米处，你可以看到高耸的错落有致的泥砖筑"丘陵"。这是一些内部已经坍塌的金字塔，它们的建造时间比吉萨金字塔更晚，却更早地屈服于人为的劫掠和时间的摧残。同样，考古遗址的规模也不尽相同，从占地面积庞大的聚落到沙漠中极小的营地，不一而足。

让我们先微调一下遗址的定义。穿行在美国亚拉巴马州的丛林中，尤其是在靠近湖泊或溪流的地方，你可能会发现成堆的箭头或其他石制工具。这些集聚地都可被称为遗址。[1] 在美国西南部的沙漠地带，情况亦是如此。你可能会碰到占地面积更大的未测绘遗迹，比如建筑物乃至村庄的遗迹，但更多的是小堆的陶器、石器或小型营地的遗迹。

遗址不是像片，而是电影胶片

从遗址的种种暗示来看，未来我们人类走向消亡的前景是显而易见的。在英语中，我们称遗址为"ruin"，与其说这个单词暗示着摧毁、毁灭，带有消极意义，不如说它指那种正常的或不可避免的消亡。另一方面，在阿拉伯语中，我最喜欢的一个单词是"athar"，大致可以理解为"考古学"。但从语言学家的角度来看，更准确的义项是"遗迹"，即古代事物遗留下来的痕迹，它暗示着一种隐秘的结束。当你说"Ana doctora athar farony"（"我是古埃及考古学博士"）时，人们会知道你的职业是埃及古物学家。因此，考古学家可以说是职业的"遗迹学专家"，专门处理有待拼接完整的陶器碎片、护身符碎片和象形文字文本的随机片段等。

位于古代东西方分界线边缘的巴尔米拉，是叙利亚的一座多元文化重镇。围绕"遗址"一词的不同解读，这座城市引发了一场激烈的现代论战。2015年，"伊拉克和黎凡特伊斯兰国"（ISIL[①]）炸毁了巴尔米拉的贝尔神庙，包括成排的优美圆柱。"伊斯兰国"不仅在建于古罗马时期的保存完好的竞技场处决受害者，还将受害者的尸体置于遗址中展示，将这一原本用于举办音乐会和游客野营的场所变成了梦魇之地，而受害者中就包括巴尔米拉古城研究专家、考古学界泰斗哈立德·阿萨德博士。[2]

在是否利用档案像片重建神庙的问题上，考古学界展开了激烈辩论。有人认为，在原址重建神庙，使之重现往日壮丽风采是合适的。

[①] "ISIL"是西方政治家和媒体称呼该极端组织时所使用的英文首字母缩略词，而阿拉伯地区一律使用"ISIS"，全称是"伊拉克和沙姆伊斯兰国"，简称"伊斯兰国"。——编者注

但问题的症结在于，巴尔米拉经历了各种不同文化的洗礼，并在女王芝诺比娅统治时期达到鼎盛。公元 272 年，芝诺比娅统治结束。公元 273 年，罗马皇帝奥勒良的军队将巴尔米拉洗劫一空。到了 1400 年，这座城市又遭到了帖木儿帝国军队的洗劫，然后一步步衰败，并沦落为小镇。[3]

我们今天看到的巴尔米拉，是层层叠加的毁灭物的复合体，同时也是全球权力斗争和不断变化的政治联盟的遗存，其中当然也包括"伊斯兰国"的占领。有人认为，重建贝尔神庙，反而抹杀了"伊斯兰国"的暴行，所以应该保留遗迹，以让我们永久铭记这一残暴时刻。

遗址并不是静态的。它们像是穿越时空的电影胶片，兴建与破坏交替，有时还并行。我们会尽力捕捉这些看起来颇为模糊的影像，进而在脑海中形成关于这些遗址的想象，无论这些遗址是完好的还是残缺的。当我们首次置身于遗址之中时，这些想象就会被激发出来。在同一时间，我们既面对过去，也面对现在。

单帧投射

抓拍特定时刻甚或特定时期的影像是很难的，原因之一就是世界上罕有保存完好的古城，而其中最知名的例子，当数被火山灰掩埋的庞贝古城。在庞贝古城，当看到游客惊讶于妓院附近的生殖器浮雕时，任何研究历史的人都会会心一笑。[4] 尽管时间相隔 2 000 年，但面对浮雕，古罗马的庞贝人和瞪大眼睛的现代人的反应是一样的。

但即便是在保存完好的庞贝，你也会发现它缺了些什么。或者更确切地说，是缺了人——缺了很多人。

古遗址是不折不扣的"鬼城"。如果有个来自古代的人碰巧出现在那里……你还是快逃吧。就生活在数千年之前的社群而言，重现他们的动机和愿望是极其困难的，而且没了人的存在，遗址就会变成纪念场所，而不再是活动场所。他们遗留下来的物质文化的背景，隐藏在所有的物件之中。所以，我们通过深入了解物件的用法、用途，去了解它们背后的人。在仔细搜集证据之后，我们研究这些证据之间的相互关系，并从中获取尽可能多的数据和洞见。

有人认为，遗址中包含着先前居民的"回声"。暂且抛开信仰不谈，我们来看看代尔麦地那——埃及新王国时代的一个村庄，早前在帝王谷修筑陵墓的工人就住在这里。[5] 透过存留至今的 1 米多高的灰泥墙，你还可以看出这个村庄的大致轮廓。置身其中，你会禁不住想，在 3 500 年前，这些两层住房中发生过什么。由于附近肥沃的尼罗河洪泛区并不在你的视野之内，所以你会觉得这是一个神秘的圣地，而居住于此的杰出匠师的作品，已然激起了时下的考古热潮。

死人也会"说话"

如果足够仔细地观察和研究陶器上的指纹、石头上的凿痕，以及早前供人们使用的各种精美物件的方方面面，那么考古学家还是可以找出古人的生活迹象的。

要寻找古人实实在在的遗存，墓地自然是最佳选择。一般来说，墓地会设在一个远离人们生活空间的特定区域；当然，在有些情况下，也会建在宗教圣地附近，比如紧挨教堂的墓区等。

通过人体遗骸来了解一个真实的人并非易事：这是体质人类学家的专业工作。顺便说一句，体质人类学家还有一个颇为科幻的称呼——生物考古学家。骨骼中包含着关于人类的丰富数据。如果出土的遗骸足够多且保存完好,那么专业人员通常就能够确定这个人的性别、身高、营养状况和大致年龄,有时候也能确定其所罹患的疾病——这可能就是其死因。即便是牙齿也有故事可讲。旧石器时代饮食法的拥趸可能并不热衷于旧石器时代的牙科方案,其中就包括用燧石工具来治疗蛀牙。[6]

此外,通过研究出土的骨骼的整体健康状况、墓葬环境以及各种随葬品,考古学家还可以推测死者生前的社会地位。人持续一生的重复性动作会留下印记,人类学家可以据此揭示相关信息,比如他们生前的职业。在开罗东北部约两个小时车程的特比拉台形遗址[7],我丈夫格雷戈里·芒福德带领的发掘团队,就碰巧遇到过一个通过考古证据赋予艺术生命的案例。

我们发掘了一处墓地,在出土的女性尸骨的左肩部位,可以看出发达的肌肉附着。这原本可能是一个难解之谜,但大都会艺术博物馆的一件馆藏文物揭示了其中的原因。[8]这件木雕作品描绘的是一名年轻女子,她身着绚丽的缀有串珠饰品的裙装,左手扶着顶在头上的供品。在特比拉台形遗址出土的那具女性尸骸,显然生前也都以类似的方式头顶重物,因而左二头肌的肌肉附着异于常人,看起来更为强健。顺便说一句,在现代社会,埃及女性仍采用这样的方式。

我们偶尔会发现,古人也会罹患一些我们通常以为现代人才会罹患的疾病。在对埃及博物馆的 22 具木乃伊进行分析之后,体质人类学家在超过半数的样品中发现了动脉粥样硬化的证据。之所以出现这种情况,最可能的原因就是他们吃了太多的牛肉。[9]

通过收集整理同一时期各遗址中的死者数据,并找出模型,我们就可以获得与人口相关的洞见,进而推断该文化中某些事情的起因。或许是疾病席卷了整个社会,影响了特定的群体。或许是发生了饥荒,所有人都被饿死。如果出土的是大量身强体健的年轻男子的骨骼,则很有可能是因为当地发生了战争。

讽刺的是,死亡年龄可被用来推断整体人口的健康状况。体质人类学家会告诉你,从整体上看,墓葬中死者的年龄应呈现一个相对均衡的分布状态,而如果死者太年轻,那么很可能是当时发生了重大事件,导致大量身体健康的成年人年纪轻轻就死去。

DNA研究等方法为我们了解过去带来了新的可能性,比如从我们祖先相互缠绕的双螺旋结构中拼凑出家庭关系。2018年发布的一项关于木乃伊的研究非常有趣,足以成为人们茶余饭后的谈资。该研究涉及两具被认为是兄弟的木乃伊。他们分别叫赫纳姆-纳赫特和纳赫特-安赫,时间可追溯到约公元前1800年的埃及中王国时代。现保存于英国曼彻斯特博物馆的他们的石棺上,雕刻着栩栩如生的人面像。[10]

利用DNA测序,研究人员发现这两具木乃伊都属于线粒体单倍型M1a1,也就是说他们是一母所生,但Y染色体的不同又表明他们有不同的生父。[11]对此,我有很多疑问。是因为哥哥的生父去世,母亲才改嫁的吗?作为一个带着孩子的寡妇,她面临什么样的艰难处境?我们无从得知,但这些数据可以帮助我们想象各种可能性,也会让我们更具同理心。

走近历史

再现过去需要"信念的飞跃",也需要科学的合理运用。我们无法穿越时空回到过去看人们如何炼铜或制作木乃伊,但我们可以利用实验考古学再现过去的技术。[12]根据考古发现及其相关的燃料来源,我们可以重建熔炉或窑炉等遗迹,并重制日常工具,包括陶器和刀剑。[13] 过去,人们是如何制作物件的?他们又为何制作这些物件?考古学家在这方面已经取得了很多突破。当然,有些技术至今仍难以再现,比如古代珠宝的复杂镶嵌工艺。

我们来看库马尔·阿基列什和尚蒂·帕普的一项研究。在印度北部的阿提拉姆帕卡姆遗址,通过考察当地石器制作过程中产生的废弃物,他们取得了丰硕的考古成果。在这处可以追溯到阿舍利文化时期——距今13万到176万年的遗址,他们发现了制作数千件石制工具的证据。他们通过模拟打制方法进一步了解古代的技术,而且该项研究也有助于他们理解古人在开采石材和制作石器过程中的种种决策。[14]

我的埃及古物学家同行甚至还利用自然死亡的动物来制作木乃伊。在一档电视节目中,他们还受邀制作真人木乃伊——死者生前表达了这一意愿。[15] 在录制完这档节目的时候,他们或许会说"包裹"完毕,杀青!

考古学的另一个分支是民族考古学[16],其着重研究当今文化与早前居住在同一地区的群体之间的关系。现代埃及三角洲的那些陶器作坊同古遗址中的陶器作坊存在明显不同之处,然而在去参观的时候,我发现陶工在陶轮前工作的样子,跟古埃及壁画中描绘的那些陶工并无二致。现代陶工会在陶土中加入麦秆或谷糠来增加其硬度以便烧制,就像古埃及人做的那样;如果用放大镜仔细观察古代陶器碎片的边缘,你会看到明显的谷糠痕迹。[17]

认知考古学[18]的研究则更进一步,试图解构古人的行为和思想以及他们如何体验自己的世界。我们可以通过两种方式获取洞见:一是研究他们的物质文化包括建筑,二是研究他们的语言以及给他们带来启发的景观。

有时候我们会通过偶然获得的书信去了解古人的思想。我们可以想象写信人奋笔疾书或在遣词造句上小心翼翼的样子。我最喜欢的古代信件之一来自埃及的奥克西林库斯遗址，时间可追溯到1 800~1 900年前。在这封信中，一个名叫西昂的小男孩宣泄自己的不满，因为父亲不带他去亚历山大港。他写道，他不会再跟父亲说话，还要绝食，除非父亲重新考虑带他去那个大城市。[19]你可以想象他生闷气、拒不吃饭以及稍后又偷偷溜进厨房的样子。现在的青少年不也会因不让他们插手大人的事而大发脾气吗？

应用与进展

要把研究领域从家庭关系扩展到遗址与周围景观的关系上，我们则需要更多的视角。各种空间影像可以为我们提供相应的数据。虽然我们无法看到所有事物的原貌，但我们至少可以获得足够的线索，并据此确定河流（包括运河）和湖泊的位置以及遗址可能的规模，进而进行合理的重建。卫星数据和航测数据只能提供相对有限的信息，而且这些信息需要实地验证：我们可以用太空影像进行推测，但我们并不知道每个像素下面都隐藏着什么。

意想不到的人在意想不到的地方有了新发现，而这也正说明我们掌握的信息何其少。2004年，阿卜杜拉·萨伊德带领的一支业余考古队在沙特阿拉伯西部的熔岩区发现了神秘遗迹。[20]然而，直到4年后，通过谷歌地球和必应的高分辨率卫星影像，他才搞清楚这些"神秘之门"——一种新的考古遗址类型——的范围和规模。

萨伊德将卫星影像资料发送给西澳大学的戴维·肯尼迪，后者以在约旦开展一系列航空考古调查而闻名。根据收到的资料，肯尼迪找出了400处类似的遗迹，其中最长的可达1 600英尺[①]，年代则可追溯到7 000年前。这些集中分布的石结构可能是某个湿润时期的大规模景观设计，功能类似于引水系统或洪水管理系统。接下来，专家团队将组织田野调查活动，对这些遗迹做进一步研究。这个故事表明，今天看来不适宜居住和生存的地方同样有可能开启新的考古篇章，而这一切都归功于一个让民间考古爱好者大惑不解的石结构。

这一考古发现讲述的是历史长河中普遍的人与景观互动的故事，但重建人类历史上的重大场景，是要有附加说明的。任何考古报告中都包含隐而不宣的字眼——"很久很久以前"。即便是重建自己过去一周的生活，我们大多数人都觉得困难重重，而考古学家试图重建的是整个古代的生活，其难度可想而知。我们总是不断改进我们的叙事手法，将各种长篇故事改编成更适合发表或会议演示的内容。这是科学和虚构之间的一种平衡行为。

很久很久以前……

我们来看下面这个故事。它的灵感来自太空考古的一个意外发现，而地点正是特比拉台形遗址。故事讲的是2 000多年前的事，那时埃及法老时代已经进入尾声。

时间是公元前343年。焦虑不安的波斯国王阿尔塔薛西斯三世乘船沿着尼罗河的一条支流向西南方向航行。他在历史课上可能学过，这里原本是沼泽地，栖息于浓稠沼泽中的鳄鱼群将异邦人阻挡在境外。此时，在两个芦苇岛之间，一个宽阔的入河口赫然出现，直通一座被

---

① 1英尺 =0.304 8米。——编者注

称为"美丽之口"的城市,即当地语言中的罗尼费尔(Ro-nefer)。

阿尔塔薛西斯三世乘坐的指挥舰是一艘长达 40 米、载有 200 人的桨帆船,两翼是遂行作战任务的大规模舰队,舰上士兵对即将打响的战斗充满信心,亦想趁机洗劫全城。这座城是不会让他们失望的。早前派出的密探已经探明了它的财富情况:来自努比亚的黄金和香料、来自阿富汗的青金石及来自希腊群岛的高端红酒等。毕竟,这里是古埃及最北部的贸易港口。[21]

战舰绕过河里的一个弯道,只见芦苇滩对面矗立着密密麻麻的三层楼房。这是当地富商的住宅。还能隐约看到一座神庙屹立于这座城市的中心地带,外墙高大坚固。阿尔塔薛西斯三世已经做了充分的战略部署,他知道只要攻破神庙外墙、摧毁神像,就可以征服这座城市的子民。在晨雾的掩护下,士兵轻轻划桨。这位国王此时可能面带微笑。不用一个上午,罗尼费尔就会陷落。

时至今日,特比拉台形遗址看起来就是一个褐色土墩,突兀地矗立在翠绿的稻田中。驱车来到遗址,你会看到几口厚重的石灰石棺椁,就摆放在一座由粉红色砖砌成的现已废弃的水处理厂附近,而这也是该处遗址表面唯一可见的古老遗迹。如今坐落在遗址周围的是一个名叫提尔的村庄,总人口约为 1 000 人。它与村民脚下的那个古代大都市可谓相去甚远。大约 200 年前,这还是一个长宽各约 1 000 米的土墩,而现在的面积只剩那时的 1/10。这是因为随着时间的推移,那些富含磷的土壤,即当地人所说的"塞巴赫"(sebakh),已经被村民当作肥料挖走了。

特比拉台形遗址的发掘工作始于 20 世纪初,起因是法国考古学家在这里发现了一些可追溯到约公元前 600 年的书记员坐像。[22] 20 世纪 90 年代末,我丈夫格雷戈里向埃及当时的最高文物委员会提交了一项关于在埃及独立开展考古发掘工作的计划,而在该委员会提及的备选遗址中,就包括特比拉台形遗址。[23] 在将近 100 年的时间里,没有人发表过有关该遗址的论文。

发掘"美丽之口"

根据在水处理厂附近发现的建筑物碎片,我们展开了初步调查,并确定了神庙的位置。该处理厂是美国国际开发署修建的,旨在帮助解决当地饮用水不卫生的问题。类似的处理厂遍布埃及各地,而它们的存在,往往又会让台形遗址成为下一步开发的对象,比如就地建设学校。这种令人遗憾的选址,给城市考古研究带来了巨大损失。

在特比拉台形遗址,由于水处理厂的建设破坏了神庙建筑的地基,我们只能猜测它原来的样貌。我们调查该处遗址有两个目标,一是对遗址进行测绘,二是深入了解古城罗尼费尔以及生活在这座古城里的人。

从前,尼罗河的支流之一门德斯河——以该地区首府门德斯命名,位于门德斯西南约 40 千米处——流经这里,但从遗址表面上看不到任何蛛丝马迹。我们决定先对遗址及其周边区域取土层样本,以便了解它先前的规模以及古河道的位置。我们的地质考古学家(或者说地质专家)叫拉里·帕夫利什(Larry Pavlish),是一个头发灰白的、蓄着胡子的、精力充沛的顽童。他负责取土层样本和磁力测定工作,以便掌握地下建筑物隐藏的泥砖筑地基的情况。

取土层样本就像是用苹果去核器去取多层蛋糕:将细长的螺旋钻钻到地下,这样一来,考古学家无须挖掘就可以看到地下土层样本。这相当于考古学上的"小切口手术",操作简单,但非常有价值。磁力测定的技术含量略微高。利用便携式地磁仪扫描遗址表面，就可以看到地下城墙或其他遗迹的磁性差异，进而推断地下遗迹的大致形状。说到底，取土层样本和磁力测定的目的是帮助我们确定发掘位置。

等拉里绘制出土墩最高处的详细地图之后，我们便选择发掘的关键区域。

我们的团队就像是一个小联合国，成员分别来自加拿大、美国、英国和埃及。我们住在遗址附近的曼苏拉市的马歇尔酒店。曼苏拉是一座美丽的城市，以河畔步行道和出美女著称。酒店更是给人一种宾至如归的感觉。在炎炎烈日下工作一天之后，那里制作的芒果味的水牛奶冰激凌就成了我们最大的期待。我们每次穿着肮脏的考古工作服穿过酒店大堂时，都会让其他客人感到困惑；还有一次，我们运来了一台定制的附带古董厕纸架的户外用木制马桶，更令人瞠目结舌。

为避开白天的高温，我们会在凌晨4点半起床，然后到酒店大堂喝一杯速溶咖啡，再吃一些饼干，然后咒骂自己为什么当初选择考古工作。在这个时刻保持神志清醒简直要命，然而，对我们这些要在中东的炎炎夏日下连续工作几个月的人来说，这种咒骂是合乎社交礼节的。在埃及三角洲，我们的通勤用车是两辆20世纪60年代产的标致，其中一辆尾部还载有一个丙烷罐，固定在车外。早上6点，我们会开车到土墩的最高点，迎接穿过晨雾的第一缕粉红色阳光。当地的工作人员会走过来跟我们打招呼、握手，他们显然比我们清醒得多。

那个夏天，我们努力破除了一个长期以来的神话：由于三角洲地区比上埃及地区的气候更为湿润，所以就遗址内有机物质的保存情况来看，前者差于后者。凡是埃及古物学家都知道，沙漠遗址的保存情况较好，因为那里气候太干燥，不会出现有机物质分解的情况。但事实并非完全如此。

在一个发掘区，我们往下挖了 7 米多深，发现一栋已有 2 600 年历史的三层住宅。该住宅被后来的埃及人用作陵墓。我们沿着两架高度均为 4 米的梯子，摇摇晃晃地爬到底部。在测绘住宅的土质部分时，其 500 年来先被用于居住后又被荒置的历史，就在我们的标绘纸上展开了。

此外，还有大发现！该遗址出土了来自希腊的陶器、来自埃及东部沙漠的红玉髓、来自阿富汗的青金石和来自努比亚的黄金，这些都表明这里曾是一个繁荣的国际港口。根据土层样本数据和景观重建，我们得知古代的特比拉一年之中有 9 个月周围环水。除此之外，它还毗邻曼宰莱湖。基于这种得天独厚的地理优势，它成为古埃及国内外奢侈品进出口的重要集散地。

对后期埃及的一座港口重镇来说，如果当地没有富丽堂皇的神庙，没有享有特权的祭司阶层，那是很不正常的。顺便说一句，电视或考古报道很少提及后期埃及这一时期，但如果你正在寻找与现代城市相对应的、以国际化和多元化为主要特征的古代城市，那么这一时期就是一个很好的切入点。在这一时期，艺术和科技蓬勃发展，铁器、骑兵和三桨座战船均有创新，同时也出现了一种新的古埃及文字形式——通俗体。古埃及各地新建了无数神庙，其中就包括特比拉的神庙。

一些历史背景

简要回顾历史，有助于我们正确看待这一问题：在经历了新王国时代的对外扩张和第三中间期（公元前 1069—前 525 年）[①]祭司阶层的崛起之后，来自埃及西方的利比亚人于公元前 945 年统治埃及。接

---

① 第三中间期，国内一般指公元前 1085—前 656 年，古埃及历史上第三个混乱时期，包括第二十一王朝至第二十五王朝。——编者注

下来是来自埃及南方的努比亚人建立的埃及第二十五王朝，时间从公元前760年到公元前656年。[24] 约于公元前664年建立的埃及第二十六王朝，是我们所知的埃及法老时代的最后一个王朝。

第二十六王朝的首任统治者普萨美提克一世利用希腊雇佣兵赶走了亚述占领者，稳定了国家局势，并将首都迁到了埃及三角洲西部的塞易斯（亦译为"赛斯"），距特比拉台形遗址仅75千米。[25]

此后，古埃及国内一度保持稳定，第二十六王朝的统治者在地中海和非洲东部地区广结盟。[26] 尽管建立了广泛的外交关系，但在后期埃及，各地区势力纷纷登台，古埃及手中的筹码越来越少，直至最后用无可用。

公元前525年，波斯人占领了埃及。公元前404年，埃及人将波斯势力赶下台，并在接下来的60年里，一直对抗盘踞在三角洲地区的波斯人，防止他们卷土重来。[27]

因此，特比拉的发展迎来了契机。公元前398年，埃及首都从塞易斯迁到了特比拉西南方的大城市门德斯。在门德斯成为首都之后的19年里，特比拉的影响力和财富水平可能都出现了大幅提升，商人们纷纷涌入这座城市，在动荡起伏的帝国之间交易各种货物。至古埃及再次迁都，即把首都从门德斯迁到三角洲中部地区之时，神庙必然已经积聚了巨额财富。之后，古埃及又经历了四个王朝的兴起与衰败，但在特比拉，当港口的货物堆积成山时，又有谁会在意呢？在大约2 400年前那个多雾的早晨，他们不曾想到会遭受外来军队的袭击。

特比拉的毁灭

古希腊历史学家希罗多德称阿尔塔薛西斯三世是一位"伟大的勇

士",他的确是执着和坚韧不拔的。他一次又一次地攻打古埃及:先是在公元前359年以军队统帅和王位继承人的身份出征,后继承王位,又以波斯国王的身份出征,而在此次出征之前,为巩固国内统治,80名最亲近的王室宗亲被清洗。[28]

公元前343年,由于古埃及一再拒绝投降,失去了耐心的阿尔塔薛西斯三世亲率30多万大军出征。在三角洲一带的尼罗河支流,他的军队与奈科坦尼布二世率领的海军展开决战。[29]作为古埃及本土最后一位统治者,战败的奈科坦尼布二世如丧家之犬,仓皇逃到孟斐斯,抛下特比拉等驻兵重镇和港口,任其自生自灭。

特比拉的居民在这场战争中并没有落得好下场。在2003年7月湿热的一天,我们团队根据40年前从太空拍摄的像片,发现了尘封已久的阿尔塔薛西斯三世获胜的遗迹。

这些像片来自美国为应对冷战而启动的一项秘密计划,即日冕计划(CORONA)。在20世纪60年代和70年代初,该计划搜集了世界各国成千上万张影像,目的就是在大规模景观变化之前,及时记录当地的地形地貌。大规模景观变化的原因,包括大坝的建设、城市化、人口增长和气候变化。幸运的是,对准北非和中东的摄影机记录下了现在已被破坏或不复存在的遗址。从考古学上讲,这些影像对我们了解古埃及为何衰败具有重要意义。

在对日冕计划1972年拍摄的特比拉台形遗址影像进行分析研究之后,我发现遗址的中北部和中南部区域存在大规模的线形遗迹(见图1-1)。这会不会就是我们想要找的神庙围墙呢?[30]

通过磁力测定以及相关的发掘工作,我们已经大致了解了这个城镇的布局[31],但要从地面确定围墙的具体位置,并非易事。一般来说,遥感专家会获取航摄像片并进行地理参照(georeference);换言之，就是将早前的像片同当前的卫星影像进行比对，然后在地图上标出每一个像素的 x、y 坐标。在地理参照过程中，你需要在航摄像片中找出至少 6 个可辨识的未发生变化的坐标点。对于那些年代久远、像素较低的非数字化影像，拉伸放大后，也可以与现代影像比对，亦能实现同样的地图标记效果。这种方法被称作"橡皮拉伸"（rubber sheeting）。顺便说一句，这个名称可不是我编造的。

不过，由于现代景观已经发生了巨大变化，所以很难对那些年代久远的影像进行精确的地理参照。比如，我用的 1972 年的日冕计划影像，就缺少足够的比对点。究其原因，很可能是使用"橡皮拉伸"造成的影像失真。仅凭这些影像就想找到地面围墙的具体位置，显然是不可能的。

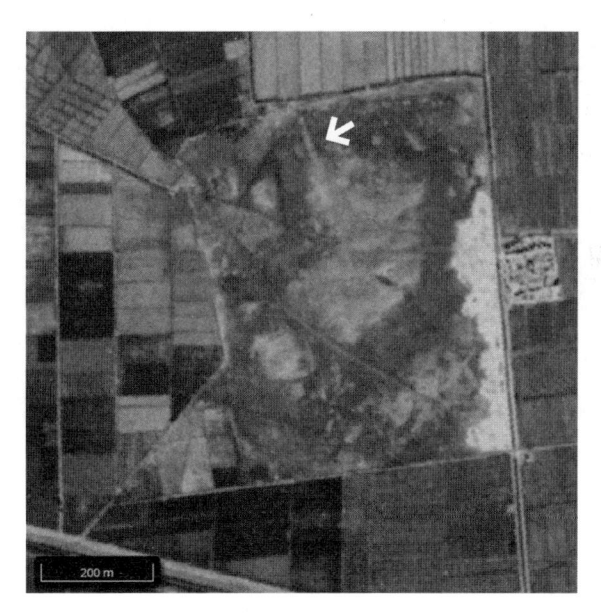

图 1-1　特比拉台形遗址的神庙围墙图——日冕计划卫星影像
资料来源：美国地质调查局。

最初的磁力测定工作涵盖多个 20 米见方的单元，重点是寻找地下的泥砖结构。但测定数据并没有显示地下存在大规模的围墙结构。我们知道神庙的围墙有好几米厚，而且长度超过 100 米。在发掘季剩余的一个月里找出它的位置，突然间似乎成了一个重大挑战。

格雷戈里想出了一个绝妙的点子：刮掉遗址表层 10 厘米厚的粉土，以便让埋在下面的泥砖层的顶部露出来。但要把整处遗址刮掉一层，将需要几个星期的时间。为此，他转变思路，按照卫星影像给出的围墙的大致位置，把整个土墩划分成多个 10 米见方的单元。然后，我们在每两个单元之间刮出一个小窗口（见图 1-2）。这就像是在地砖间探索，看看底下有什么，而不是把整个平台上的地砖一一撬开。

图 1-2　在特比拉台形遗址发掘围墙

资料来源：作者。

每隔一段固定距离，被埋建筑物的轮廓就会显现出来。神庙的围墙应当呈现出致密的泥砖结构，且中间不存在断层。在找到一个符合该特征的区域后,我们便一直挖下去,最终挖到墙的两个边缘,彼此相距约8米。大规模的泥砖围墙就在这里,而且它跟日冕计划卫星影像观测到的围墙厚度是一致的。成功搞定!

历史长河中的围墙

我们继续向南挖了近100米,碰到一个90度的转弯,然后向西。在古代建筑的拐角处,往往会发现各种有趣的物件:地基沉积物和可确定年代的材料等。在这种情况下,我们别无选择,只能继续深挖。

哪位团队成员被分派到哪个发掘单元,向来都是靠运气的。这一次,幸运之神降临到了我头上。我负责东南角一个2米见方的单元,开始挖掘表层的密实粉土。出人意料的是,在我往下挖了10厘米、20厘米甚至30厘米后,粉土的密实度或颜色仍未发生变化。其间也没有挖到任何物件。

就在我感叹运气不佳而准备放弃这个发掘单元时,我却突然挖到了一块几近破碎的奇特红砖。然后又挖到一块。紧接着又是一块。这些红砖并不是墙体的一部分,它们被堆到一起,形成了一个很陡的斜坡。随着越来越多遗迹的出现,我们发现这几十块红砖似乎是被人堆到角落,后又点火焚烧的。

在做完规划、测绘和拍照记录之后,我开始移除砖层。但突然出现的一道金光,让我立刻停下了手——在定居环境遗迹中,黄金的稀有程度堪称凤毛麟角。紧接着又发现了一个长约5厘米的青铜物件。我们团队的工作人员在筛挖出的泥土时,发现了更多金箔,它们粘在看起来像是木炭的东西上。之后,出土的物件越来越多:青铜、青金石、宝珠、红玉髓,以及筛出来的近四分之一三明治袋的金箔。这让我们团队困惑不已：在距离地面超过 80 厘米的地方，为什么会有火烧的痕迹，又为什么会有如此多宝物？

在特比拉台形遗址另一侧搭建的帐篷区内，考古绘图师、登记员沙基拉·克里斯托杜卢一边清理和绘制出土的物件，一边梳理这些物件所代表的意义。从尘封已久的泥土中，我们挖出了精美的青铜铸件——各式各样的王冠、编成辫子的假胡须和公羊角等。这些铸件都有榫头，便于将它们榫接在木雕上。

但这些铸件所榫接的并不是普通雕像，而是神像。只不过这些神像如今已经不复存在，只剩下了金箔和青铜铸件。特比拉的诸神已然葬身火海。黄金是诸神的肉身，而青铜物件则是其永恒权力的象征。这些神像与其说代表神祇，倒不如说是具象化的神祇。匠师用半宝石来装饰神像的眉毛和眼睛，从而赋予它们生命。祭司每天为它们清洁、涂油并装饰打扮，跟时下印度神庙里的诸神供奉仪式并无二致。

我们很难想象，罗尼费尔人在看到神像被摧毁时，心里会有什么感受。

当阿尔塔薛西斯三世和他的军队从河边码头上岸，蜂拥入城大开杀戒、大肆劫掠时，神庙的毁灭可以说是传递了一个可怕的信息。全副武装的士兵手持锋利的铁质短刀，砍杀睡意未消的平民，随后撞开神庙巨大的双扇门。当值的祭司也许想过抵抗或躲藏，但围墙堵住了他们的去路。来势汹汹的士兵沿着石砌路冲向神庙圣殿，荡平了至圣所，而神殿中的奥西里斯、阿蒙和其他神祇亦毫无还击之力。

在摧毁神像时，可能是那些士兵掠走了上面的半宝石，据为己有。在离开之前，他们又将诸神像付之一炬。也可能是他们爬上了墙头，在众目睽睽之下，将神像摧毁殆尽，然后又把碎片扔到了墙下，因为我们发现围墙的基槽就在这些碎片下面。在古代，这种朝地上摔碎神像的破坏活动时有发生。大火把泥砖烧成了红色，围墙坍塌之后掩埋了神像的碎片。也正因为如此，这些碎片在地下沉睡了2 000多年。

在波斯人占领埃及之后，那天在神庙乃至城镇中可能发生的种种事情就凭空消失了；大屠杀场景如同电影胶片中的一帧，过去的就过去了。神庙不仅是一个宗教中心，也是经济引擎和政治机器。此外，它还可能是一个显眼的攻击目标——若是跟卢克索的神庙相似，那么它的围墙会有10米乃至更高。在阿尔塔薛西斯三世夺取埃及控制权的过程中，埃及各地被摧毁的神庙还有很多，远不止这一座。

河流导致城市毁灭

古埃及人本应对来自水路的入侵做好充分准备，但他们太平日子过得太久了，总以为自己是安全的。

而这背后的原因，正是他们赖以生存的那条河流的年度泛滥周期。在尼罗河上游数百英里处，季风降雨导致两条支流——青尼罗河和白尼罗河水位上涨，尼罗河河水随之泛滥。在每年夏季的几个月里，尼罗河肥沃的淤泥就会在原野上沉积下来。古埃及成了一个建在群岛之上的民族国家，全国各城镇的居民无一不在等待洪水退去。

平均来看，尼罗河每年可以给整个洪泛区带来1毫米厚的淤泥，当然，有的年份会多一些，有的年份会少一些。这样算下来，淤泥每1 000年就会增厚1米。[32] 在古都孟斐斯附近，也就是靠近三角洲顶端的地方，尼罗河分成七条支流以及无数条运河，注入地中海。河流中未及沉积在洪泛区的淤泥会在入海口再次沉积，慢慢形成陆块，并不断扩张。

久而久之，三角洲东部原本完全不能通行的沼泽地就渐渐变成了宜居区，而自古王国时代就有人定居的小城镇如特比拉，也一步步兴旺起来。如果沼泽地依然存在，古埃及将无懈可击，阿尔塔薛西斯三世的入侵也将会以失败告终。然而，当这位波斯国王率军从水路出征古埃及时，后者已经开通了河运。最终，随着时间的推移和淤泥的不断沉积，古埃及在不知不觉中踏上了被征服的道路。

在这个故事的结尾，让我们回到故事的起点：太空。在如今的三角洲地区，卫星影像显示，尼罗河的七条支流中现仅存两条。特比拉台形遗址已经成为内陆遗址，距离地中海超过 60 千米。你很难想象，这处遗址曾经紧邻一条通往地中海的大河。事实上，特比拉已经所剩无几，现代人年复一年的侵占和掠夺，使得这处遗址的规模越来越小。三角洲地区的其他很多遗址，也都面临着相同的命运。早期的游客曾评论说，目之所及，三角洲地区的土墩就像蚁冢一样密密麻麻。如今，从一个台形遗址到另一个，开车都得半个小时乃至更长时间。

我们的运气很好，历史记载了阿尔塔薛西斯三世对罗尼费尔开展的毁灭行动，而且日冕计划也拍到了该遗址的一处重要遗迹的影像——要知道，在之后的卫星数据中，已经看不到这处遗迹的踪迹。虽然我们对阿尔塔薛西斯三世发起的这场战争不甚了解，但发掘工作为我们带来了更多有助于解开谜团的拼图资料。

随着气候变化和城市化对世界各地遗址的不断破坏，我们必须考虑的一个问题就是，这个世界上究竟有多少拼图会彻底消失。

好消息是，得益于卫星技术的飞速发展，我们在更广阔的区域以及我们先前认为不可能存在遗迹的区域，都取得了新的发现，而且发现的速度越来越快。那里埋藏着成千上万不为人知的故事——古文明的兴盛、衰败和重生。而要进一步了解这些文明，我们首先需要深入探究太空考古学这个领域是如何形成的。

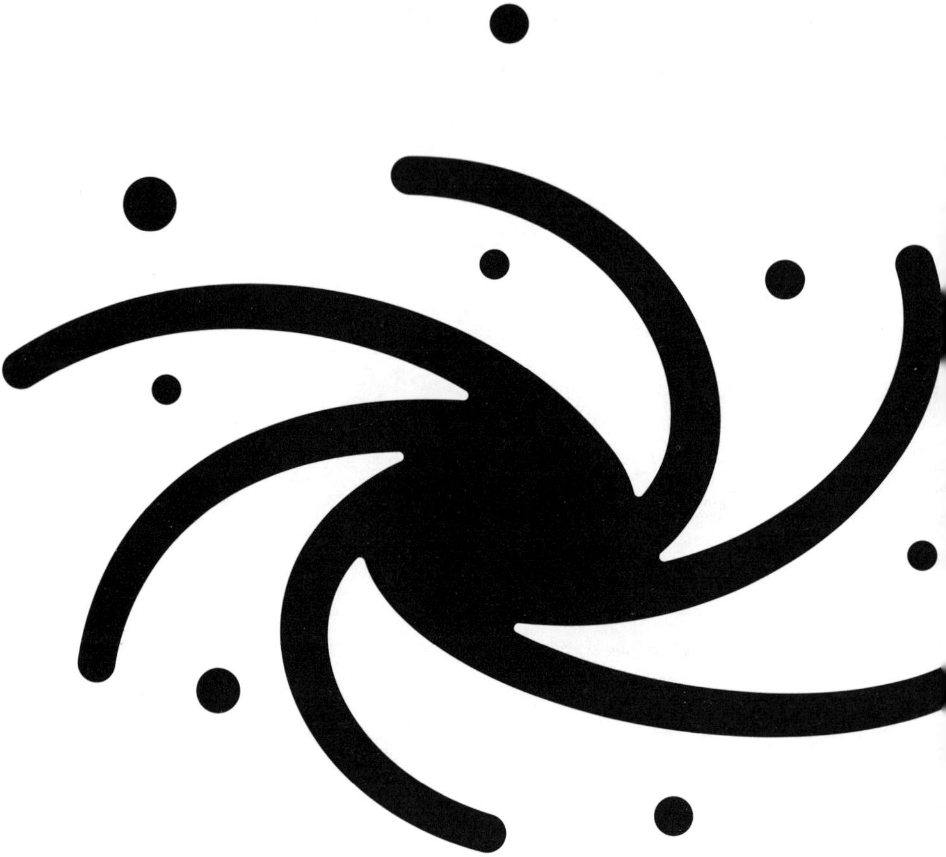

太空
考古学

通过太空中的卫星,把目光重新投向地球。

2

作为考古学的一个分支，太空考古学乍看之下似乎是滑稽的、科幻的，听起来好像是我们想在火星上寻找外星人家园的证据、地外文明的箭镞或小绿人的木乃伊。这些无疑会引起天体生物学家的兴趣，但太空考古学家其实是通过太空中的卫星，把目光重新投向地球。

毕竟地面是一个合适的起点。普罗大众的脑海中舞动着的，是沙漠中隐约闪光的帐篷和扬起千年飞尘的衣衫褴褛的队伍。就现代考古而言，如今的田野调查不仅需要泥铲和簸箕等传统工具，也需要移液管和激光扫描仪等先进工具。但最初点燃我考古激情的，是对田野调查中的考古学家的浪漫化想象。

发掘古遗址是我工作中最棒的一部分。每当有机会用上我的马歇尔敦牌泥铲时，我心中那个5岁的孩子就禁不住欢呼雀跃起来。每一铲下去都有可能带来新的发现。不妨想一想玩刮刮乐彩票时的兴奋感：那是一个令你期待、心跳加速的时刻，但也可能是一个让你失望的时刻。这样的时刻，现在每天可以重复上万次。你永远都不会忘记第一次挖出完整物件时的那种感觉。

首次发掘

1999年夏，也就是在大二升大三期间，我生平第一次参加发掘工作，地点是位于埃及三角洲的门德斯，即古代的巴奈布杰代特[①]之地。[1] 从开罗往东北方向出发，约3个小时的车程。[2] 大多数时候，我们都在高温酷暑下劳作，试图从连绵起伏的大地之下发掘3 000年来错综复杂的历史。我们上一刻挖出的可能是公元前3000年的前王朝时代的闪亮陶器碎片，而下一刻挖出的则可能是公元100年的罗马埃及时期的陶器。[3] 我负责挖掘的那个单元，大致可以追溯到公元前2200年的古王国末期，古王国时代也被称为"金字塔时代"。

埃及三角洲的7月是湿热的桑拿天。我和我的埃及团队发现了一个泥砖筑的马斯塔巴的边缘，马斯塔巴是古埃及典型的长方形陵墓。我们继续往下挖，一件淡红色的圆形陶器渐渐露出轮廓，这可能是古代的某种容器。接下来的每一秒，我都在想它会不会是完好无损的。在清理周边的泥土时，我一边努力按捺心中的兴奋之情，一边在原始位置对陶罐进行测量、定位、绘图和拍照记录，而做完这些之后，才可以将其移出。

陶罐上能看到裂缝，表明它已经破碎了。

经过半个小时的细致工作，一个扁平的酒罐的三维拼图终于完成了。这个罐子的表面覆着一层苍白的泥釉。这类常见于古王国时代的罐子[4]，即便是拿到以酒吧著称的新奥尔良波旁街，与那些时尚

[①] 巴奈布杰代特是门德斯崇拜的公羊神，被视作奥西里斯的化身。——编者注

的、有格调的盛酒器摆放在一起,也没有任何违和感。在我看来,它不仅是一个物件,可能还蕴含着一个故事。也许是逝者的亲属把这个罐子放进了墓室。他们口中念念有词,通过吟诵古老的祭文,确保逝者从此永远都能享有源源不绝的面包、酒和其他生活用品。吟诵完毕,他们饮酒凭吊逝者。[5] 在正式拍照存档前,我一边轻轻擦拭这个酒罐,一边仔细端详起来,发现在靠近罐口处有一枚指纹。这是 4 200 年前制作这个罐子的陶工留下的。

在我的想象中,把我和陶工隔离开来的时间鸿沟,一下子被这枚指纹弥合了。

指纹看上去是由粗壮有力的大拇指按下的。我的脑海中浮现出一个满头大汗的中年男子,正在陶轮前埋头拉坯。古代的亡灵节,即用以悼念逝者的"瓦格节"(the Feast of Wagy)[6],正一天天临近。在此之前,他得把手上的活儿干完:制作两套精美的餐具,一套给地方长官,一套自用;制作 200 个酒罐,供门德斯的居民使用。[7] 在离他不远的地方,几个儿子正在生火烧窑。窑炉温度过高,陶器会开裂,而温度过低,陶器又会破碎。女儿端给他一小杯凉水。他露出微笑,感谢众神的福佑。万能的公羊神[8],他会如期完工的!

发掘工作的最大挑战

一旦从历史的水龙头中品尝过这样一滴甘露,你就永远不会忘记它,而且你内心对它的渴望也永远不会熄灭。埋藏在地下的,是一个个不成篇章的故事,而不是单纯的物件。考古学家的工作是,理顺这些杂乱无章的句子,进而拼凑出完整的文章。但当你面对的是看不到任何遗迹的褐色淤泥、现代田野或茂密雨林里的土墩时,挑战就开始了——你该从何处入手？

这正是不断发展的太空考古学所要回答的问题。

就大多数未被发掘的考古遗址而言，你从地面很难看出地下可能存在的任何遗迹。当然，世界各地的情况差别很大，这还取决于具体的发掘地。比如，在伯利兹，雨林地面冒出来的高耸土墩，放眼望去就跟周围平缓起伏的景观格格不入，这表明了建筑结构的存在。再比如，在希腊，橄榄树林下可能会出现呈直线排列的碎石，显示有着3 000年历史的墙体的位置。对考古学家来说，在发掘工作中如果能有这类明显的线索指引，那是相当幸运的。

如果线索不是那么明显，我们就会受挫。虽然考古学家的使命是考古发掘，但他们每年进行田野调查的时间也就区区几个月，除非他们供职于文化资源管理公司或出任政府文化部门的专职考古学家。就算是印第安纳·琼斯，也是要授课的。紧张的日程安排和有限的经费预算，意味着考古学家必须用好他们的每一分钟和每一分钱：就公共资金资助的发掘项目而言，负责任的考古学家绝不希望在发掘结束时连一点儿成果都拿不出来。

现在，无论是向公共机构还是私人机构申请考古经费，都需要有清晰明了的研究问题和高水准的项目构思，同时还要附加相应的证据，比如对待发掘遗址的初步评估等。

有些遗址的发现纯属运气或偶然。举例来说，1900年，在埃及亚历山大港的一处采石场，一头驮着人的驴不小心跌入了一口废弃的矿井。这头可怜的驴跌落的地方，恰恰是2世纪至4世纪罗马埃及时期的地下墓穴，里面葬有数百人之多。如今，这处遗址已经成为亚历山大港必看的旅游景点之一。[9]

在世界各地，现代城镇的地下都埋藏着这类遗址。在读研究生期间,我曾经到埃及中部地区开展调查工作,确实需要找当地人帮忙确认卫星影像上的线索,看看现代城市景观下是否埋有古城。在代勒加,科普特教堂的牧师带着我走下两段楼梯,来到用来举行洗礼仪式的圣室。圣室内部是用6世纪的浮雕装饰的,而这些浮雕来自当地最早建立的科普特教堂。这座教堂就在我们脚下大约20英尺的地方。只不过,在这个小小的意外发现中,没有任何驴受伤。

大多数考古学家都会向古今各路神灵祈祷,以求发掘成功。当然,他们嘴上可能不承认这一点。我们搞考古工作,博爱一点儿总归是没有坏处的!除了出乎意料的发现,考古学家还依赖各种各样的方法,来确定我们脚下埋藏着什么。

最简单的方法是实地踏查(fieldwalking)。一组人或单独一个人沿着等距的平行线踏查,可以看到一处遗址或一个地区的地表遗存的变化情况。如果突然发现大量炉渣,那就表明这里可能是一个工业区,炉渣是金属冶炼产生的副产品。如果同时发现细小的石灰石碎片和碎骨,那就表明这里可能有一个高等级墓地,石灰石碎片来自石棺或陵墓建筑。如果发现大面积的成堆的石灰石碎片,附近或许还有完整的或残缺的刻字石碑,那就表明这里可能有一座被破坏已久的宗教建筑或宏伟宫殿。如果发现古代陶器或其他遗存,则可以据此推断地下遗址的年代。

实地踏查——跟有蹄动物一样脚踏实地,可以说是遗址调查中很重要的一步,但唯有空中视角才能为我们提供全景——不仅是遗址的全景,还有遗址与周围景观之间关系的全景。事实证明,航摄像片在评估古遗址方面已被证明是无价的,而如今用无人机拍摄的影像更令人惊叹。然而,从更高高度拍摄的影像,比如在一个比国际空间站[10]还要高200英里的地方拍摄的影像,已经为考古学的这个分支铺平了道路。时至今日，这个分支也就是太空考古学已经改变了我们对过去以及未来考古发现的潜力的理解。

太空考古学的工作原理

为探明早已埋于地下的河流或隐秘的古遗址，考古学家会运用高空数据或太空数据来评估现代景观。简单来说，这就是"太空考古学"——有时也被称为"卫星考古学"或"卫星遥感学"——的工作范畴。之所以被称为"太空考古学"，归根结底在于美国国家航空航天局（NASA）。2008年，NASA发起了一个名为"太空考古学"的项目[11]，为科学家运用卫星数据集开展大规模考古研究项目提供资助。如果NASA认定我从事的是太空考古工作，那我有什么理由不同意呢？

解读卫星影像既是一门科学，也是一门艺术。所有遥感专家都必须从"光的语言"学起，而这并非易事：电脑屏幕上一张看似简单的高分辨率像片，其实一点儿都不简单。影像中的每一个像素都代表着地面上的一个确切区域。[12] 构成像素的光不仅包含光谱的可见部分，还包括光谱的近红外光、中红外光和远红外光，当然这取决于卫星影像系统。此外，地表万物都有自身独特的化学特征，而这些特征会影响光的反射：就跟我们每个人的签名都独具特色一样，不同的物质在光谱上呈现的特征也是独一无二的。[13]

比如，在卫星影像中，沙地看起来就跟森林很不一样。当你需要辨别森林中的不同种树时，化学特征就该发挥作用了。一片橡树林和一片松树林呈现的化学特征是不同的。从视觉上看，它们呈现的可能是同一种绿色，但利用红外光谱的不同波段来观察植被健康状况的细微差异，我们就能觉察到色差。[14]

遥感专家可以通过为影像分配"假色"来扩大这些差异[15]，进而突出地表遗迹的所属颜色类型。在遥感程序（类似于图像处理软件 Photoshop 的颜色替换功能）中，你可以为任何像素簇选用任何颜色。一般而言，用户会被推荐选用与现实世界相近的颜色类型，比如植被选用绿色，建筑物选用灰色，土壤选用褐色，等等，但在实际运用中，你可以随心所欲地选用任何颜色。在会议演示或出版物中使用的卫星影像，有时看起来就像糟糕的迷幻之旅。[16]

科学家会购买特定类型的卫星影像，以满足自身对数据的需求。每一颗卫星都是不同的，而太空中有超过 1 700 颗卫星。[17] 在这些卫星中，大多数是低分辨率的气象卫星或大型卫星，分辨率在 15~30 米。这些影像也是最常用的卫星影像，原因有二：其一，它们是免费的；其二，它们的数量有数百万张，最早可追溯到 1972 年，便于了解短期和长期的景观变化情况。[18] 除了这些免费的影像，还有传感器捕捉的高分辨率影像，比如数字地球公司的卫星 WorldView–3 和 WorldView–4，其分辨率在 0.31~1 米，也就是说，单一像素所代表区域的大小，介于苹果平板电脑和俯伏冲浪板之间。

考古学家会观察和提取卫星影像中的像素数据，进而了解地面景观短期变化和长期变化之间的微妙差别，或用来探测遗迹。根据相应的研究问题，我们调整和测试各种算法。最终，凭着纯粹的运气或灵光乍现，我们会找到感兴趣的东西。但通常而言，我们之所以有所发现，是因为我们已经穷尽了可能的方法。如果电脑屏幕最后显示的是毫无意义的东西，那也是科学的结果。只不过，我们需要从头再来。

重大发现可遇不可求

人们普遍以为遥感工作是一项处处充满"惊喜"的工作：只要动动手指点击按钮，就能让埋藏在地下的秘密大白于天下。事实并非如此。典型的遥感专家每周会盯着电脑屏幕看几十个小时，而且常常会因程序崩溃而对工作大加咒骂。有时即便取得了一些成效，他们的咒骂也会加码，因为他们忘了记录自己是如何到达这一步的。没有办法，只好重新开始。在这个领域，你要做的就是不断学习和持续改进流程。

当然，"惊喜"时刻的确存在。我最喜欢的遥感故事之一，与一处非常有名的玛雅遗址有关；该遗址位于伯利兹的卡拉科尔，时间可追溯到1 000多年前。[19] 2008年，一项名为"激光雷达"或"激光探测及测距系统"的新型激光成像技术开始崭露头角。

阿伦·蔡斯和黛安娜·蔡斯是一对喜爱交际的夫妇，为人慷慨大方。他们都是美国内华达大学拉斯维加斯分校的考古学家，对卡拉科尔玛雅遗址进行了近30年的调查研究。[20] 中佛罗里达大学生物学家、热心肠的约翰·魏沙姆佩尔（John Weishampel）最初建议蔡斯夫妇使用激光雷达技术探测卡拉科尔玛雅遗址时，这对夫妇还持半信半疑的态度。此前他们从未听说过这项技术，但如果能够借此获得更多的研究经费，他们是乐见其成的。在几十年的发掘过程中，他们一直战战兢兢，唯恐错过任何重大线索。

他们让约翰继续申请经费——如果他愿意的话，也可以尝试利用激光雷达技术来探测茂密雨林树冠下的遗迹情况。这项工作听起来就很有意思，而且对任何人都没有坏处。

成功申请到研究经费后，约翰委托一架美国飞机前去收集点云数据,即在遗址周边一大片区域内,收集从植被顶部到雨林地面之间的数以十万计的点云数据。[21]如果用谷歌地球查看该区域,你会发现那里全是雨林——简直就是一片绿色海洋,除了几座知名的石灰石金字塔的塔尖高过树梢之外,你看不到任何古代遗迹。

在处理完所有数据之后,约翰向阿伦和一小群人展示了他的影像。阿伦的原话是:"天哪!"在场的其他人也都是同样的想法。另一名惊愕的同行表示,这些数据足够写100篇博士论文了。

第二天,黛安娜在打给约翰的电话中说:"阿伦整个晚上都盯着电脑屏幕,完全沉浸在那些影像中。他晚上没吃饭,第二天早上也没有吃。"仅在一夜之间,中美洲的整个考古领域就发生了永久变化:阿伦一个晚上发现的古代玛雅遗址的数量,就超过了过去30年他在丛林里梳理的数量。如今,在拉斯维加斯的办公桌前,不用到午餐时间,他就可以找到500处新的玛雅遗迹。[22]

这种全盘式的重新思考并不是高科技的闪光之作,而是数十年来考古学领域发展过程中出现的偶然结果。要理解这一点,我们需要简要回顾远眺古遗址的历史。

一切始于热气球和飞机

从技术上讲,最早从空中平台观察到的古遗址之一是巨石阵。[23]这处新石器时代(约公元前2500年)[24]的著名遗址由巨石构成,呈环状结构,屹立于英国南部地区草原上。这是现代异教徒钟爱的一个场所,每逢夏至他们都会聚到这里。1906年,英国皇家工兵部队气球分部的菲利普·亨利·夏普中尉利用系留气球拍摄了3张巨石阵遗址的影像。[25]不久之后,英国《古物学会》(*Society of Antiquaries*)

期刊刊登了这些影像，引起轰动。考古学家得以看清遗址全貌以及遗址与周边景观之间的关系。对于影像中显示的地面的暗色区域，他们更是充满好奇，因为这表明地下可能埋有古代遗迹。从高空俯瞰地面，一个全新的世界由此打开。

一战期间，英国皇家飞行队的先锋飞行员经常飞越欧洲和中东地区。在他们的行动中，至关重要的任务之一就是航空摄影，用以确定火炮射程和敌军阵地的位置。[26] 当初用于策划攻击的前线影像，如今已经成了重要的考古资料。[27]

后来，也就是在1925—1932年，安托万·波德巴德——绰号"飞行牧师"[28]，可谓精妙绝伦——驾驶一架双翼飞机飞越叙利亚和黎巴嫩的广阔区域，从高空拍下了当地很多古遗址的像片。[29] 除了这些宝贵的早期像片之外，波德巴德还为中东地区的航空考古学奠定了基础。他强调，在清楚显现古代建筑方面，拍摄时点至关重要。比如，上午由于地面潮湿，拍出来的影像会显示较多的遗迹，而下午由于地面干燥，颜色相对单一，影像显示的遗迹就会较少。

与此同时，在英国，被广称为 O. G. S. 克劳福德的奥斯伯特·盖伊·斯坦诺普·克劳福德率先将航空摄影技术运用到人居景观领域。克劳福德在一战期间服役于皇家飞行队，战争结束后加入英国地形测量局，成为专业考古人员。[30] 虽然在一战时被德军俘虏，但在此期间，他完成了一部具有开创意义的著作——《人类与人类的过去》(*Man and His Past*)，强调了地图在定义文化方面的重要性。[31] 被英国新一代考古学家亲切称为"奥盖斯大叔"的克劳福德[32]，在英国各地标定了数百处新遗址的位置。[33] 即便是在今天，他留下的那些英国航摄像片资料，对考古学家来说仍是非常宝贵的资源。[34]

作物标志——别总想着外星人

在早期的这些航摄像片以及后来的卫星影像中，大多数遗迹都显示为作物标志。作物标志正如其名称所示：植被生长得快，生长得慢，或者在某些情况下根本不生长，都取决于地下环境，亦揭示地下是否埋有城墙乃至整个建筑物。[35]

我们分开来细说。想象一下石墙的地基，随着时间的推移慢慢被泥土覆盖。之后，墙头长出了杂草，但同几英尺之外的杂草不同，它们的根无法深扎进地下。这样一来，它们就不能充分生长，健康状况也不及周边的杂草。在干旱季节，它们可能全部会枯萎而死。

沟渠的情况则刚好与之相反。随着时间的推移，枯萎腐烂的植被会填满沟渠，进而形成肥沃的覆盖层，形成新植被的理想生长环境。沟渠里的杂草和其他作物茁壮成长，比周围的长得更高、更健康。

高的或矮的植被在地面形成的阴影，在航摄像片中是很容易识别的，而植被健康状况的细微差异，则可以通过卫星的近红外影像予以辨别。比如，叶绿素含量在近红外影像中就看得很清楚，因为在这种影像中，所有植被都呈现红色。[36] 下次如果你家孩子问草为什么是绿色的，不妨用这种方式来解释。我儿子的反应是："妈妈，你真是个怪人。"

这些作物标志有着有趣的历史。漫步田野，你同样也会看到这些标志。正如英国古物学家威廉·卡姆登所指出的，早在500多年前就有观察力敏锐的行人提到这些标志。卡姆登以最早抵达英国的传教士的名字，将作物标志命名为"圣奥古斯丁的十字架"。[37]

我经常收到来自欧洲的邮件：发件人会把他们在谷歌地球上观察到的作物标志的截图发送给我。这些图片常常给我留下深刻印象。大家都有敏锐的眼光。在自然界中，呈直线的遗迹非常少见，而且由直线交互构成的遗迹更是难得一见。所以，如果你在英国、法国或意大利的卫星影像上发现了多个相互关联的方盒标志，那么你很可能发现了一处古罗马住宅。[38] 即便一块地已经被耕种了数千年，地下的石基也依然会存在，且依然会影响作物的生长。尽管最终目的是去酒吧吃午餐，但在惬意的周末漫步英国田野时，我再也不能悠闲地逛下去了。我时时刻刻都保持着警惕，万一脚下踩的就是遗迹呢。

从二战到太空时代的开启

二战之后，考古学家和其他科学家逐渐认识到了新兴的彩色技术和红外技术的价值。在此驱动下，遥感技术领域经历了一场重大革命。其实，我的外公哈罗德·扬教授在1950年发表的一篇论文中写道："相对而言，航摄像片在林业领域的应用还处于非常初期的阶段。很多研究人员正试图厘清航摄像片的局限性以及有效利用这些像片的方法。目前，彩色胶片种种可能的应用，还鲜为人知。"[39]

从那时算起，到现在不过70年的时间。如今，我们不仅可以用手机对各种物体进行三维扫描，还可以在遗址现场拍摄热红外影像。[40] 这些技术的出现，迄今也不过两代人的时间——在我们人类历史上，这只是一瞬。

在我外公那个年代，考古学家可以接触欧洲和中东地区的成千上万张军事影像，用以规划新的考古调查。在剑桥大学J. K. 圣约瑟夫等先驱的引领下，航空摄影成为标准的考古工具。身为地质学家的圣约瑟夫在二战期间开始接触航空摄影，当时他服役于英国飞机生产部。战争结束后，他利用英国皇家空军开展飞行训练的机会，在英国各地拍摄主要景观的影像,为剑桥大学留下了超过30万张像片。他在授课时会辅以大量精彩的像片,让人听得津津有味,但他之所以被人称为"圣乔"(Holy Jo)[41],原因在于他讲话的方式:高高在上地布道。

各界对该领域兴趣的增加,最终促成了1963年首届航空摄影国际学术研讨会的召开。[42] 1966年,圣约瑟夫出版了航空摄影领域的一部鸿篇巨制:《航空摄影的应用》。[43] 随着新的军用火箭计划的启动,考古学家可以把目光放到更高、更远的地方,全方位监视这个世界上的新旧事物。

太空竞赛为今天的考古学家带来了意想不到的结果。始于20世纪50年代的口冕计划、火绳计划(LANYARD)和氩计划(ARGON)均属美国政府绝密的间谍卫星计划,旨在侦察和监视冷战期间苏联的各项活动。从1960年到1972年,摄像系统不断由火箭送入太空,拍下了地球表面很大区域内的高分辨率黑白像片。一架特别设计的飞机会在空中收集由降落伞载运的胶卷胶囊。这些像片有着惊人的分辨率,突破性的最高分辨率可达1.8米,而且有助于绘制发展中国家在20世纪60年代和70年代大规模人口增长之前的景观。[44]

1995年,时任美国总统比尔·克林顿下令将这些数据集解密[45],只要支付少许费用,任何人都可以访问这些数据集。这也是我在遥感课堂上最爱向学生展示的数据集。虽然美国政府的档案管理员现在已经全面实现了这些影像的数字化[46],但在21世纪初,资料形式仍是长度超过1米、宽度为10厘米的黑白负片胶卷。我喜欢把胶卷拉出米,举高放到眼前看,就像20世纪50年代电影里的间谍那样。学生也喜欢这么做,只不过现在他们主要是对着电脑屏幕做研究。毋庸置疑,这种动手机会是会增添乐趣的。再者,当我对学生说"没错,我在研究中会用到谍报影像"时,他们可能会觉得我很酷。总之,只要

2 太空考古学

是有利于教学的，我都会拿到课堂上用。

玩笑归玩笑，我们言归正传。对埃及古物学家和近东考古专家来说，这些数据是不折不扣的金矿。在埃及，20 世纪 60 年代修建的阿斯旺水利枢纽从根本上改变了尼罗河流域的景观，而城镇建设也随之扩展，延伸到先前的洪泛区。然而，这意味着无数考古遗址都被夷为平地。在叙利亚和伊拉克，作物种植区同样发生了变化：在短短 50 年的时间里，那些原本人来人往的古道以及很多河道都消失了。[47] 这些考古景观现在已经看不到一丝踪迹，如果没有日冕计划留下的数据集，它们将彻底淹没在历史长河中。

NASA 的卫星革命

20 世纪 60 年代是美国历史上的一个巨变时期，暴动、抗议、游行示威、越南战争、登月竞赛，以及号召"烧掉胸罩"的女权运动层出不穷。学术界也同样出现了一些重大变化。当时，美国已经试验过气象卫星，比如 1960 年发射的电视和红外观测卫星（TIROS，泰罗斯卫星）。泰罗斯卫星就像是一台沉重的小型电视机，与时下的卫星相比非常小巧，作业时间也比较短，只有 78 天。但正是通过它，科学家看到了卫星捕捉地表数据的潜力。[48] 受此次成功的鼓舞，NASA 建造了更多的泰罗斯卫星：TIROS-7 的作业时间更是达到了 1 809 天，在 1968 年停止运行之前，它总共拍摄了 3 万张卫星云图。[49]

1964 年，美国着手筹建可测绘地表景观的成像系统。[50] 在肯尼迪政府和约翰逊政府时期担任内政部长的斯图尔特·尤德尔，是一位充满激情的自然资源保护主义者，很早就参与了相关的保护活动。通过早期的太空影像，他看到了家乡亚利桑那州的电厂污染情况，备感震惊。尤德尔心中清楚，利用太空影像讲故事很有说服力，而且太空影像在推动科学发展方面有很大潜力。为此，他向约翰逊政府提出了建立全球观测系统的愿景。结果就是，美国内政部和NASA联手开发了后来的地球资源技术卫星1号（ERTS–1）[51]，也就是现代天文爱好者熟知的陆地卫星1号。[52]这一次，NASA同样邀请全球人员参与。总共有300名科研人员参加了ERTS–1的数据分析工作，其中超过1/3来自美国之外的100多个国家和地区。[53]

这是科学思维的一次意义非凡的转变，在冷战期间尤为特别。事实上，在讨论ERTS–1的数据的初期结果时，科学家就曾强调，希望开发人人可用的跨国合作的遥感项目，以造福全球。[54]这种合作精神对NASA后期的数据分享政策产生了深远影响。更令人惊讶的是，NASA竟然向公众免费开放了收录有数百万张卫星影像的数据库。[55]若非免费，我在这方面的支出想必已经有数十万美元之巨。没有这些数据，我根本做不了我的研究工作。

装备有多光谱扫描仪的ERTS–1，可以捕获电磁光谱中的绿光、红光和两个红外光波段的数据，分辨率为80米。[56]得益于该卫星提供的数据资料，科学家不仅可以绘制地球表面75%的景观，而且每隔18天能获得同一地点的更新影像。对环境制图、灾难监测和资源管理来说，这类具有对照性质的数据是极其重要的。[57]

参与该项目的科学家称，这是NASA迄今为止为这个世界所做的最大贡献。1976年，基于ERTS–1的数据，科学家甚至在距离加拿大东海岸20千米的地方发现了一座"新岛屿"。[58]加拿大水文局的弗兰克·霍尔博士在探索这座新命名为"陆地卫星岛"的岛屿时，曾遭到北极熊攻击。[59]不用说，他赶紧逃命——真的是从大熊的攻击路线上跑掉的。

NASA 的历史学家可能会把 ERTS-1 同冷战联系起来，而从技术上讲，我同意这一点。但在它于 1978 年——碰巧也正是我出生的那年退役之前[60]，我们或许可以说它在精神层面上有着更宏大的意义，这从当下七旬老人爱佩戴的彩虹发带与和平标志上就看得出来：这个世界第一次看到大陆板块之间并没有真正的疆界。[61]

现代太空考古学

NASA 的实习生玛丽·玛格丽特·斯卡莱拉被普遍认为是准确预言太空考古学未来的第一人。在 1970 年撰写的 6 份 NASA 项目报告中[62]，她对 NASA 技术未来在考古学领域的运用做了乐观预测。[63] NASA 的首位历史学家尤金·埃姆对她的这一研究兴趣给予了支持，这也表明科学领域的伟大创新始于富有远见的指导。

20 世纪 80 年代见证了真正意义上的太空考古学的诞生。在陆地卫星数据的支持下，考古学家可以通过对目标区域细分，制订战略发掘计划，而这一点在难以调查的区域尤为有效。相对而言，现在的考古发掘更省力，成功的概率也更高。我的一些同行表示，过去考古学家申请美国国家科学基金会的项目基金，通过率只有 25%。但即便是在这种情况下，也要做好项目规划，因为这有助于预算的有效利用，同时也有助于取得更多发掘成果。早在 1981 年，R. E. 亚当斯就在《科学》杂志刊文，探讨利用新的数据集在玛雅低地寻找可能的古代景观格局。玛雅低地是一片辽阔区域，没有任何考古团队对全域进行过实地踏查。[64]

然后就是《航天器探测撒哈拉沙漠埋藏的历史》。如果你误以为这是克莱夫·卡斯勒写的一部小说的名字，我不会怪你。但实则不然，这是关于遥感研究的第一个全球新闻头条，研究团队负责人是考古学家威廉·麦克休。1982年，《科学》杂志率先刊发了麦克休团队的惊人发现[65]，随后《纽约时报》又以专题形式进行了报道。[66] "哥伦比亚号"航天飞机收集的沙漠地表以下16英尺处的雷达数据显示，东撒哈拉沙漠地下埋藏着一个完整的河道网络。这个河道网络可以说是西部版本的尼罗河，早在远古时代就已经干涸。在沙漠等干燥环境中，雷达的探测效果最佳，而这也是取得这一惊人发现的原因所在。

通过追踪地下河道，科学家收集了一系列早期人类（本案例中为直立人）的遗迹，包括石器。这些当地人的后裔后来又往东部迁徙，进而拉开了古埃及文明的序幕。另外一些发现表明，沙漠中早期遗址的规模越来越小，直至最终完全消失，只在地表或可见的地表之下留下了石屋和石器加工场所的轮廓。在接受《华盛顿邮报》的采访时，麦克休说："我们发现了一些遗址，那里的手斧特别多，我数到200的时候就不再数了。太不可思议了。"[67]

全球范围内的这种兴奋激动的反应说明了一切：这项研究展示了这些新技术无尽的可能性，而在广阔的看似空无一物的景观下，同样蕴藏着无尽的可能性。一个新的时代诞生了。

密西西比的新开端

与此同时，下一次大飞跃发生在一个令人意想不到的地方：密西西比。汤姆·塞弗——别搞混了，不是纽约大都会棒球队的前投手汤姆·西弗——是一位身材高大、留着小胡子、精力充沛的科学家，供职于NASA的斯坦尼斯航天中心，主要负责推广NASA太空技术在多个领域的应用。在1983年的一份可行性报告中，塞弗提议使用热红外多光谱扫描仪和专题制图仪模拟器，测绘美国西南地区的主要考古遗址——查科峡谷的地图。[68]

自 20 世纪 60 年代以来，过程考古学的新理论运动从根本上影响了考古学界。在未掌握充分证据的情况下，考古学家不再发表有关古代文化的宏大的概括性论述。这场运动推动考古学朝着更科学化的方向发展。随着聚落考古学这一分支的蓬勃发展，过程考古学派的棒喝有助于形成更规范的现代考古调查。它推动了关注点的变化——从关注单一遗址到考虑遗址的周边景观，以及理解环境在遗址如何和为何演变中扮演关键性角色。年代测定、化学残留物分析和考古计算等技术的进步，为考古学这门科学的发展注入了动力。在这些广泛趋势的影响下，考古学家或许仍心存疑虑，但对塞弗提议的太空技术的应用持更开放的态度。

NASA 鼓励塞弗进一步推进他的动议，并就此举办一次会议。这次会议日后也成为一次传奇会议。对我的研究工作乃至我们这个领域的所有考古学家来说，这无疑是一件幸事。

1984 年，塞弗和他的同行、波士顿大学的詹姆斯·怀斯曼邀请全美学者参加在密西西比州举办的以新的陆地卫星和雷达数据集为主题的演示会。与会专家各有所长：有的专注于旧石器时代研究，有的专注于玛雅地区研究，有的专注于近东地区研究，还有的专注于美国西南部地区研究。他们齐聚一堂，共同见证了美国国内这个领域最多元化和思想最开放的一次学术活动。[69]

很多与会科学家现在都成了太空考古学领域的杰出代表。他们共同制定了一份关于研究人员如何使用遥感数据集的指引，内容不仅包括如何利用卫星数据定位，还包括如何利用这些数据研究早前人与环境的互动关系。此外，他们还强调了地面实况调查的重要性，即利用田野调查来测试卫星数据。[70] 在发布会议论文集时，塞弗明确表示考古学家必须先于"盗宝猎人"掌握这项技术，以免让这些盗墓贼抢占先机。对于他发出的这个具有先见之明的警告，如果当时能有更多人放在心上就好了。

密西西比会议的与会代表很快就将 NASA 宣扬的主旨精神付诸实践。汤姆·塞弗率先采取行动，在查科峡谷发现了此前不为人知的古道。[71] 科罗拉多大学博尔德分校的佩森·希茨将卫星影像应用于他在哥斯达黎加开展的热带雨林研究，找出了肉眼无法看到的古老的林中小径。[72] 这些卫星数据同样可以用于考察史前遗迹：得克萨斯州立大学的帕梅拉·肖沃尔特利用陆地卫星数据在亚利桑那州菲尼克斯附近新发现了霍霍卡姆运河系统的部分河段，时间可追溯到 1050 年到 1450 年。[73]

随着更多的全球卫星的加入，比如法国的地球观测卫星 SPOT[74]，现在考古学家在影像数据集方面有了更大的自主选择权。此外，卫星影像的分辨率也有了大幅提升，在短短 14 年的时间里就从 80 米精确到了 10 米。

但由于大多数遗迹的宽度只有 1 米甚至还不到 1 米，所以分辨率还有待进一步提升。

高分辨率解决方案

1999 年成功发射的 IKONOS 卫星让科学家振奋不已，并将其视为卫星技术的未来。IKONOS 卫星的分辨率为 1 米，能够拍摄光谱上可见光和红外光等波段的地表影像，这意味着考古学家的愿望终于得以实现。但有一点除外，那就是费用。[75]

仅一张 IKONOS 卫星影像的要价，就高达数千美元。现在，我们考古学家可以说是价值连城的考古宝藏的守护者，但我们的口袋总是空空如也。我们必须保持耐心。幸运的是，我们考古学家最不缺的就是耐心。

我们无须等待太久。21 世纪初见证了太空考古学的飞速发展。该领域的早期学者已经招收了一大批学生，而且在此期间，很多学生都取得了博士学位。NASA 的卫星数据集和新近解密的日冕计划的间谍卫星影像[76]已经成为公开的研究资料。我们考古学家终于用上了负担得起的卫星影像。

第一次以卫星考古学为主题的国际会议①于 2004 年在北京召开，表明这个领域已经开始被广泛接受。之所以提起这次会议，是因为我参加过，而且是以博士研究生的身份参加的。再者，它也被认为是该领域发展的重要里程碑。

出席北京会议的学者可以说是卫星考古学领域名人堂的代表。我在博士毕业论文中引用的每个大名鼎鼎的人物都在现场：后来担任中国科学院遥感与数字地球研究所所长的郭华东；颇具传奇色彩的美国喷气推进实验室科学家罗恩·布洛姆，他也是沙特阿拉伯"失落之城"——乌巴尔（Ubar）的发现者[77]；参加塞弗组织的密西西比会议的佩森·希茨[78]；还有该领域的其他很多知名学者。我对学术领域的这些超级英雄充满敬畏，而我们的中国同行也给予了我们最热情的招待。

大礼堂里一排排系着可爱蝴蝶结的红色天鹅绒椅子等待我们入座。我们每端起杯子小啜一口茶，都会有服务生跑过来帮我们加满。

---

① 此处指首届国际遥感考古会议。——译者注

在美轮美奂的宴会大厅，我们享用了丰盛的晚宴。这一切让我一度觉得我已经功成名就。我要加入这个领域！我要奉献自我！直到会议结束，我才知道这是我的资深同行40年职业生涯中参加的最棒的一次会议。作为一名新兵，我可真惨，因为以后再也没有这么好的机会了。

尽管如此，出席会议的卓越同行还是让我大开眼界，我看到了一个更广阔的考古世界——一个相互协作、相互勉励的世界。同时他们也让我知道，地球很大，有很多地方等着我们去测绘、去发掘。

太空考古学现状

自北京会议以来，我的同行在全球各地的遗址和景观中取得的考古成果的规模之大，令人瞠目。这些发现不仅引起了公众的广泛关注，登上新闻头条，还帮助考古学家重新诠释了多种古代文化。另外，在保护遗产免遭劫掠方面，我们的工作也同样重要。太空考古学理应有自己的高光时刻。

2016年，我和格雷戈里终于如愿以偿，踏上了谋划已久的柬埔寨之旅。我们在暹粒住了一周，参观高棉帝国时期兴建的各大庙宇。在这里，我可以告诉你考古行业的一个秘密：作为一名考古学家，毋庸置疑，最棒的一点就是到世界各地参观古遗址时，你可以请你的同行专家来做导游，帮你揭示遗址背后鲜为人知的秘密。在暹粒，我们就抓住了这样一个绝佳机会。我的朋友达米安·埃文斯来给我们做导游，他刚好是在东南亚地区做激光雷达应用研究的世界级专家。[79]

参观游览是一回事，而和同行坐在一起，看他打开一张巨大的基于激光雷达技术的古遗址三维地图，向你解释茂密雨林地下的所有异常现象，则是另外一回事。达米安带领我们参观的古代高棉帝国时期的庙宇建筑扎堆分布，外围墙体大致完整，维护工作有待进一步加强。参观期间，我觉得这就像我们当地科学中心举办的一场积木展览活动。那个科学中心很棒，我的儿子喜欢用那里的超大号蓝色软积木搭建建筑。就跟他玩积木时的那股兴奋劲儿一样，我也想在这里搭积木，马上把庙宇群重建一遍。

达米安在暹粒开展考古研究已经超过 15 年，他的工作就是利用激光雷达技术来重塑我们对高棉帝国崩溃的认识。[80] 顺便说一句，蔡斯夫妇在卡拉科尔使用的就是这种技术。激光雷达技术揭示了一个令人难以接受的真相：高棉人过于依赖降雨，试图通过大规模改变地面景观的方式，将雨水引入田地。但问题是，每年的降雨量都极不稳定，结果自然是徒劳无功。面对环境的变迁，即便是高度发达的社会也可能走向终结：没有一滴雨水，就算改变全世界的景观也无济于事。高棉人丰富的文化得以以舞蹈、音乐和仪式的形式传承下来，而如今挤满了游客的宏大庙宇和围墙，在近 500 年前却被大规模废弃。[81]

时下，似乎每隔一周就会出现利用高分辨率卫星影像发现隐藏的考古宝藏的新闻头条。2017 年 9 月，考古学家在伊拉克库尔德自治区发现了"失落之城"——卡拉特加达尔班德[82]，其具体位于亚历山大大帝与波斯皇帝大流士三世交战地点附近。

利用日冕计划的间谍卫星影像，考古学家最初在该地区注意到了一处可能存在的遗址。然后，通过无人机提供的现场数据，他们绘出了建筑和街区的轮廓。大英博物馆的约翰·麦克金尼斯特意搜索了春季拍摄的卫星影像，因为从由小麦和大麦生长差异形成的作物标志中，很有可能找到相关线索。[83]

因为卡拉特加达尔班德位于东西方交会的关键区域,所以在当地开展调查和发掘工作的考古学家主要寻找如下证据:神庙、压酒机、内城要塞和大型防御城墙。由于该地区多年来冲突不断,考古学家的工作一再延迟,直到最近他们才重返遗址所在地开始地面发掘工作。

回到原点

太空考古学从早期的系留气球发展至今,已经走了一段漫长的道路。在很多方面,我们兜兜转转,又回到了原点:从飞机到外太空,而现在,通过半自动式微型飞行器,我们在更靠近地面的地方更自土地拍摄我们想要拍摄的区域。无人机是遗址测绘的新的前沿,但目前它们还无法用于测绘大型景观,很多地方更是一禁了之。[84] 科技发展的步伐有时候比我们想象的快。但现在,我们只能期待有朝一日,我们能以1英尺的高分辨率测绘遗址;如此,从距离地面400英里的太空,我们就可以看到遗址地表的一片片陶器碎片。想一想,这样的分辨率可以给我们带来多少新信息。

此前,我们应该要问的是,卫星可以揭示什么样的古代遗迹。无论是从空中还是从地面看,金字塔和神庙都是令人叹为观止的遗迹。然而,这类遗迹屈指可数,在考古学家的发现中所占比例极小。我们发掘出来的,更有可能是墙体或一栋小宅子的一个房间。这看起来似乎不那么引人注目,但请相信我,正是这些日积月累的发现,才让我们一点点地了解历史。事实证明,卫星是寻找这些遗迹的得力助手。

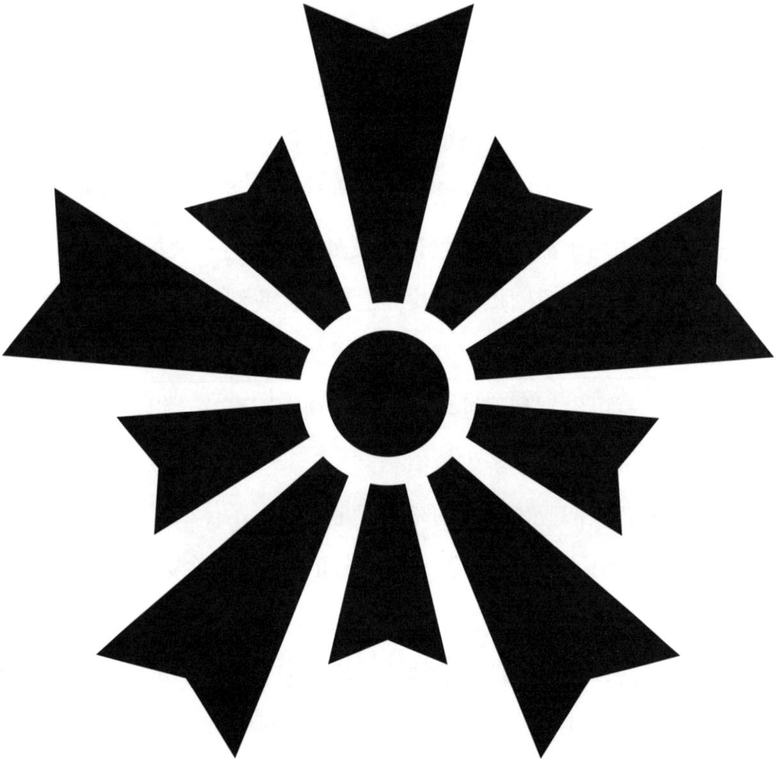

太空考古学前景

我们或许可以破解任意规模遗址的密码。

3

考古学自身带有神秘和未知的色彩，助长了人们对古代社会的普遍误解。大多数时候，重新发现的"失落之城"和完整墓葬会成为全球新闻头条，但这并不意味着考古学家都在茂密雨林中披荆斩棘，致力于发掘保存完好的玛雅古城建筑群。如果考古工作真是那样就太好了！我们也可以省时省力！

城市兴衰交替。城里的神庙、行政办公楼、作坊和住宅等建筑，可能会毁于自然灾害或人为祸患，而建筑石料亦有可能会被后来的文化挪作他用。这些城市一旦被废弃，就会慢慢湮没于大自然之中。发现一座城市只是考古工作的开始。考古学家想要知道：这座城市的最初建造者是谁？居住在这里的是谁？他们最后又去了哪里？对他们来说，真正的礼物就是有机会找出这些问题的答案。

考古学问题的答案太过复杂，不会成为人人都想点击查看的新闻头条。真正意义上的考古学的迷人之处并不在于那些不着边际的内容。在大多数以后启示录时代为背景的电影中，你会看到很多武装到牙齿的反派角色，他们平日生活在反派堡垒中，身穿皮衣皮裤，并以摩托车为交通工具。每当此时，我就禁不住思考他们的底层支撑体系是什么，他们又去哪里找成千上万的人给他们鞣制皮革，给他们加工燃料，给他们种植作物并提供粮食。

每当有重大发现被公布时，考古学家看到的是与之相关的文化中的人——农民、石匠和艺术家等，以及该文化的整个生态系统的意义。媒体的关注点依然是发掘的墓葬、宗教遗址或其他任何遗迹。除了媒体之外，博物馆的策展人也负有一定责任，因为他们在陈列展品时总想着怎样才能吸引大量观众。

多年前，美国就举办过这样一次大型重磅巡展活动，展品是庞贝古城出土的日用器具。我依然记得那次展览带给我的感受：沮丧和失望。我在展台上看到的是黄金，而不是那些让我满怀期待的、看了之后心会怦怦跳的日用器具。没错，我看到的是黄金，更多的黄金。毫不夸张地讲，珠宝首饰在展品中所占比例可达80%。这次全美巡展吸引了数十万观众，然而策展人却错失了开展公众教育的机会：向人们普及考古学家是如何解读过去的。

而且坦白地讲，我发现在场观众对展台上的日用器具表现出了更大兴趣，因为他们可以把这些物件同自己的生活联系起来。我们的确可以看到考古学家是在哪里发掘出那些珠宝的，也可以把这些财富同某个人或某栋宅院关联起来。但是，财富并不能完全代表一个社会的整体富裕程度，就像开沙地越野车的狂徒不能代表后启示录时代人的整体生存状况一样。巡展的所有庞贝展品都强化了这样一种理念，即考古学专注于发掘"金光闪闪"的文物，而这些文物的价值比一把镊子或一块碳化面包的价值更高。

评估考古发现的重要性

如同出土的日常用品一样，发表在小刊物上的10个"小"发现对某一特定考古领域的影响，可能远超过任何登上新闻头条的重大考古发现。但在这里申明一点，我并不是说重磅的或登上新闻头条的考古发现没什么了不起、不重要或没有开创性。我们在课堂上也经常讲那些被媒体竞相报道的重大考古发现。这些考古发现可以提醒人们考古是一项很酷的工作，也有助于我们从政府部门获取经费支持。在这里，让我以发现的一座完整的古埃及墓葬为例，说明我们该如何正确看待这样的重大考古发现。

埃及法老文明持续了2 700年，即从公元前3000年古埃及统一时起，到托勒密王朝止，后者结束于公元前30年克娄巴特拉七世去世。[1]在政局稳定时期，精英阶层倾向于修建豪华陵墓，也就是我们常说的登上新闻头条的墓葬，它们的主人包括匠师、高层官僚和王室成员等。在如下几个时代，你可能会发现一些藏有大量随葬品的大墓：古王国时代（公元前2700—前2200年）、中王国时代（公元前2000—前1700年）、新王国时代（公元前1550—前1000年）①和后期埃及到托勒密王朝（公元前600—前30年）。也就是说，我们发掘的豪华墓葬，很可能是在这累计约1 800年的时间里修建的。

古埃及的人口数估计从古王国时代的300万到罗马埃及（公元前30—641年）的450万不等。因为这是一个估测数字，所以我们按最保守的人口数来计算。在总计300万人口中，具有新闻轰动效应的精英阶层，即社会顶层，约占总人口的1%。我们按照一代人40年左

---

① 国内一般认为，古王国时代为公元前2686至前2181年，中王国时代为约公元前2040至前1786年，新王国时代为约公元前1567至前1085年。——编者注

右计算，再加上富人通常寿命更长一些，所以在一代人之中，我们可以发掘30 000座可在当今社会引起轰动的墓葬。

接下来，就是一个算数问题了。

在约1 800年的时间里，总共有45代人经历生老病死，而占总人口1%的社会顶层人士修建豪华陵墓总计135万座。在埃及古物学发展至今的200年里，埃及古物学家至多发现了13 500座豪华陵墓，仅占总数的1%。

因此，在听到有新的令人叹为观止的陵墓被发现时，要保持头脑清醒，要看看它在哪些方面可以增进我们对古代文明的了解。

我并不是说我对金光闪闪的东西不感兴趣，我们的社会痴迷于这类物件，我是理解的。闪闪发亮的黄金更能激发人们内心深处对考古工作的狂想。举例来说，我刚刚结束了对埃及中王国时代的首都、现在的利什特的第三季发掘工作（后面章节中还会有详细叙述）。在此次发掘期间，我运气不错，不仅发现了金叶碎片，还在主墓葬区北侧的一座侵入性墓葬中发现了一大块黄金。这块黄金沉甸甸的，我盯着它看了很久，远超过我该看它的时间。再说那些碎片，如果摊开的话，一块碎片大概就能覆盖两枚25美分的硬币。当然，这跟霍华德·卡特最初凝视图坦卡蒙陵墓时的感受是不能相提并论的。但当你一天工作17个小时，同时管理着一个庞大团队，还跟儿子相隔5 000英里时，你的确需要一点儿金光闪闪的东西来提振士气。我们有时都会这样。

寻找事实，而非真相

用印第安纳·琼斯的话来说，考古学的宗旨是："……寻找事实，而非真相。如果你感兴趣的是真相,那么请到走廊的另一头,去上泰里博士的哲学课。"考古学在过去的一个世纪里已经发生演变,即从专注于研究出土文物到专注于研究出土文物背后的人们以及驱动人们做出改变或固守传统的种种力量。

大多数考古学家会告诉你,我们会圈定研究问题或提出假设,再制定相应的策略来回答或验证这些问题或假设。我们的确会尝试讲述真相,至少在考古报告中是这样做的。

每一个考古领域都依赖一些基本假设。比如,古埃及在公元前3000年左右完成统一,目前出土的距今最近的古埃及象形文字铭刻是在公元394年刻下的。我们知道历代国王的大致顺序,也知道他们的家族谱系、都城的名称,以及这些都城是由谁在何时何地建立的。埃及古物学中的织锦图案由此得以留存。

不幸的是,织锦中的很多纬纱已经不见了。残留的图案足以让我们把它们恢复原样,而且有些部分相当清晰,但要找回一根根失去的丝线,并把它们重新织到一起,并非易事。

得益于考古学领域引入的新的科学手段,我们现在对世界各地的古人的了解越来越深入。和遥感科学一样,考古学在20世纪60年代也是一门新兴科学。如今,我们可以通过DNA技术和骨骼分析技术对古人罹患的疾病进行调查。[2] 我们还可以通过餐具和炊具上的化学残留物来了解古人的食物构成。[3] 考古学领域的年代测定法[4]的创新,让我们对年代学有了更清晰的认识。

透过这些细小的线头,我们可以推断出更大的图案。在近东乃至整个地中海地区,青铜时代于公元前1177年左右崩溃,而我之所以敢这么讲,是因为背后有数百处遗址的数据、数千个古人的骨骼考古分析、数万个实验室样品和数十万个小时的田野调查时间。[5] 进行考古分析,首要一点,就是要站到科学巨人的肩膀上。

你必须从年轻时就学习这方面的知识。说实话,我是一个不讨人喜欢的教授,总是逼着学生去思考,所以在给人类学专业的高年级学生上考古理论课时,我给他们布置了一项作业,内容涉及我在大都会艺术博物馆线上目录中发现的一件文物。[6]该文物是一件浅粉色的方形陶器,上面有一个收缩的鼻子和两个表示眼睛的孔洞,看起来就像是我儿子的幼儿园作品。我要求学生查找这件藏品的文化背景及其制作和功能等方面的信息。一般来说,在遗址发掘前,我们已经考察和掌握了遗址的文化背景或年代信息。但这次的作业不同寻常,除了藏品本身,我并没有给出任何相关的信息。凭空推断,对他们来说无疑是一项重大挑战。

在学生交上来的作业中,没有一份是雷同的。有的学生采用了传统物件解读法,这也是考古学家在无任何线索的情况下常用的方法,认为该藏品是"一个与宗教或仪式相关的物件",并构思了古人的使用方法。每一个学生都充分利用其所掌握的考古知识,对藏品进行了全方位解读。他们的回答令我十分着迷,他们的创造力也给我留下了深刻印象。有一个学生甚至侵入大都会艺术博物馆系统,并用谷歌图片搜索引擎检索该藏品(技高一筹!),还有一个学生早前就了解过该藏品。

在了解了该藏品的性质和功能——埋于地下、希望借神奇之力打败敌人的诅咒器物之后,学生们提了很多问题,而第一个问题就是:"我们怎么猜得到?"这位新来的同学,你算是问到点子上了!要了解一个物件的功能,你就不能单纯地盯着这个物件本身研究,而这也是考古发掘团队需要会聚各方面专才的原因。

发掘工作是如何进行的

每一次走入现场,你都是在拿自己的声誉做赌注,甚至还会冒失去生命的危险。你通常是花别人的钱,同时也利用其他很多人的时间。为开展研究和申请经费,你可能已经做了多年的准备工作。除此之外,你的目的地可能是在另一个国家,这样一来,你又将面临文化和语言上的挑战。

在进驻现场之后,作为发掘主持人,你要对开展工作的专家团队负责,后者要记录遗址的发掘情况及特定数据。负责管理和指导的考古学家会事无巨细地记卜每一个地层或发掘区——通常被称为地层操作单元（locus）,也被视为独立的三维时间胶囊——的出土样品及其详细信息,包括土壤、颜色、密度、材质、骨骼以及其他任何信息。[7]

在提取考古数据的过程中,地层操作单元负责人只是第一批参与者。接下来,生物考古学家负责分析人体遗骸,古植物学家负责研究保存下来的植物碎片,绘图师负责绘制出土的物件并对这些物件进行解读,而登记员和摄影师则负责记录所有出土的物件并编入目录。[8]就我个人的工作经验而言,团队中最重要的人员当数陶器专家。[9]他们绘制、记录和分析陶器,而在大多数的历史遗址,出土的陶器碎片都是难以计数的。在古代世界,陶器就相当于现代的特百惠容器。在历史长河中,陶器如何变化以及为何变化,可以为你提供一窥过去的最佳视角。

当然,考古团队还包括其他很多人员,但在大多数遗址的发掘中,这些专家堪称中坚力量。理想状态下,发掘工作就像发条装置一样顺畅运转,团队中的每个人都朝着同一个目标努力,你可以顺利完成考古发现报告,进而申请更多经费来开展更多发掘工作。如果一切顺利，那么织锦上的丝线也会再增加一根。

在这里，你可以想象一阵疯狂的爆笑声，因为我参加过世界各地的发掘工作，任何你能想象到的挑战都能而且确实会出现。公众从来都看不到发掘工作的这一面，只会在杂志的精美图片中看到考古学家捧在手中的出土的物件。同行讲的发掘现场的故事，要不是我也有类似的遭遇，我是绝对不会相信的。2004年，我们团队在西奈发掘一处遗址。有一天吃完早饭后，我回到发掘现场，发现我们的图纸竟然成了附近村镇上的一只山羊的晨间点心。我赶紧上前，从它口中抢下图纸，并把它赶走。图纸还剩70%左右，我们花了好几个小时才把它补全。在发掘季结束时，可爱的贝都因工作人员为我们举办了一次盛大宴会，而主菜就是烤山羊。不过也没有必要去猜是哪只山羊，反正我吃得津津有味。

背景至关重要

如果那只山羊吃掉了我们的大部分图纸，那将会是一场灾难。我们只有一次机会来记录任何可能有价值的碎片，因为发掘意味着毁灭。一旦你发掘了一个地层或一处遗址，那么这个地层或遗址就永远消失了。当考古学家发掘出一个物件时，他们会记录该物件的确切位置，以便建立它与该遗址或其他相似遗址中出土的其他所有物件之间的背景关系。举例来说，你发现了一些烧锅，而它们旁边是一个平坦区域，建有石砌炉灶，而且上面覆有植物残体和种子，那么这里很可能是一个古代厨房。但要是我们有所疏漏，或者情况更糟，遗址被盗挖，并导致烧锅流入交易市场，那么我们就只能说它们是"烧焦的锅"。

有时候，考古遗址就像是一盒巧克力：你真的永远都不知道你会拿到哪一块。这也正是这份工作让我们感到异常兴奋的原因。如果对一处遗址知之甚少，我们会依据同一地区的其他类似遗址推断相关信息。有时候我们会赌对，但大多数时候都错得离谱。讽刺的是，驱动我们前行的动力，正是我们对自己可能犯错的深刻认知。在提交给拨款审查委员会的申请中，我们有时会采用"也许""可能""或许"等措辞，但实际上，我们最应该写的是，"我对此一无所知，所以把我们送到那里发掘看看"。

我们要找的，不正是人类历史和知识的总和吗？所以，一点儿压力都没有。

为减少发掘过程中不必要的破坏，确保我们在预计时间和预定预算内完成发掘工作，我们会采取最有效的方法。

如果运用得当，太空考古学可以让我们较好地了解一处遗址的建筑结构或其他遗迹，或至少可以让我们掌握表层下方的情况。基于假定条件的研究法——那里可能存在什么，而事实上又存在什么——无疑是一种改变游戏规则的方法。

在卫星影像中，我们既看不到陶器碎片，也看不到独特的单一文化层，但我们可以看到墙体、整栋建筑、类似于纳斯卡线条的地画[10]、如今已不见踪迹的景观，以及遗址与遗址、遗址与景观之间的关系。我们能够以40年前尚不存在的方法，调查我们先前从未想过要调查的地方。随着光谱应用技术的不断进步和新的影像处理软件的引入，我们现在可以在卫星影像中着重突出这些遗迹，而在以前，它们很容易被忽视，甚或完全不可见。

卫星影像允许我们以不同比例尺查看遗迹——既可以缩到非常小，也可以放到无比大。这对我们来说绝对是一个得力助手。我们已经在地面花了太多的调查时间，现在需要的是一个新的视角。

维京人的踪迹

在北大西洋，有一座岛就很好地诠释了这一点。这是一座以间歇泉、维京人、性别平等和难以发音的火山名著称的岛，岛上的环境条件就跟维京人的名声一样恶劣：要想在冰岛生存，你需要具备超凡的力量和韧性。自871年（误差范围为加减两年）开始，维京人从他们的征服地苏格兰西部群岛来到冰岛，开垦农场。至于在871年之前，冰岛有没有人居住，目前尚存在争议。一名爱尔兰修道士在825年记述过冰岛，提及8世纪90年代末岛上可能有定居者，而这也是已知的关于冰岛定居者的最早文献。[11]

可能得益于偏离了轨道的殖民任务，也可能得益于斯堪的纳维亚维京人带来的奴隶，总之冰岛的农场社区迅速发展了起来。[12]《定居者之书》(*The Book of Settlements*，亦称 *Landnámabók*) 记载了最初定居冰岛的430名维京人的家谱。[13] 秉承早期维京人事无巨细均记录在册的遗风，冰岛人现在仍痴迷于他们的家谱[14]：冰岛国内甚至还为那些心存顾虑的人专门开发了一款约会应用程序，确保他们不会和自己近亲发生亲密关系。[15]

作为一名埃及古物学者，即便再过100万年，我想我也不可能去冰岛工作。请原谅我这样想。冰岛有小精灵[16]，但没有法老，而你在那里看到的"金字塔"，全都是雪雕比赛作品。我的确喜欢挑战，人生也很奇妙，但我就是没有想过有朝一日我会因为工作而穿越北大西洋。

小农场、大农场和维京人的殖民活动

斯卡加峡湾教堂和定居点调查是由斯卡加峡湾文化遗产博物馆和

马萨诸塞大学波士顿分校的菲斯克考古研究中心联合发起的一个考古项目。

项目负责人是留着大胡子的考古学家道格·博朗代。即便回到1 000年前的冰岛，他似乎也能融入当地社区，只不过他的礼貌有加与那个时代格格不入。该项目专注于研究冰岛9世纪的殖民活动及其后续发展，以及这些殖民活动对14世纪的宗教和经济单位产生的影响。

我认识道格是因为英国广播公司（BBC）的一档关于维京人的电视节目。在该节目制作的研究阶段，我们两人有了第一次会面。[17] 利用地基遥感[18]和取土层样本技术，道格和他的团队不断推动冰岛景观考古的发展，而他本人对利用卫星影像开展考古的合作项目也很感兴趣。

得益于那些著名的保存完好且流传至今的中世纪萨迦①，我们对冰岛的早期历史有着比较全面的了解。[19] 在雷克雅未克举办的名称恰如其分的"雷克雅未克定居点展览871 +/-2"活动中，游客可以体验真正的维京人"长屋"，并观看关于冰岛早期日常生活的全息视频。[20]

展区的重建物给了我一些线索：我想或许可以从太空看一看冰岛北部的情况。在雷克雅未克上空200千米处，云朵似乎就飘浮在你的正前方，放眼望去，只见蜿蜒起伏的陡峭群山，与碧绿农田相映成趣，一直延伸到海边。

早期的冰岛人通常用切割好的草皮来建造建筑物。这些草皮跟现在高尔夫球场上用的草皮大致相同，在整个冰岛都很容易获得。不同于盛产橡树的斯堪的纳维亚，冰岛只有漂流木和桦树。[21] 斯堪的纳维亚人可以用橡木建造长屋，但冰岛人缺乏木材，仅有的漂流木和桦木多用于搭建房屋框架，而墙体和屋顶则使用草皮建造。[22] 这种草皮

---

① 萨迦，意为"话语"，是13世纪前后北欧用文字记载的古代民间口传故事。——编者注

就像是庞大的软质乐高积木，非常利于保暖。在参观维京人的遗迹时，我曾长时间抚摸这种草皮墙体。在寒冷刺骨的日子里，一小堆火就能让整个屋子暖和起来，而当时的维京人也是用这种草皮建造长屋主建筑以及近乎所有的农场建筑物。

从考古学的角度讲，那些大的建筑相对容易辨识，而小的附属建筑就比较模糊难判。道格和他的团队采用集中调查方法，圈定较为显眼的中心建筑，然后追踪其周围的古代垃圾掩埋坑或堆肥区[23]，以此测绘规模更大的位于中心的农场建筑物。但受制于有限的经费，每隔5米挖一个探坑对他们来说是不现实的，即便这么做，错失附属建筑的概率仍然很高。

卫星影像验证

我和我的团队事先已经利用谷歌地球对冰岛进行了搜索，试图从太空看一看冰岛的建筑是什么样子的。我们需要全面了解从维京时期一直到现在的冰岛的建筑类型。至今仍在沿用的古代农田边界很容易分辨，不过，地表大多数可见的边界并不是维京时期的，而是后挪威统治时期（1262—1380年）的。我们"发现"的很多遗迹都是已知的[24]，但至少我们由此掌握了所要找的遗迹的类型、规模，以及这些遗迹与农场主建筑之间可能存在的空间关系。

不过，还有一个重大问题：通常而言，在英国，你要找的是埋在田地里的沟渠，而在埃及，你要找的是埋在沙漠里的石墓。也就是说，X物质与土壤、沙地或植被等Y物质是迥然相异的。由于地表已经堆积了足够多的已分解的建筑材料，通过肉眼看不见的部分光谱，我们能从太空探测到它们的位置。但从地面，这些遗迹很难被发现，甚至完全不可见。冰岛的情况则不同。我和我的团队需要找到已分解的古代小型草皮建筑物的地基,而这些地基埋在广阔的草地之下。这就好比大海捞针。

在BBC看来,现场录制这个堪称大海捞针的过程是很有趣的。通过卫星影像分析,我们在斯卡加峡湾调查区域发现了若干令人生疑的地点。道格从中挑了几处,利用一个简单的土钻——约两英尺宽的小型手持钻具进行搜查。他解释说,我们有百万分之一的概率实现维京人考古的大发现。

他和他的团队已经掌握了我们从太空标记的建筑物的坐标,并对田地边缘进行了测量,以尽可能准确地标记其位置。卫星影像可能会存在几米的误差,但如果附近有其他建筑物可用来校准距离,那么这并不是大问题。然而,冰岛的问题在于这些墙体的厚度不到1米。因此,即便是一个小小的误差,也可能会让我们错失全部。

我们走进道格标记的一个区域。他让我到正中心的位置用力踩一踩,然后扭转土钻取样。我照做了。整个动作下来,就像是第一次玩弹簧单高跷。在镜头面前,我竟然钻取失败了。坚硬的地面严重打击了我的信心,与此同时,我也听到了团队成员的窃笑声。

"再来一次!找找感觉。"道格说。这一次我总算成功了。我们往地下钻了大约20厘米。

道格帮我把土钻拔出来,取出样品,然后把草皮块切成两半。他笑容满面。

"你知道这是什么吗?"他问。

"我要是知道就奇了怪了。"我回答说。他指着草皮块上纵横交错的酷炫的灰白线条解释说,每一根线条都代表着一次火山爆发。[25]冰岛的火山一直都很活跃。通过冰芯测年法和树木年轮测年法,我们可以确定火山是在维京人占领冰岛之前、期间或之后爆发的。所以,冰岛考古学家会利用土壤中的这些证据来估算文化层所属的年代。接着,道格又指了指土样底部。

"你看到的这个就是一块草皮墙!很可能是中世纪的!"他说。

还要进一步确认。于是,我们迅速挖了一条沟渠,以便让部分墙体显露出来。

墙体并不是维京时期留下来的。我对这个消息颇为失望,但道格和他的团队仍不忘给我打气,并表示这对他们来说已经是重大进展了。我原以为,相比中世纪的遗迹,潜在的古代斯堪的纳维亚的遗迹在卫星影像中更容易发现。居住在古代维京人农场上方的现代人,更是一点儿忙也帮不上。事情显然比我预想的困难得多。

其间回到发掘营地

那天晚上吃完饭后,我们齐聚在发掘营地的小屋里。说是晚上,但在 8 月的冰岛,"夜晚"只是一个相对概念。红白相间的测量杆靠在墙上,旁边放着沾满污泥的鞋子和外套。虽说这里不是埃及,但我仍有一种回到了家的感觉。道格和一名团队成员蜷缩在电脑前,查看根据航摄像片制作的当日发掘成果的三维重建图。[26]

在对着发掘的墓葬的精美照片发完呆后,我也来到长桌前,加入道格的专业"杂牌军"。每个人都在忙着处理当天收集的数据。我开始重新查看该区域的卫星影像,然后发现了一个奇怪的图像角度,它看起来就像一块被巨人扭曲的大型棋盘。

起初我并没有在意。但现在,经过田野调查,我才看清楚山脚是如何缓缓延伸到水下的。这在卫星影像上可能会失真。如果你不知道自己已经看过这个景观,那么就很容易出现错失的情况。[27]

在掌握了植被类型以及埋于地下的草皮的实际形状等新知识后,我开始重新处理卫星数据,并采取了新的处理方法。时间一分一秒地过去,我却丝毫没有感觉到时针的变化。沙漏里的沙子仿佛都浮了起来,不再落下。

随着奇怪的形状不断出现,我转身向在场的维京人研究专家请教。在处理相关数据时,能够得到该领域专家的即时反馈和鼓励,那天晚上无疑是我职业生涯中最令人满意的科学之夜。

最终,在我找出的遗迹(也许是墙体?)中,专家团队认为有五六处是值得发掘的。凌晨2点30分左右,我离开营地小屋,在稀薄的空气中,沿着山坡回到狭小的酒店房间。走进酒店之前,我又回头看了一眼地平线上峭立的灰褐色山脉,那种纯粹的静寂一下子让我呆在了原地。这是一片孕育了传奇的土地,我们或许该感谢奥丁和弗蕾娅的庇佑。

在选定发掘的那些遗迹中,的确有几处可以追溯到维京时期。

发掘出附属建筑似乎并不是什么大事,也不可能登上媒体头条,但对考古学家来说是振奋人心的消息。在这个行业中,细节至关重要。从整体上讲,附属建筑可以让我们知道大型建筑的功用和农场的运作方式。就农场住宅而言,如果中心建筑周围还有一些附属建筑,比如牛奶场和铁匠铺,那么就说明这个农场的经营状况很好。如果周围缺乏附属建筑,则是另外一种情形,即表明农场主生活比较贫困,甚至还为生计而苦苦挣扎。随着时间的推移,如果大型农场的规模变小了,那么这可能与战争、饥荒或气候变化造成的资源匮乏有关。所以,我们现在不只是发现了一栋小型建筑,还有一个与之相关的故事。

卫星影像可以帮你找到很多遗迹,而小规模的墙体只占其中很小的一部分。有时候,意外发现的或误以为是现代产物的东西,往往会给你带来意想不到的大收获。

从冰岛到苏格兰

设得兰群岛位于英国西北端,以崎岖不平的丘陵、田野以及绵羊群著称。大约 1 300 年前,维京人从挪威出发,西行 300 千米,征服了这一地区。[28] 到 9 世纪,他们在贾尔斯霍夫建立了一座石砌要塞,这也是英国境内地面可见的规模最大的维京人的遗迹。在此后近 500 年里,这里一直是维京人的地盘。[29]

在苏格兰,我和我的团队的任务同样是寻找可能的古代斯堪的纳维亚遗址。每次执行任务,我们都会对所在地区进行研究,并查阅和认真分析相关的发掘报告和调查报告,看看可能会有什么发现。一旦确定了潜在的遗址的位置,我们就会调用卫星数据库的资料,查看当地的卫星影像。找不到卫星影像,任务就无法执行下去。

当然,卫星影像也得是合适的。我们需要夏季或初秋的数据,因为植被的健康状况在这两个时节最为明显。[30] 最终,我们决定对 8 处遗址进行田野调查。在这些遗址中,有的可以明显看到维京人的建筑物。长屋就是长屋,是就是。

除非它不是。在苏格兰一处很有潜力的遗址,我们在卫星影像中看到了明显的弧形草皮墙,大为振奋。但团队在到达调查地点后,才发现那是当地农场主用现代草皮搭建的一个长屋状的建筑物。我们被骗了。

难以捉摸的如尼字母

我们来看另外一个案例,地点是帕帕斯图尔的北屋。大约 50 年前，安迪·霍尔特和萨比娜·霍尔特 – 布鲁克搬到了设得兰群岛西部的一个小岛上，并在此定居下来。这对富有远见的年轻夫妇决定在这里打造一个可持续的有机农场，比如今蔚然成风的农场住宅早了40年。在建造庭院时，人们自然会把旧的砖块和碎石清理出去。在北屋，这对夫妇屡屡发现一些稀奇古怪的石刻和石雕，于是将它们集中放到门边的篮筐里。后来，他们还发现了一个很大的斜边圆盘，而且上面刻着符号。

在拿着这件物品向当地专家请教之后，他们兴奋不已，原来这是维京人在织布机上使用的一个石制纺锤。[31] 这个纺锤很特别，上面刻有古代斯堪的纳维亚的如尼字母，表明它的使用者是识字的。在那个年代，识字的人罕见，而且属于精英阶层。也就是说，富裕的维京人在他们的这片土地上生活过。

在处理帕帕斯图尔岛的卫星数据时，我们团队在北屋附近发现了一连串清晰可见的直线。对于这处遗迹，我当时给出的建议是不予考虑。它看起来令人生疑，现代痕迹太重了。按照我们的数据处理方式，该遗迹显示为亮粉色线条。因此，它很可能是燃气管道或水管。

我们把处理好的数据发给了多位专家，请他们评估。当我得知BBC选定帕帕斯图尔岛作为拍摄地时，我大为震惊。随后，我给他们发去了电子邮件。

"嗨，那个地方排在末尾——在我们掌握数据的8处遗址中，它排第8位。你们想要拍摄19世纪水管的发掘现场吗？"

我被告知无权改变这一决定，同时他们还让我准备飞往苏格兰。

对我这样一个埃及古物学者来说，苏格兰同样是一片陌生的土地。我和BBC制片人在当地机场碰面，而这座机场也是我见过的最小的机场之一。毫不夸张地讲，我儿子的百乐宝机场玩具承载的人都

3 太空考古学前景　　　　　　　　　　　　　　　　071

比这里的多。随后，我们驱车前往渡口，乘坐渡轮。在风浪之中，一幅超脱尘世的风景画展现在我们眼前。四周是崎岖不平的绿色岩层，一只只绵羊点缀其上，走动起来，活像是被雾气包裹着的棉花球。

"你们是发现了什么有趣的东西吗？"我问导演内森。他给了我一个神秘的微笑。

"到时候你就知道了。"内森说。

我不是很理解的一点就是，电视圈的人总渴望与主持人玩大揭秘的游戏，捕捉真相大白时人们的惊叹声。这让我感到很沮丧。当地的考古小组已经在帕帕斯图尔岛发掘了两天，但我对现场的情况一无所知。

我们抵达北屋。早在20世纪70年代，这里还是一个小型社区，如今已经改建成了一家民宿，可以俯瞰灰蓝色的挪威海。一般来说，这种民宿不会在迎宾处陈列古代斯堪的纳维亚的手工艺品。在给我别上麦克风之前，BBC的制作团队一直不让我去后院的发掘现场。待一切准备就绪之后，我发现导演眼中带着一缕恶作剧的光芒。

异物

看当时大家的心情和开玩笑的氛围，我想可能会有好消息，但在穿过大门、看到后院的"异物"时，我真的没有任何心理准备。异物就矗立在这个长20米、宽10米的后院里，其左侧是海崖，右侧是童话般的小屋。

那是一个石结构，长约15米，看起来就像是一堵石板垒砌的墙，不过已经下沉到地下1米深的位置，还附带些参差不齐的石砌块。那一刻我才意识到，我的谨慎几乎让我们错失了发掘这处古遗址的机会。

当时摄像机捕捉到的我的惊讶之情，没有一丝的伪装。

　　设得兰群岛地区考古学家瓦尔·特纳带我到现场参观。在发掘之前，他们团队采用的是简单的探测法，希望以此证明低技术含量的方法和高技术含量的方法同样有效。他们先是挖掘了两道壕沟：一道靠近墙体的中间位置；一道在墙体南侧，这里也可能是墙体尽头的位置。石墙砌得非常结实，地基是铺设整齐的石板。南侧壕沟出土的物品更令人振奋：可追溯到维京时期的皂石容器碎片（见图3-1）。[32]

图3-1　北屋附近的墙体发掘现场

资料来源：作者。

　　在接下来的两天里，我一直徘徊在这个有着1 200年历史的"沙盒"里。随着南侧壕沟越挖越深，我们发现的地板层数也越来越多。相关证物表明，该处遗址至少有400年的居住史。在北屋餐桌旁喝茶休息时，我的朋友、精力充沛的考古学家汤姆·霍恩跑了过来，一脸顽皮。他跟导演嘀咕了几句，导演听后立马说："快，现在到外面去！"

当考古学家在遗址发掘出非常特殊的物件时，现场的气氛会变得不一样。每个人都像收到了心仪已久的圣诞节礼物的孩子一样。整个后院都弥漫着兴奋之情。

"把手伸出来。"汤姆一边说着，一边把一颗熠熠生辉的橙棕色宝石放到了我的手掌心（见图 3-2）。

图 3-2　北屋附近出土的红玉髓宝石

资料来源：作者。

"这是什么！"我惊呼道，"你是怎么找到的？"

"我有火眼金睛，就像你的卫星一样。"汤姆说。

我用拇指和食指捏起这颗宝石,其大小跟10美分硬币差不多。它有多个切面,而且经过了抛光处理,镶嵌在任何现代戒指上都不显得过时。乍看之下,它有点儿像琥珀,但举到灯光下看时,它散发出炽热的橙色光芒。

红玉髓! 更好的红玉髓。它让我想起了大约2 500英里之外的考古故乡埃及,因为古埃及人就很喜欢用红玉髓制作珠宝首饰。[33] 对维京人来说,红玉髓是一种非常名贵的宝石,仅在比尔卡等少数遗址中出土过。比尔卡位于瑞典,是维京时期的一个重要贸易中心。[34] 红玉髓可能是在黑海的某个地区开采的。这颗宝石无论是镶嵌在胸针上的还是戒指上的,有一点无可否认:它的主人是一位非常重要的人物。

将所有证据摆在一起,我们认为我们发掘的这处遗址,可能是古代斯堪的纳维亚的一处要塞。

1299年写成的一份文献,记载了一起涉及地方官托瓦尔德·托雷松勋爵的腐败案。[35] 托雷松勋爵被控挪用租税,为证明自己的清白,他邀请证人前来做证。其中的一次证人会议就是在帕帕斯图尔岛举行的,具体地点可能是后来统治挪威的哈康国王的起居室。在我们开展工作之前,考古学家已经查明比金斯就是国王的农场所在地,而且建于12世纪到13世纪的建筑物已经发掘。[36]

但新发掘的这处维京人的建筑物,位于靠近海滩的战略位置,很可能是国王的宅邸。在几天的发掘过程中,我们只清理了最上面的土层,就已经发现了很多房间。走在崖下的海滩上,我可以清楚地看到暴露在外的石墙,这表明这处遗址的规模原本比现在大得多。遗憾的是,我得离开了,而为保护遗址,发掘现场也要回填。未来,这里会有更多的发现等着我们。

寻找圆形竞技场

犯错的时候，我会认错。如今，我已经是一个妈妈，嗓门大、意见多的 5 岁儿子，更是时不时地让我认错。帕帕斯图尔岛事件时刻提醒我要保持警觉，自此之后，我对任何模棱两可的结果都持怀疑态度。

然而，我职业生涯中最尴尬的一刻发生在 6 年前，当时我还怀着家里那个 5 岁的娃娃。在早前的一档 BBC 节目中，我和意大利的一个团队合作过，而他们彻底颠覆了我对太空和地面新技术的认知。

当航班飞进罗马菲乌米奇诺机场时，朝下望去，你会发现在城市景观和田野之间有一个奇怪的六边形。

在距离机场跑道不远的地方，就坐落着意大利最令人着迷的考古遗址之一：波特斯。在该处遗址，一些最热门的测绘技术都被派上用场。在大约 1 900 年前，波特斯是罗马非常繁华的贸易中心。古时的波特斯位于地中海海滨，建于公元 42 年，时值克劳狄乌斯皇帝统治时期，后又在图拉真皇帝统治期间——公元 98 年至 117 年予以扩建，它成为与附近重要港口奥斯蒂亚相连的一个重要转运中心。[37] 如今，古老的海岸线在大陆距新海岸线 4 千米处，因为台伯河（亦称特韦雷河）长期沉积的淤泥逐渐填满了这个作为屏障的大海港。[38]

这处古遗址和现今亚马逊公司的仓库颇有相似之处。包括古埃及的葡萄酒和阿拉伯地区的香料在内的各种货物从整个罗马帝国源源不断地流入波特斯。为海港船只引航的灯塔，是仿照亚历山大港的知名灯塔设计的。各类货船很容易驶入这个六边形的水域，然后停靠在码头卸货。这里的修船棚也非常多，为船长和仓储管理者提供一站式服务。卸载后的货物会被装入小型船，然后沿着台伯河朝东北方向驶往罗马。得益于繁忙的航运业,波特斯成为一个蓬勃发展的社区,不仅建起了住房、仓库、道路和墓区,还开设了大理石采石场。[39]另外,就当时的交通条件来看,可能还有十几家妓院。

波特斯有着丰富的考古探索史。今天,负责主持当地发掘工作的是和蔼可亲的西蒙·凯伊,他也是南安普敦大学的教授。在过去的30年里,西蒙和他的团队使用各种地基遥感工具,对该遗址的广大区域进行了测绘。在很多方面,他们重新定义了古罗马景观考古学的方法论,而他们的发现,比如修船棚的功能,则增进了人们对当时国际贸易的了解。

现代的土地利用给西蒙团队带来了非同寻常的挑战。如今的波特斯相当复杂,已经发展成现代建筑与多用途场地的大杂烩。波特斯的核心区域坐落在一个考古园区中,而其他区域都在园区之外。测绘这种分离的景观,在总体规划和细节工作方面既费时又费力。

到目前为止,发掘人员采用的技术手段包括探地雷达法(GPR)、航摄像片和磁力测定法[40],但不包括高分辨率卫星影像。西蒙问我是否愿意合作。我很忐忑。西蒙是考古学界的传奇,而且为人和善,但问题是,对于那些我知之甚少或一无所知的区域,我可不想拿着卫星影像在团队负责人面前班门弄斧。不过,西蒙告诉我,他花了很多年的时间在波特斯寻找大型圆形竞技场,但直到今天仍一无所获。

发现罗马遗址并不容易

关于罗马遗址的一个传言:以富饶帝国和宏伟建筑著称的罗马,给后世留下了无数明显可见的、规模庞大的石砌地基建筑。这些建筑就像圆形竞技场一样,随处可见。事实果真如此吗?当然不是!

在过去的2 000年里，随着城镇化的快速推进、石料的重复利用和农田的耕作，很多遗址都已经被掩埋——部分掩埋甚或完全掩埋。古代文献或许记述了某座剧场、圆形竞技场或赛马场，但现代考古学家未必就能找到它们的踪迹。那些保存完好的遗址，大多数是因为运气或具有随机性。如果现代城镇已经完全吸纳了遗址，那么在处理卫星影像时就会出现重大问题。对太空考古学家来说，最大的挑战莫过于从背景噪声中辨别真实可靠的信号。[41] 事先了解一处遗址或景观中可能存在的遗迹，似乎是一个合理的考古流程，因为我们要从已知推想未知，但它也可能会让我们产生先入为主的偏见。

更糟糕的是，它还会引导我们去寻找想象出来的形状，即心理学上所说的"空想性错视"（pareidolia，也称"幻想性错觉"）。从技术上讲，在连续几个小时处理卫星数据后，你的视觉就会变得奇怪起来。在没有任何东西的地方，你却看到了一些东西，而在有东西的地方，你却完全没有看到。团队协作的重要性就体现在这里：各成员可以对相关事实进行交叉核对、确认，或者在同事疲惫不堪或过度兴奋时，给他们打一剂强心针或泼一泼冷水。

但在西蒙谈及合作时，我其实还没有组建自己的团队。另一个棘手的问题是，虽然我对古罗马建筑有着相当程度的了解——我的博士论文有一半是写罗马统治晚期的埃及的，但在卫星影像处理方面，我还缺乏足够的信心。所以，我要找一个切入点。通过查阅文献，我基本了解了西蒙的发现成果。在此基础上，我订购了"地球之眼1号"（GeoEye–1）卫星2010年夏季拍摄的0.5米分辨率的影像，因为这个季节刚好是当地的干旱期。这批影像既包括可见光数据，也包括红外光波段数据。

波特斯的大多数建筑都是石砌建筑，我们也需要寻找古河道，所以我特意挑选了夏季的卫星影像，希望据此找出明显的作物标志。果然不出所料！住宅、大型矩形建筑、道路……总共有十几处建筑结构。对于这些发现，我颇为自豪，并把成果发给了西蒙和他的团队，然后期待他们潮水般的表扬。第二天一早，我那可怜的过度膨胀的自信心就受到了重击。

"能通过卫星影像把它们找出来，真是太棒了！"西蒙说，"不过这些我们在多年前就已经发现了。"真悲哀！在此次全身心投入工作之前，我一定遗漏了西蒙的一两篇论文。

在经历了最初的兴奋、羞愧地趴在桌上以及吃了大量巧克力之后，我开始迷茫起来。要知道，能从太空看到的一切，我都已经从卫星影像中找出来了。

如果出师不利……

一年之中不同时节拍摄的卫星影像之间会存在细微差异，而这些差异可能会为我们提供更多信息。我无疑是幸运的：数字地球公司旗下的卫星 WorldView-2 从 2011 年 9 月开始拍摄更大光谱范围的影像，而这个秋季，也是意大利一些地区多年来最严重的一个旱季。[42]这些卫星数据的可见光波段，即所谓的"红边"波段，包括可见红光和红外光之间的波段及两个红外光波段。对比之前卫星提供的 4 个波段的数据，WorldView-2 的 8 个波段的数据可以让我们更好地甄别植被健康状况的细微差别。[43]

在处理卫星影像以突出这些差异之后，我在六边形区域的东北部发现了一个宽约 40 米的卵状图形（见图 3-3）。这个图形的东部和西部均连着一条东西向的道路，北侧则是各类矩形建筑，因而很容易被

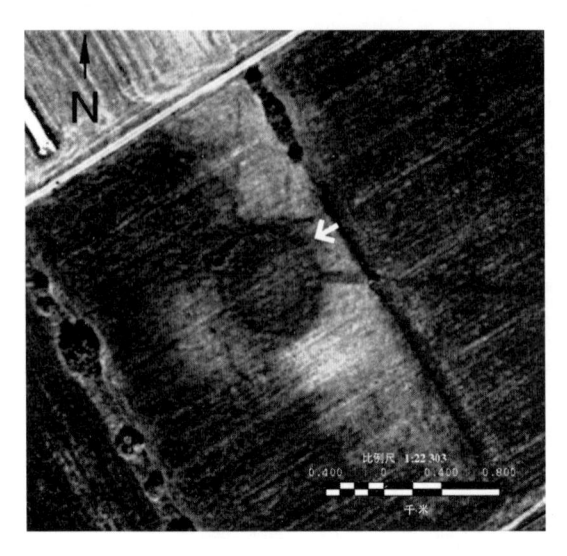

图 3-3 经过处理的圆形竞技场遗迹的 WorldView-2 卫星影像

资料来源：数字地球公司。

误认为是现代遗迹，比如 19 世纪的某种蓄水池。安全起见，我把分析结果发给了西蒙，看看他有什么意见。

他非常兴奋。此前，他和他的团队通过磁力测定技术调查过该区域，但并没有发现卫星影像中所显示的情况。此外，他们也没有采用探地雷达法进行进一步探测。但这次的影像结果看起来非常像圆形竞技场，而且附属建筑很可能是训练营房。我们又找来了近 80 年前旱季的航摄像片，也能依稀看到类似的轮廓。[44] 因为我们知道自己要找的是什么，所以这个结果就很明显了。结果令人振奋！

我和西蒙以及西蒙团队的田野调查专家克里斯蒂安·斯特拉特就此次结果联合发表论文，对比了卫星影像与地基遥感工具（比如地磁仪和探地雷达法）和航摄像片等技术手段之间的不同。[45] 尽管痴迷于太空影像技术，但我知道它有自身的局限性：若将它和地基遥感工具一起用作"力量倍增器",它的威力就会大幅度提升。

西蒙和他的团队计划日后进一步探索这座圆形竞技场。这次联合行动也给我上了重要一课,那就是永不言弃,而且要有从头再来的勇气。

如果运用得当,太空考古可以帮你找到数量惊人的遗址,无论是在哪一个区域,也无论是哪一种文化。当然,这里的前提是,你要用正确的技术对在正确时间拍摄的卫星影像进行分析。无论是规模庞大还是规模极小的遗址,利用分辨率从 0.3 米到 30 米不等的卫星影像,通过分析景观、地质状况和建筑材料等因素,我们都可以破解它们的密码。

这些发现虽然只是表明考古学家现在基于新技术获得的洞察力,但其关乎的绝不仅仅是发现本身,甚至也不仅仅是新的理论。进而言之,它会动摇考古学的根基,亦涉及对新理念的验证,而这些理念,有的行得通,有的则会给我们留下更多有待解决的问题。

高风险
行业

诱惑力巨大,但成功的可能性微乎其微。

4

考古学让我们知道我们是谁，我们来自哪里，以及我们又是如何成为今天的我们的。挑战考古学这架风车的诱惑力无疑是巨大的，但从我的经验来看，挑战成功的可能性微乎其微。在考古学领域交了多年好运之后，我也迎来了自己的"堂吉诃德时刻"——瞄向了远超出自身专长的目标。

　　事情还得从头说起。如果你被上述重大问题吸引，那么很重要的一点就是，首先要搞清楚你最初是因为什么而进入考古学领域的。对有的人来说，这是家族传承的事业，而有的人则是因为在大学期间修了一门彻底改变人生的课程。大多数人孩提时期就知道，泥土和过去在呼唤他们。但事实同好莱坞的演绎大相径庭：要想得到一份考古工作，你需要付出努力，做出牺牲，同时还需要很多好运气，而任何具有突破性的考古发现都源于多年的工作投入——持续不断地盯着电脑看或在灰尘飞扬的现场挖个不停，而这都会给你带来身体上的各种不适。

就连谁有资格自称考古学家都是个令人困惑的问题。悲哀的是，据我所知，考古学领域并不存在神仙教母，因而也就不会有人在你积累经验时赐你一把神奇的泥铲。（如果神仙教母真的存在，我想她肯定是一身皮衣，就跟《夺宝奇兵》中的主角一样。）在北美洲，大多数考古学家在大学期间主修的是人类学、古典学、近东研究或艺术史。在英国，考古学和人类学是各自独立的并列学科。在地中海周边以及欧洲其他地区的很多大学，考古学属于主修领域的一部分，比如土耳其研究或罗马帝国研究。在世界各地，攻读考古学学位的学生，通常也会辅修旅游学专业，因为相比其他领域，考古学领域的收入实在是太少了。

鉴于前方困难重重，如果你觉得没必要自讨苦吃，那也是可以理解的。作为当今这个世代的考古学人的祖父辈学者，肯特·弗兰纳里早前写过一篇文章讽刺他20世纪80年代的同行。在这篇文章中，他描述了一个行业老前辈、考古英雄和真心热爱发掘的专家，并记述了此人的一条名言，即考古学是"不脱裤子就能寻到的最大乐子"。[1]就我认识的同行而言，他们大多数醉心于考古发现和文化遗产的保护，并甘愿为此放弃稳定的收入。

想要主持发掘项目？

我遇见的一些人认为，成为考古发掘项目的负责人意味着你已经获得了所在领域的最高荣誉。但我要说的是，许愿时务必小心谨慎，因为这是一条孤独而漫长的路。首先，你要从项目志愿者做起，通过几个考古发掘季的时间摸到门道。接下来，你可能会成为发掘单元的负责人，然后升任发掘现场的负责人或主持人，承担起全部发掘工作的管理职责。根据研究生阶段所学专业的不同，你可能会成为发掘现场的植物种子专家、动物遗存专家或金石学专家（负责临摹和翻译古代铭文的专业人员）。

随着时间的推移，如果你足够幸运并获得研究经费，那么你就可以构思原创性的研究问题，进而闯出自己的一片天地，比如担任某处遗址部分区域的负责人或全面主持某处遗址的发掘工作。若是走到了这一步，那么请你接受我的慰问，也就是我的祝贺！

我们大多数人都是按照这样的方式一步步走过来的。在亲自主持埃及发掘项目之前的很多年里，我一直都在观摩学习。在攻读博士学位之前、期间和之后，我有幸见证了格雷戈里在西奈和三角洲主持的发掘项目。我把握住机会，并全身心投入所负责单元的发掘工作。一整天都不会有人打扰我。我和团队其他成员一起工作，记笔记，绘制遗址平面图，然后看格雷戈里如何处理各种复杂问题，而这些问题都是我应当倍加注意的。

在埃及管理一个团队到底有多难，之前我无从得知。后来，我终于有机会亲自主持发掘项目，一下子从一个快乐的发掘者变成了一个心力交瘁的古代世界的首席执行官。这种大起大落的转变，我想并不是每个人都做好了充分的应对准备。幸运的是，我已经组建了自己的小型团队，而且在遭受重大挫折时，我还有一个很棒的丈夫愿意随时施以援手。

一般来说，在每个发掘季开始前大约 6 个月，我会花将近一个月的时间来整理申请资料。团队的每一个成员都需要提交个人简历和护照页面资料，并填写安全表格。贻误文书工作的确会导致团队一些成员无法参与发掘项目。接下来就是无穷无尽的联络和接洽工作，比如进行各种协调和规划、预订往返机票和安排机场接送服务。这一切都是在为为期一个月的发掘工作做准备。我倒是希望多做一些发掘工作，就像在工作前、买房前、生孩子前一样，但架不住现在的生活越来越复杂。

除了上述准备工作之外，我还要跟埃及的工头沟通，包括餐食的供应、团队成员的安全保障以及物资的运输管理。我们通过即时通信软件讯佳普（Skype）联络，通话次数难以计数。即便是用品库存的盘点，也要来回不停地发送国际电子邮件：泥铲、三福牌记号笔、网格纸、写字板、高质量圆规……这些东西在开罗都很难买到，所以只能从国外采购，然后运送过去。然而，这一切都必须等到汇款到账之后才能启动，而银行的办事效率又非常低。另外，为了运送出土的物品，还得一一计算航空行李的重量，确保它们都不会超重。

抵达开罗之后，我们同样忙得团团转。我会提前四五天到，约见与发掘项目相关的所有政府官员，分享发掘季的计划，获得反馈意见，并在正式文件上签字。至此，团队成员已经从世界各地飞来，他们还将帮助完成发掘前的大采购。我们的购物车里装满了各种常见或不常见的物品：从登记小组使用的坚实的木桌子到卫生纸再到成箱的汤力水，不一而足。我的意思是，这里是埃及，英文 Egypt 中既有 G 又有 T，这就是金汤力（G&T）啊，而且每天下午 5 点很快就到。我们要保持优良传统。

发掘工作一旦开始，我就会承担起多种角色的责任：酒店经理、菜单策划师、护士和外交官。此外，我还负责预算的管理，而在这方面，好在还有格雷戈里的帮助。每天我都会和团队其他管理人员一一确认所需物品是否齐备，并会见当日来访的官员或同行。

发掘现场的餐食供应一直都很棒，这得益于我们有一个非常优秀的本地厨师团队，他们以为我们提供美食为傲。我是一个典型的"吃货"，深知"兵马未动，粮草先行"的道理。不同的发掘现场有不同的居住条件，但即便是一个很好的房间，第二天也可能会被水淹，成为免费的盥洗室。再就是天气。说到天气，埃及可是一个全年阳光明媚的国家，如果你可以忽略大风、沙尘暴和突然而至的冬雨的话。

无论发生什么事，团队中的人都需要得到照顾。我们团队有15名核心成员、8名埃及专业发掘人员，以及70余名其他工作人员，其中包括临时工、警察和安保人员。所有责任都在我一个人的肩上。主持发掘项目是我所承担过的最大的责任，也是最令人敬畏的责任，而在待办事项清单上，拿起泥铲、亲自动手发掘有时会排在很靠后的位置，令人沮丧。

但重点在于作为发掘项目的主持人，你所做的这一切都是为了让团队发挥最大潜能。集聚世界一流的专家，确保他们的健康，并让他们快乐工作；为团队成员提供优渥的薪酬，并保障他们的安全。这就是你一天中要做的工作。归根结底，你要实现自己的愿景和梦想，离不开他们的帮助。所以，在你所有的演讲和出版物中，你要向团队中的专业人员和其他工作人员表示祝贺和敬意。没有他们的付出，就没有你的成就。这是我们这颗星球上最棒的工作。

讲了这么多利害关系，你现在应该明白是什么驱使人们进入考古学界了吧。在（通往奥兹国的）黄砖路上，我们总是奋力前行：博士、博士后研究职位、工作、终身教职、晋升、资助经费。大多数人工作一辈子，是为了退休后去旅游；我们考古学者努力一辈子，只为能够一直发掘下去，而且我们愿意无偿付出。在某种程度上，我们大多数人都无偿工作过，尽管我们没有必要这么做。

关于重大考古发现的铺天盖地的媒体报道，要是都能转化为现实世界中的研究经费或大学的支持款项就好了。在考古学界,名声不是推动我们前行的动力。它对我们的事业确实有所助益,但也往往会成为阻力。对我们来说,真正的驱动力是无穷的好奇心。我们的内在孩童一直在追问。我们总是迫不及待地多挖一铲。世事难料。一切皆有可能。这一铲子下去,也许所有碎片就能拼到一起了。

大胆往前走……

大胆假设需要大胆求证。在高风险科学领域,你得提出可验证的假说,并辅以可靠的研究方案,同时组建卓越的研究团队。唯有如此,你才有可能把获得经费的概率从零提升到千分之一左右。谨慎是关键。在风险高的情况下,你必须明确向利益相关方表示,成功机会渺茫。回报是什么?你可能会对历史做出贡献。当然,这听起来很疯狂。

在上一章中,你可能想知道我到底在做什么:作为一个埃及古物学者,我却跑到冰天雪地的地方协助拍摄寻找维京人的电视节目。现在,让我来讲一讲幕后的故事。2013年,在我的儿子还不到一岁的时候,我刚刚和BBC一起完成了一部关于罗马帝国的纪录片。彼时,加拿大历史频道制作的剧集《维京人传奇》刚上映,而大英博物馆举办的关于维京人的重磅展览和研讨会也已拉开序幕。或许是感受到了一种趋势,BBC提议制作这档寻找维京人的新节目。

我礼貌地回复了他们的电子邮件,并问他们是否忘记了我的专业。我是研究金字塔的,不是研究长屋的。鉴于我研究的是罗马帝国晚期,往东、往西或往北一点儿寻找罗马遗址都说得过去,但要寻找维京人的遗迹,对我来说似乎跨度太大了。我直截了当地说,由于要照顾小孩，我眼下大部分时间都在忙着找尿不湿和湿巾。

我以为这事就到此为止了，而且很快就置之脑后。时间到了第二年夏天。我和格雷戈里前往伦敦拜访好友。BBC不知从哪里得知了消息，问我有没有时间和他们的执行制片人一起吃个便饭，顺便聊聊一个可能的节目。时间安排在中午，我们吃的是炸鱼薯条。在小孩子咿咿呀呀的吵闹声中，这位执行制片人试图说服我前往加拿大以及其他地区，寻找潜在的古代斯堪的纳维亚遗址。我再一次劝他放弃。那时，我的确在考古学入门课上开设了一个关于维京人的课程单元，但也仅此而已。见我难以被说服，他于是念了一串咒语："我们将支付所有的研究费用。"

这可击中了我的软肋。这样的提议并不常见，也许我需要做出一点儿改变。也许是午餐期间喝了烈性苹果酒——我的确喜欢在就餐时喝一品脱①苹果酒。也许是还没有倒时差，长时间照顾小孩让我暂时失去了理智。我不记得我答应了，但事实又很明显，我的确答应了，因为在回到家后，我收到了很多项目预算方面的电子邮件。

我在埃及的团队可以为该项目提供协助，比如团队中的磁力学专家戴夫·盖辛斯，他精通各种晦涩的测绘解决方案以及披头士乐队的全部曲目，再比如刚从剑桥大学取得研究型硕士学位的蔡斯·蔡尔兹，他擅长技术，是一个不折不扣的天才小子。在得知该消息后，我的丈夫也兴奋不已，他在大学时主修的就是中世纪考古学，所以迫不及待地想去考察维京人的遗迹，并协助开展背景研究。此外，我还认识许多可以随时请教或建立合作关系的古代斯堪的纳维亚方面的专家。在

---

① 1英制品脱=5.682 6分升。——编者注

这种情况下，会出什么错呢？

一切都可能出错。

数以千计的探险家、冒险家和考古学家都曾在北美洲寻找维京人活动的证据。在明尼苏达州，有人宣称找到了维京人的如尼字母石刻。[2] 在缅因州，依法对一处美洲原住民遗址进行发掘时，曾出土一枚维京人硬币，这表明维京人和新英格兰地区的人有过接触，也可能短暂地探索过这一区域。[3] 此外，很多人认为加拿大东部地区乃至美国东北海岸地区可能存在更多维京人的遗迹。[4] 他们的这种期望并非毫无道理。

如果勾勒古代斯堪的纳维亚人从北欧峡湾对外扩张的场景，你可以想象农场主是如何快速占据冰岛的，而这些农场主的子女又是如何瓜分那里的耕地的。[5] 这自然会导致紧张关系和竞争局势。

颇具传奇色彩的维京人"红发埃里克"——这个绰号可能源于他的发色或暴躁脾气——陷入一场恶斗，致两人死亡，分别是"犯规者埃约尔夫"和"决斗者赫拉芬"。[6] 因此，埃里克在982年被驱逐出冰岛。[7] 于是，他带领一群人向西出发，抵达格陵兰岛，并在那里建立了第一个古代斯堪的纳维亚聚落。在该聚落的遗存中，我们现在还能看到的包括一座已经坍塌的教堂和各类住宅的石砌地基。[8] 在格陵兰岛东部和西部的聚落，生活着超过3 000人。他们不断适应当地环境，在这片新土地上又居住了400年。[9] 随着小冰期的到来，人们的生计受到了气候变化的威胁，第一批定居者的后裔于1450年左右离开格陵兰岛。尽管如此，但他们祖祖辈辈创造的成就仍堪称非凡。[10] 不过，对维京人来说，这片新土地并不足以浇灭他们的探险激情。

多亏了流传至今的冰岛萨迦，我们才对古代斯堪的纳维亚人的北美洲探险有了更多了解。[11]《红发埃里克传奇》和《格陵兰岛人传奇》记述了他们在999—1017年进行的5次探险活动，而目的地均是一个名为"文兰"（Vinland）的地方。[12] 此外，在冰岛的《定居者之书》和冰岛年鉴中，我们也可以看到一些关于文兰的记述。[13]

在古代斯堪的纳维亚研究领域，文兰是个什么地方以及它位于何处，仍是争论不休的话题。[14] 在这方面，我可以说是连参与讨论的勇气都没有。如果你觉得维京人很凶猛，那么你应该看看辩论中的古代斯堪的纳维亚方面的研究专家。

古代斯堪的纳维亚人从格陵兰岛出发，在往西和往南航行的过程中，分别到过三个景观迥异的地方。第一个地方是赫鲁兰（Helluland），意为"平石之地"，有岩石海岸，但不见任何树木，现在考古学家普遍认为该地区对应的是加拿大的巴芬岛。第二个地方是位于赫鲁兰以南的马克兰（Markland），意为"森林之地"，与今天加拿大的拉布拉多地区有关，那里茂密的森林沿着海岸线绵延数英里。第三个地方就是文兰，地理位置应该更加偏南。[15]

即便是在文兰这个地名的翻译上，也存在争议。"Vinland"可能是古代斯堪的纳维亚人种植葡萄、酿造葡萄酒的地方[16]，也可能是酿造果酒的地方，因为在纽芬兰岛以及圣劳伦斯湾沿岸一带的其他地区，至今仍盛产各类浆果。或者，这就是一个藤蔓丛生的地方。[17]

我们确切知道的是，在从赫鲁兰往南航行后，古代斯堪的纳维亚人建立了不止一个聚落，其中至少有一个在纽芬兰岛。[18] 关键的问题在于，他们到底往南航行了多远，他们又在多远的南方定居，即便只定居一季。这就是我和我的团队决定利用卫星影像来验证的问题。

首次接触

寻找古代斯堪的纳维亚遗址的努力，大多数都以失败告终，但其中也有一次完全超出人们预期的重大成功，而这一次成功也改变了北美洲的历史。

时间要追溯到 1960 年，主人公是挪威一对夫妇：黑尔格·英斯塔和安妮·斯泰恩·英斯塔。在读古代斯堪的纳维亚的萨迦时，他们认为文兰可能指纽芬兰岛，因为从拉布拉多往南航行时，古代斯堪的纳维亚人的第一个登陆点，从逻辑上讲，应该是纽芬兰岛的北海岸。[19] 后来，他们跟当地一个名叫乔治·德克尔的渔民谈起古遗址的事情。德克尔领着他们去看了一系列由草皮垒砌的地基，上面还覆盖着杂草，外形看起来很像古代斯堪的纳维亚的长屋。[20] 这表明，在世界各地，最了解一个地方的还是当地人。

在接下来的几个发掘季里，英斯塔夫妇对这处名为兰塞奥兹牧草地的古遗址进行了发掘，成果十分惊人，以至于研究古代斯堪的纳维亚的广大学者花了几年的时间才最终接受这一事实。[21] 长屋遗址出土的物件包括一个用皂石制成的纺锤，这是制作羊毛衣物不可或缺的毛纺工具。[22] 出土的船用铁铆钉表明这里曾经停靠了大型船只。[23] 在其他区域还发掘出了一间炼铁和制造铁器的铁匠铺。[24] 不过，最终让怀疑论者闭嘴的是一枚金属环扣胸针，这也是古代斯堪的纳维亚人的典型配饰。[25]

放射性碳测年结果显示，出土的物件的年代可追溯到公元 1000 年左右[26]，而建筑物的形状则与同时期冰岛和格陵兰岛的建筑物雷同。[27] 英斯塔夫妇可以说是最先发现了古代斯堪的纳维亚人在北美洲活动的证据。

继英斯塔夫妇之后登场的，是加拿大公园管理局的传奇考古学家比吉塔·华莱士。[28]她带领团队在靠近海岸一带的遗址沼泽区发掘，出土了一些加工后的木料。[29]此外，该团队还发掘出了一棵灰胡桃树以及灰胡桃树木材。这一发现意义重大，因为纽芬兰当地并没有这种灰胡桃树。也就是说，兰塞奥兹牧草地的居民是驾船横渡圣劳伦斯湾去伐木的，而所伐木材也被用于探险活动。[30]所有证据加起来，表明古代斯堪的纳维亚人只是在兰塞奥兹牧草地居住了很短的时间，而人口数量最多也就100人。[31]令人奇怪的是，当地考古发掘中没有出土任何动物遗骨，也没有发现任何与马厩相关的证据。[32]

从萨迦描述的所有征程来看，该地区必定存在其他聚落。兰塞奥兹牧草地可能就是文兰，而文兰也可能是整个地区的泛称。随着调查工作的不断深入，我们进一步确定，过去不曾有人利用遥感技术的系统方法，对北美洲东海岸一带的潜在考古遗址进行搜寻。

让人感到兴奋的不仅是古代斯堪的纳维亚遗址，加拿大东海岸和圣劳伦斯湾一带还曾孕育出其他很多令人着迷的古代原住民文化，比如多塞特[33]、贝奥图克[34]和滨海古文明[35]。如果能够进一步发掘这些族群的踪迹[36]，无疑会在考古史上留下浓墨重彩的一笔。

在做研究设计时，我们希望我们所采取的方法能够最大限度地摈弃偏见。我们并没有把目标锁定在任何特定的古遗址上，而是希望借助遥感技术，看能不能找到任何古遗址。仅此而已。通过对古代原住民文化的研究，我和我的团队对可能碰到的建筑物的范围和类型有了大致了解。此外，我们还对冰岛发掘的古代斯堪的纳维亚长屋和农场建筑物，以及该地区18世纪、19世纪定居者的标准建筑类型做了研究。

广大区域需要测绘

此时，我们有足够预算来支付蔡斯和戴夫的薪酬，还能购买一些卫星影像资料。就遗址测绘和发掘而言，我们通常会专注于一个小的区域。要知道，获取整个加拿大东海岸以及美国新英格兰地区的高分辨率卫星影像，总计需要数千万美元的资金。在这种情况下，我们必须寻找替代方案。

得益于两个开源的卫星影像平台——谷歌地球和必应，我们可以免费获取加拿大东海岸至少60%的区域的高分辨率数据。然而，人口密度较低的区域的卫星影像质量则参差不齐，因为这方面的需求实在是太少了。在低分辨率卫星影像中，我们可以看到树木，但更多的细节则无从知晓。

在随后的几个星期里，我们埋头工作，经常连续几个小时盯着卫星影像，察看海岸线周边区域以及附近湖泊和河流岸边的情况。任何奇怪的形状或特征都会被标注出来，然后待第二天由整个团队进行评估。

在纽芬兰周边地区，我们找出了大约50个重点区域。也就是说，我们最有可能在这些地方发现古遗址。我们没有购买高分辨率卫星影像——这需要花费3万美元左右，对我们来说还是太贵了。相反，我找了政府下属的一家环境测绘机构，从他们那里购买了航摄像片，价格只要1 000美元。虽然这些影像并不包含多光谱数据，但分辨率高达25厘米，据此我们完全可以评估一处遗迹是否值得进一步探索。

在这些像片的帮助下，我们把先前圈出的大约50个重点区域缩减至6个。这样一来，我们就承担得起多光谱图像的费用了。基于多光谱图像分析，又有4个区域迅速被排除；受海拔或植被生长的影响，原本在航摄像片中看到的遗迹，被证实是不存在的。由此，我们就只剩下了两个区域：其一位于兰塞奥兹牧草地以西约20英里处；其二位于兰塞奥兹牧草地以南约700英里处，名为罗斯角（Point Rosee），几乎在纽芬兰岛最南端。

罗斯角覆盖着稀疏的植被，从茂密的森林中突伸出来，直入圣劳伦斯湾。在长240米、宽120米的卫星影像区域中，可以看到一系列密集的黑色线条，可能是一些长20米、宽8米的建筑物的模糊轮廓。在南部和东部，一条狭窄的黑色虚线几乎将这些"建筑物"都包围起来，看起来有些像农场的围墙。在东部还有一些类似于田垄的痕迹（见图4-1）。

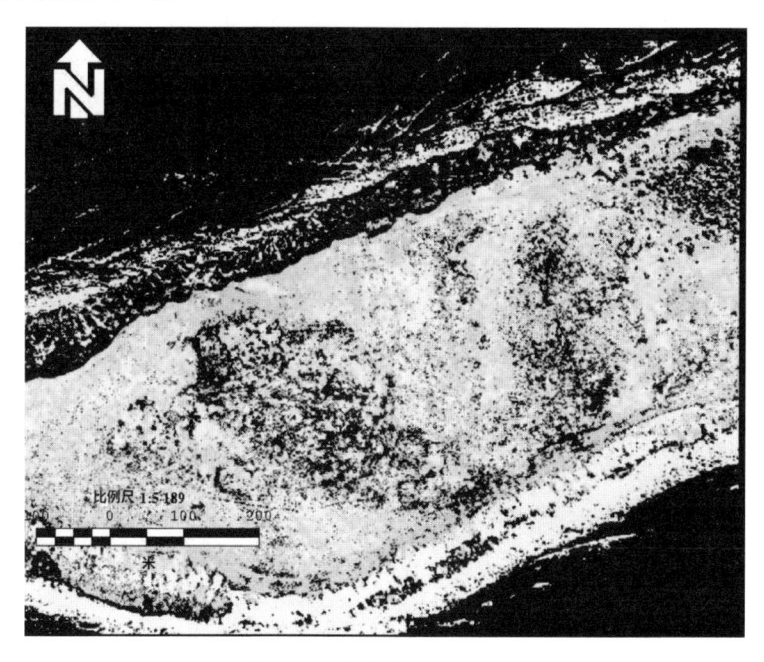

图4-1 经过处理的罗斯角的WorldView-2卫星影像

资料来源：数字地球公司。

我们建议到现场做进一步的非侵入性调查，BBC 予以采纳。到了这个时候，我必须搞清楚如何获得许可，因为你不可能突然出现在加拿大的土地上，然后就开展调查工作。这么做是违法的。我给纽芬兰和拉布拉多省考古办公室的负责人玛莎·德雷克发去了电子邮件，并附上了我们的初始研究结果报告。

我确信我会被当成一个疯子对待，并会遭到拒绝，所以很害怕收到她的回信。结果，我大错特错。玛莎富有魅力，温文尔雅，而且非常赞同我们的想法。她在电话中表示支持我们，一是因为她相信我们肯定会找到一些东西，二是因为她也想看看我们在加拿大东部地区尤其是在纽芬兰采取的新的考古方法。

就这样，我们顺利获得许可。是年 10 月，戴夫和蔡斯先行一步，从亚拉巴马州的伯明翰机场飞往迪尔莱克机场，而从机场到罗斯角还有大约三个小时的车程。在现实世界中，对这两位风格迥异但同样优秀的专业人士能不能工作到一块儿，我感到担心。蔡斯喜欢早睡早起，是个急性子，而戴夫则是一个靠咖啡提神的夜猫子。

就连进驻罗斯角都成了天大难题，要不是好心的商店老板埃德温·盖尔施以援手，他俩根本就到不了那里。被当地人称为"霍基"的盖尔经营着一家大百货商店：商品从杂货到鱼饵再到吉他，不一而足。他借给戴夫和蔡斯一辆四轮驱动车，并告诉他们如何躲避当地的熊。纽芬兰仍是一片荒芜之地。当时还在美国忙着讲课的我，偶尔会收到蔡斯发来的"鼓舞人心"的信息，比如"戴夫今天差点儿死了"。我们在卫星影像中看到的那片森林，根本就无法穿越，而时速超过 60 英里的强风几乎要把戴夫吹到 50 英尺高的悬崖下。

我们都知道这不是一件轻松的差事。

戴夫和蔡斯也不知道想到了什么方法，总之为戴夫的地磁仪探测划定了必要的网格。[37] 按照标准程序，戴夫将地磁仪捆在背上，但在大风之中，他仿佛成了一叶孤帆。他只好改用其他安全的携带方法，并在蔡斯的协助下，用一周时间如期完成了田野调查工作。幸好他们及时完工，在他们离开纽芬兰的那天，罗斯角已被数英尺厚的积雪覆盖。

诱人的线索

在他们回来之后——谢天谢地，两人都还活着——我们围坐在电脑前开始处理影像。在焦急的等待中，我们看到了一系列较暗的线条和6个脉冲尖峰。这些脉冲尖峰同我们在卫星影像中看到的情况是一致的。那里肯定埋着东西，而且是值得我们进一步调查的东西。

我们在报告中向玛莎分享了这些数据，她建议我们用一个发掘季的时间，在若干2米见方的单元内进行试验性发掘。同时，她还帮我们联系了当地资深的考古学家弗雷德·施瓦茨，请他协助我们开展规划和发掘工作。弗雷德告诉我们，他认为我们找到的很可能是一处考古遗址，但需要我们厘清这是18世纪或19世纪的聚落[38]，还是纽芬兰原住民文化的遗迹。

此外，我们还把初始研究结果发给了马萨诸塞大学波士顿分校的道格·博朗代，也就是我们在冰岛考古项目中有过合作的那位。道格表现得很谨慎，但也很兴奋，并解释说，无论结果如何，我们都开发了一种可在纽芬兰测绘潜在考古异象的健全的科学方法。

按照计划，发掘季于2015年6月开始。在此前的一段时间里，我们埋头研究纽芬兰西南地区的定居史。[39] 如果你也是埃及古物学家，你就知道这是必做的功课。我们翻遍所有地图，都未发现罗斯角附近有住宅或聚落标志。如此一来，我们所能做的就是尽量往好处想。

大冒险

格雷戈里、蔡斯、戴夫和弗雷德率先投入发掘工作。几天后，我也抵达纽芬兰。纽芬兰的气温和天气变幻莫测。我曾经看到"沉船之风"相关的记载，说该地区风力之强劲，足以将列车掀离轨道。所以，我心里还是有点儿忐忑。但是，纽芬兰人的友善和慷慨给我留下了深刻印象，我将永远记得沿岸空气的味道，那里就像是海边的圣诞树农场。清新、干净和纯粹的原始，给人一种美得窒息的感觉。

每天，我们团队都会从霍基的店里出发，在崎岖不平的道路上，步行约3 000米抵达目的地。除了一名成员驾驶四轮驱动车运送物资外，其他人都是步行，先穿过植被稀疏的丘陵，四周点缀着粉色、黄色和白色的花儿。之后，我们沿着一条古老的伐木道，进入茂密丛林，跳过泥坑，再顺着长满草的一直延伸到海崖和深泥沼的斜坡下行。

从远处望去，突出的罗斯角一直延伸到大海。我们继续跋涉，穿过海岸茂密的灌木丛和矮树林，只见一只只海豹在下面的礁石上晒太阳。在天高气爽的日子里，我们还会看到鲸群。最终，我们抵达目的地。这里的杂草及膝，稀泥更是没过脚踝，我们寸步难行。

考古学是一门注重细节的学科，任何良好的发掘工作都始于完善的、后续可参考的网格系统。基于加拿大大地测量局于1974年划定的标记，格雷戈里和团队其他成员沿着发掘区的西半部，开始设置长

240米、宽120米的网格。这里的1974年的标记，是加拿大政府正在进行的一项有着百年历史的测绘项目的成果之一。[40] 在确定地磁仪的脉冲尖峰区以及卫星影像所显示的潜在遗迹的位置方面，我们遇到了一些麻烦，但这难不倒我们。

我们设置了各种各样的发掘单元。与此同时，戴夫也利用地磁仪进行了更深入的探测。弗雷德是个面冷心热的人，主要在加拿大东部从事考古发掘工作，拥有30多年的经验。他在卫星影像未显示出任何遗迹的一块区域挖了一个测试单元，以确定发掘区自然土壤的分层情况。蔡斯和我在北侧发掘，发现了1米宽的"墙体"遗迹。几天之后，戴夫确认了初步调查中的一处发现：地磁仪探测时突然出现了一个250的磁力量值，而其他区域的量值则在-2和+2之间。这表明该处是一个磁力异常区：地下可能埋有焚烧区或沟渠。

于是，我们另设了一个小型发掘单元。很快，我们就发现了一块尖端穿出地面的卵形岩石。在把覆盖该地的茂盛杂草和其他根系移除之后，我们发现这块岩石上面好像有被火烧裂的痕迹。此外，我们还发现上面有一些暗色的金属块，看起来是在岩石离地面以下5厘米的地方嵌入的。

起初，我们并没有想太多。弗雷德和我继续发掘，随后又发现了一些大小与25美分硬币相当的碎铁块。我们在旁边的水洼里把它们洗干净，它们看起来像是被冶炼过的沼泽铁。沼泽铁常见于沼泽环境，因为矿石在这种环境下会沉积并积聚成块。维京人会通过各种加热工艺，对这些含有杂质的沉积物进行冶炼，用来制作铁钉和铁具。就我们挖到的这些金属块而言，有的表面好像还有气泡，表明它们可能是加工后的金属（见图4-2）。弗雷德告诉我们，在多年的考古发掘工作中，他还是第一次在该区域看到这种物品。

图 4-2　罗斯角出土的沼泽铁

资料来源：格雷戈里·芒福德。

这对我们来说是一个重大时刻。我们可能找到了一个古代冶炼沼泽铁的地方，而且这个地方留有废料。我们扩大发掘范围，试图找到更多的遗迹。

深入发掘

自我们的发掘工作开始以来，这里几乎每天都下雨，而来自北大西洋的海风更是给我们增添了寒意。在大多数时候，发掘区都是一片泥泞，而我们团队的成员也是浑身湿透。我用手碰那块岩石，发现上面有一块黑色薄片掉了下来——可能是木炭残留物。地面积水导致大量有机物质剥落，泥土中可见数以百计的细小的木炭碎片，而每当我用手触摸时，手上都会留下黑色的条痕。所有遗迹，我们都进行了采样。

蔡斯和我发现了一个大致呈圆形的坑洞。深约 20 厘米的坑洞位于一块岩石旁，四周是密集排列的石头。坑洞内有重约 20 磅[①]的沼泽铁。我们注意到沉积物上覆盖着一层薄薄的灰色物质，看起来就像是灰烬（见图 4-3）。我们尽量抑制兴奋的心情。

图 4-3　在罗斯角发掘的熔炉状遗迹

资料来源：作者。

但在弗雷德看来，这是难以解释的考古发现。在纽芬兰已知的古

---

① 1 磅 =0.453 6 千克。——编者注

代原住民文化中，无一原住民聚落使用沼泽铁；出土的多塞特人和因纽特人的工具，全是由陨铁制成的，而如果这是他们的一处遗址的话，那么这里肯定还有其他原住民活动的遗迹，比如燧石加工。[41] 来自欧洲的定居者不会冶炼沼泽铁，因为他们使用的金属物品是从欧洲起航的船运来的。[42] 如果该遗址是 18 世纪至 19 世纪的聚落，那么我们一定会发现陶器。[43] 即便这只是一栋住宅，就如弗雷德在我们发掘之前所认为的那样，也会有陶器存在，因为这是在纽芬兰已发掘的英法人住宅的典型残留物。

如此一来，就只剩下一种可能：古代斯堪的纳维亚人。

这里距离海滩 1 000 米，还有一个周围有屏障的小海湾，可以说是建立小型营地乃至临时聚落的理想地点。我们开始幻想，这也许是古代斯堪的纳维亚人建立的最南端和最西端的聚落的证据。兰塞奥兹牧草地可能并不是孤立的聚落：有一部萨迦曾经提到一个名为"霍普"（Hop）的地方[44]，说那里有个聚落，靠近与河流相连的周围有屏障的小海湾，而且气候足够温暖，古代斯堪的纳维亚人可以种植谷物。巧合的是，科德罗伊谷（Codroy Valley），也就是我们正在发掘的这个地方，如今是纽芬兰以耕种闻名的区域之一。回到 1 000 年前，当地的气温可能更高一些，但这并不意味着纽芬兰的每一片土地都适宜耕种。

各种线索很容易串联起来。接下来，我们又发现了更多线索。格雷戈里负责的发掘单元刚好位于"熔炉"南侧。在发掘季的最后几天，道格·博朗代加入我们。他所负责的发掘单元位于格雷戈里的发掘单元和团队的发掘单元之间，在卫星影像中的颜色更暗一些。随着发掘的不断深入，我们听到他嘟嘟囔囔地说："这不可能。真是难以置信！"

他发现的好像是古代斯堪的纳维亚人的草皮墙体的遗迹：起伏的带棱角的棕色和黑色草皮。这样的遗迹，道格先前已经见过几百次了。我后来在冰岛看到的出土的草皮块，跟我们这次在纽芬兰发现的一模一样。

除了带有气泡的沼泽铁之外，我们其实并没有太多的发现。当然，这也是意料之中的。此前，我请教过的所有专家都曾表示，古代斯堪的纳维亚遗址不会出土太多的人工制品，兰塞奥兹牧草地遗址就是例子。我们兴高采烈地离开了罗斯角，并决定第二年夏天带一支更大的队伍来。此次试验性发掘可以说是初战告捷。

新的测年证据

格雷戈里和我回到美国家中，把带回来的样品寄给各位专家。接下来，格雷戈里花了数百个小时的时间，撰写此次发掘项目方面的报告，并进行数据分析。是年冬天，我们拿到了取自岩石顶部的块状炭样品的测年结果。当时为了采样，我们从那块有明显焚烧痕迹的岩石的顶部和侧面分别刮取了一些碳化物质。发掘现场的其他岩石都没有类似的焚烧痕迹。

放射性碳测年结果显示，炭样品所属年代在公元1255—1287年，概率为95%。这一结果，恰好落在我们所希望的古代斯堪的纳维亚人活动的时期。这比兰塞奥兹牧草地遗址所处年代晚250年左右，给我们留下了一个猜想的空间：古代斯堪的纳维亚人在加拿大活动了多久。此外，我们还拿到了另外一个放射性碳测年结果，所属年代在公元764—886年。自地表之下采集的枯树根样品的测年结果为17世纪初，这意味着在任何已知的欧洲人定居纽芬兰之前，这棵树就已经生根发芽,而且自此之后这片土地就没有被开垦过。[45]

我们请了我所在大学的地质学家斯科特·布兰德,让他分析岩石顶部周围类似的"焚烧"物质以及岩石底部附近的沼泽矿石,看取自不同区域的样品是否属于同一时间和同一活动。是的,确实属于同一时间、同一活动。长期在伯明翰生活的斯科特对该市的钢铁行业有过深入研究。他告诉我们,炼铁需要1 250摄氏度的高温,这远非燃烧草秆所能达到的温度。[46]此外,在他检测的沼泽矿石和岩石顶部残留物的样品中,有一些铁含量很高,在75%~85%之间,非常适合用于冶炼。

在向丹麦奥胡斯大学的古代斯堪的纳维亚冶金学专家托马斯·伯奇请教之后,我们得知我们找到的并非原本以为的熔渣;初步检测结果显示,它们是冶炼流程第一阶段的产物,即焙烧后的沼泽矿石。沼泽铁含有水分,如果把它直接放入高温炉火,是会发生爆炸的。所以,要用低温焙烧的方式让水分慢慢蒸发,再用于下一阶段的冶炼。这似乎就解释了为什么有些沼泽铁会含有气泡还很难打碎,要知道,在正常情况下,我们用手轻轻一按就能把沼泽铁变成碎片。

是的,看来我们的确找到了古代斯堪的纳维亚人在罗斯角活动的初步线索。但在这里,我们讲的是科学,而科学有时候是残酷的。

重返纽芬兰

在将研究结果分享给多位古代斯堪的纳维亚研究专家和玛莎·德雷克办公室之后,我们重返纽芬兰,而这次与我们同行的还包括多位土壤学家、多位专注于古代斯堪的纳维亚聚落研究的专家、一位专注于古代植物遗存研究的业内权威、一位考古测年专家、多位花粉研究专家以及额外增加的一位勘测员。此前，我们花了几个月的时间来准备发掘和调查计划，确保它们都能得到评审专家的认可并获得通过。

但接下来，我们搭建的纸牌屋开始坍塌。在以"熔炉"为中心扩大发掘范围之后，我们发现与卫星数据完全相符且此前被认为是草皮墙体的遗迹仍在不断延伸，一时看不到尽头。进一步发掘发现，这根本就不是草皮墙体，而是一种非常罕见的土壤遗迹，是在水流和基岩梯度的综合作用下形成的。当地热心的考古学家布莱尔·坦普尔说他先前从未在加拿大东部地区见过类似的遗迹。我们大失所望。但很快，在布莱尔的乐观精神的带动下，我们又开始行动起来。

在夏天最初发现"熔炉"遗迹时，它就已经积水，而我们所认为的木炭证据也早已消失殆尽。那时候，我们每天都忙着把里面的水舀出来。从考古学上讲，这无疑是一个破坏的过程。该处遗迹已经没有什么其他线索可以提供了。

我们找到了更多的沼泽铁，其在"熔炉"周边地带分布最为密集，但它们是天然形成的，分布区域也超出了我们先前的预料。卫星影像显示的其他被认为是墙体的遗迹，也都被证实是天然的，其中包括一块轮廓清晰的、呈直线状的深绿色植被。卫星影像辜负了我们的期望，我们只好在沮丧中结束了这个发掘季。

样品，无穷无尽的样品。我们仿佛把半个纽芬兰岛搬回了实验室。挑主要的来讲，我们把5份"焚烧过"的含有沼泽矿石的砂岩样品送到了华盛顿大学的一家顶级实验室进行年代测定。该实验室由詹姆斯·费瑟斯负责运营，所采用方法为热释光测年法（TL）和光释光测年法（OSL）。[47]对考古学家来说，这些技术是无比宝贵的。热释光测年法可以测定一种矿物质最近一次被加热到500摄氏度以上时的年代，这表明它可能被人为焚烧过。光释光测年法可以用来测定石英的年代，工作原理同热释光测年法类似。

在 2018 年春季之前，我们只拿到了"炉床"遗迹的放射性碳测年结果。就同一环境中的样品而言，如果光释光测年法和热释光测年法的测年结果大致相同，那就说明有人曾经在一个天然形成的约 40 厘米宽的碗状凹坑内焚烧沼泽铁。如果这里发生过山火或遭过雷击，那么周边区域必然也会存在"焚烧"痕迹，但我们并没有发现这样的迹象。

2018 年 4 月下旬，我们收到了费瑟斯博士通过电子邮件发来的光释光测年法和热释光测年法的测年结果。我承认，在经历了令人沮丧的 2016 年发掘季之后，我已经不再把这些结果当回事了，也做好了迎接更糟糕消息的准备。

但这和我们预想的不太一样。第一组质地较细样本的光释光测年法的测年结果为公元 921 ± 130 年，也就是说年代区间可能是公元 791—1051 年。第二组质地较粗样本的测年结果是公元 1200 ± 300 年，即公元 900—1500 年。但遗憾的是，光释光测年分析并未证实岩石本身或"炉床"周边区域存在明显的燃烧痕迹，因而也就没有确凿证据表明那些沼泽铁是被人为加热的，也没有确凿证据表明那处"熔炉"遗迹是用来加工沼泽铁的。

古代斯堪的纳维亚人：是或不是？

出乎意料的结果让我们困惑不已：在同一处考古遗址，我们拿到了 4 个彼此独立但又密切相关的测年结果，即均在公元 764—1500 年；当然，按照放射性碳测年法，也确实测出了几个更早的年代。与"古代斯堪的纳维亚人"关联度最大的覆盖岩石顶部的物质，跟下方的"炉床"遗迹无疑是有关系的。

那些植被为什么会误导我们，进而让我们做出错误的解读，我到现在也没有搞明白。我们仍在寻找答案。这里生长的草类比其他地方的更健康，而奇特的"草皮墙体"一带的土壤也更肥沃，并呈现出一些线性模式。土壤中可能含有某种矿物质，或者各植物之间产生了相互影响；呈现带状的这种土壤，所含水分好像确实高于周边土壤。这也许只是单纯的巧合：遗址北部的长屋状地块恰恰与其他已知长屋的面积、形状和朝向相同。对我们来说，重要的是不断挑战极限，进而找出某种事物出现或不出现的原因。这方面，我们还需要进行更深入的思考。

现在有足够证据表明，在距今大约1 000年前，有一个或多个群体抵达罗斯角。他们可能搜集、搬运了大量沼泽铁，用来覆盖岩石顶部和填满石块凹陷处。我们的初步观察表明，他们用木炭焚烧或往岩石中嵌入了大量沼泽铁，产生了足够多的热量，只不过留下来的所剩无几。我相信自己的眼睛。

我们发现的，也许是当地印第安人或多塞特人出于某种目的而焚烧沼泽铁的首份证据。这将是开创性的。或者，我们发现的是古代斯堪的纳维亚人在这里短暂停留并焙烧大量沼泽铁，然后拿到别处冶炼成钉子，用于修理船只。因为只是短暂停留，所以他们并没有留下太多可供发掘的证据。

因发掘兰塞奥兹牧草地而闻名的考古学家比吉塔·华莱士和丈夫罗布专程造访罗斯角，我们大为感动。他们两人都非常了不起。比吉塔是考古学界的大拿，她亲切大方又无比睿智，一手培养了多个世代的考古学家。在发掘季即将结束时，她约我坐下来一起聊聊，并告诉我，虽然发掘结果不如预期，但我们为将来的考古调查设立了一个难以逾越的高标准。

"你们发现了什么并不重要,"她说,"你们采用的是最先进的技术和出色的发掘策略。你们让相关领域的专家齐聚一堂,贡献智慧,并拼尽全力。这是近年来其他寻找古代斯堪的纳维亚遗址的团队都没能做到的。你们应该感到自豪。"

她的这番话发人深省。如果有确凿证据表明这是一处古代斯堪的纳维亚遗址,则意味着在接下来的几年里要持续进行发掘,同时还要申请大笔经费,并与加拿大政府密切合作,共同进行旅游区开发工作,而这些都不是坏事。我们仍需要对可能焙烧过的沼泽矿石和奇特的植被进行额外分析。但从目前来看,这处遗址充其量只存在一些证据,未来可能会一直保持现状。

付出这些努力之后,我觉得文兰可能并不是一个单一地点,而是指整个纽芬兰岛和圣劳伦斯湾。利用激光雷达等航空测绘技术或许能在离海岸更远的内陆、靠近优良农田的地方或罗斯角一带,发现古代斯堪的纳维亚营地甚或聚落。只不过,它们现在都被埋在植被之下。

科学的基石在于未来可重复得到实验结果的方法,而不仅仅是惊人的发现。随着测绘技术的不断进步,再加上意外的发现或更多的搜寻,我相信在接下来的 10 年里,我们会在加拿大发现更多的古代斯堪的纳维亚遗址。另外,纽芬兰岛西海岸的一些现代聚落,同样有可能是建立在古代斯堪的纳维亚遗址之上的。毕竟,300 年前乃至更早的定居者,也会像古代斯堪的纳维亚人一样选择最适宜居住的地点,而且人们通常会生活在一直有人生活的地方。

格雷戈里和我都非常渴望重返纽芬兰。如果风车足够闪亮耀眼,我也会像堂吉诃德一样冲上去的。在激光雷达技术的帮助下,再加上我们已经掌握的证据，我想我们能以更快的速度对潜在遗址进行试验性发掘。没错，我乐意承受更高的风险和更多的失败，但我这么做是因为我已经积累了丰富经验。听同行说，我们的这次发掘行动重新激起了考古学界在该地区寻找潜在的古代斯堪的纳维亚遗址的兴趣，而这对热情好客的当地人来说无疑是一件好事，因为他们更渴望了解纽芬兰的过去。游戏已经开始，让我们期待奇迹的出现。

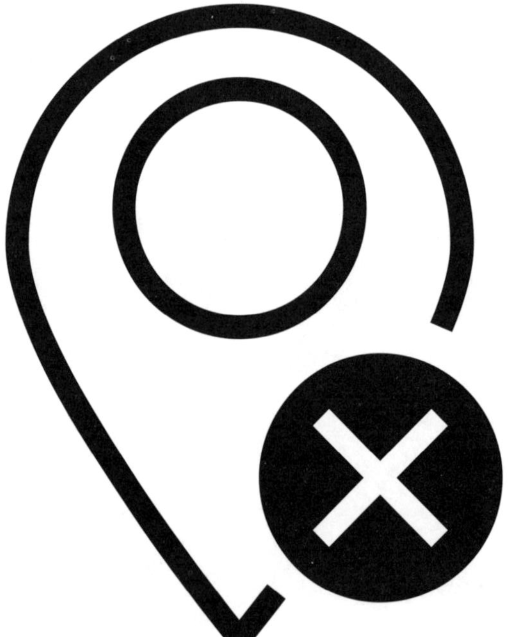

5

"挖错地方了"

城市在分崩离析后，会为我们留下什么？

有时候，你的脑海里会出现一处遗址，它就像一段洗脑音乐一样，一直回荡在你的耳边，而且越来越响，让你欲罢不能。除了《国家地理》杂志和图书馆的书籍之外，我第一次"见识"考古活动是在电视上——从公共电视台偶尔播放的考古纪录片到《夺宝奇兵》之类的影片，不一而足。我对古埃及痴迷不已。在上七年级的时候，老师布置了一项作业，我就用冰箱的包装箱制作过一口棺，仿照古埃及石棺进行了一番装饰，并用卫生纸把自己包裹起来。当我从箱子里站出来展示我的木乃伊化的器官时，一半同学被吓呆，一半同学被逗乐。我没有寻求专业帮助，而是选择走上专业道路。仅此而已。

小时候看《夺宝奇兵》时，我最喜欢的就是塔尼斯那一幕——在地图室，一座失落之城在眼前展现，那里隐藏着失踪的"约柜"。尽管纳粹制订了各种阴谋计划，并四处发掘，但印第安纳·琼斯的朋友萨拉赫的短短一句台词，就抹杀了他们的全部考古工作："他们挖错地方了。"

可以说，我很早以前就把塔尼斯放在心里了，那也是我儿时梦想的地方。

塔尼斯的故事

好莱坞呈现的塔尼斯并不是很准确。塔尼斯，即《圣经》中的琐安，位于埃及三角洲东部地区，从开罗向北出发，大约3个小时的车程。该城坐落在尼罗河支流门德斯河以南，沿着尼罗河的另一条支流塔尼提克河扩展，而我们前面提到的特比拉就在门德斯河沿岸。从已有的文献来看，坐落在康提尔（Qantir）附近的培尔－拉美西斯——定都塔尼斯之前的埃及首都——始建于第十九王朝（公元前1296—前1186年），但我们并没有塔尼斯第二十一王朝（公元前1070—前945年）之前的任何考古数据。[1]

古代塔尼斯的部分城区之上，坐落着现代社区圣哈杰尔。汽车穿行在纵横交错的大街小巷，没有人会想到这里的地底下还埋着一个荒废已久的大都市。从圣哈杰尔往城外走，你会看到一栋杂乱无章的白色建筑物，它看起来跟度假屋差不多。通往入口的走道两侧，是开得正艳的粉红色三角梅。走到后面的阳台……瞬间，你会有一种无法呼吸的感觉。荒凉的丘陵绵延不绝，如同无边无际的海洋（见图5-1）。在丘陵下，白色的石块筑成庞大的神庙建筑群。

像塔尼斯这样的遗址，在埃及已经很少见了。从谷歌地球上看，这处遗址的形状就像是倾斜的南美洲。所有磅礴大气的形容词都与它无关，这只是一座被废弃的大都市。该遗址长超过2 000米，宽1 500米，据我估测，地面发掘体量约为2 200万立方米。按照每个发掘季发掘4个10平方米的标准单元计算，考古学家需要花费超过

55 000年才能发掘完。

图 5-1　塔尼斯景观概况

资料来源：作者。

在走进遗址中间地带时，你会发现到处都是10~15米高的泥砖废墟。覆盖在遗址之上的泥沙层特别软，让你寸步难行，尤其是在雨季：重达数磅的淤泥会让你的登山靴变成厚底高跟鞋。

主要的宗教区域位于遗址北端。此处地势平缓隆起，神殿内供奉着三位神，即阿蒙-拉、他的妻子穆特以及他们的儿子洪苏。这里可能是太阳神拉的崇拜中心。[2] 此外，遗址内还有一条廊道，两侧有4米高的雕塑和石碑，可供游客游览。

从公元前1070年到前712年的这350多年里，塔尼斯一直是古埃及的首都。也就是说，在第二十一、二十二王朝也就是第三中间期初期，古埃及历任国王都定都于此。[3]

在新王国时代开创的古埃及伟大帝国走向衰落时，利比亚部落开始进入古埃及西部沙漠。面对日益加剧的动荡局势，焦虑的城镇居民只得加固防御工事。⁴ 第二十王朝末代国王拉美西斯十一世的统治中心设在塔尼斯以南约 20 千米处的培尔－拉美西斯⁵，而三角洲地区则由他的得力助手、大祭司斯门德斯掌管。

在拉美西斯十一世的统治日渐式微、趋于终结时，斯门德斯在古埃及北部称王，进而建立第二十一王朝。他把首都迁到了塔尼斯，而旧都培尔－拉美西斯可以说是被劫掠一空：所有的石料和其他建材几乎都被塔尼斯的建筑工人搬运到了新都，以至于考古学家长期以来都把两者搞错。⁶ 在第二十一王朝统治后期，国王普苏森尼斯一世（公元前 1039—前 991 年）开创先例，将自己的陵墓修建在塔尼斯的神庙内。一方面，这可以强化安全防护，另一方面也可以同帝王信仰关联起来。从古埃及人的标准来看，这是非常激进的举措。⁷

尽管内有战乱，外有进驻门德斯乃至三角洲西部地区的叙利亚人的步步紧逼，第二十二王朝的首任统治者舍顺克（公元前 945—前 925 年），也就是《圣经》中的示撒，还是在塔尼斯建造了一座新宫殿。⁸ 一切都乱套了。到第二十四王朝时，即公元前 712 年前后，塔尼斯已经不再适合作为首都。⁹

塔尼斯的早期探索史

塔尼斯遗址拥有极其丰富的探索史。早在 19 世纪初，拿破仑的专家团队就开始在此地开展考古活动。后来，一位名叫皮埃尔·蒙特的考古学家继承了法国的发掘传统，取得了考古学界公认的有史以来最伟大的埃及考古发现之一。¹⁰

20世纪初，蒙特和他的团队在塔尼斯开展了11个发掘季的考古工作，希望能够找到培尔－拉美西斯，而正如前面我所说的，他们把两个首都搞混了。他注意到阿蒙神庙的外围墙是朝西南方向延伸的，并没有与神庙墙体保持严格的平行关系。这种布局看起来相当激进。在对墙角处的泥砖建筑进行发掘时，蒙特和他的团队发现了9座墓葬，其中5座是国王陵墓。随着发掘越来越深入，出土的物品也越来越多。

其中就包括普苏森尼斯一世的陵墓。该陵墓在建筑构造上独具一格，而且基本保存完好。这一时期的国王棺椁是由白银打造的，当时黄金可以从努比亚进口，但白银只能从地中海东部或亚洲西部进口，因而也就更贵重。[11]

蒙特发现了一口纯银棺椁。塔尼斯时代的木乃伊早在古时就已经腐烂，而且这些墓葬曾遭到盗掘。尽管如此，他们还是发掘出了无数的金银珠宝，其精美程度丝毫不亚于图坦卡蒙陵墓的出土文物。[12]金碗、祭祀台、项链、手镯，以及挂在脖子上的胸饰，都是考古学家梦寐以求的宝物。大多数宝物都镶嵌有精美的青金石、红玉髓和绿松石，上面还刻有细腻的象形文字或圣甲虫图案。在所有出土的宝物中，我最喜欢的是一件由黄金制造的猎鹰胸饰，上面装饰着一根根羽毛。[13]

但蒙特没有赶上好时候。时值1939年，纳粹德国吸引了全世界的注意力，塔尼斯遗址的惊天发现并没有引起轰动。

当世界开始从战争的恐惧中走出来时，塔尼斯的考古发现已经成了一个遥远的新闻故事。时至今日，游客在参观位于开罗的埃及博物馆时，常常会错过塔尼斯遗址的出土文物，因为他们都被前面的图坦卡蒙国王的宝物吸引了。但在我看来，塔尼斯的展品是隐藏的"皇冠之珠"，当然我说这话也是有一些私心的。

同其他已知的古埃及首都如孟斐斯、阿玛尔纳或培尔－拉美西斯相比，我们对塔尼斯聚落知之甚少。一般来说，在这样的遗址，我们需要处理多重文化层，而这些文化层可能是分层的，也可能像复杂的拼图那样混在一起。如果不了解遗址的布局，那么我们就很难对城市的聚落、行政、人口、阶级结构和日常生活做出假设。如此一来，要深入了解一处遗址，就像是在缺乏纽约或华盛顿哥伦比亚特区地图的情况下，试图了解美国东海岸一样。

然而，同很多遗址不同的是，塔尼斯聚落的证据并未埋在现代城镇的地下。塔尼斯处于开阔地带，而且大多数地方都没有被调查过，充满无尽的可能。

在考古领域，传统既会为我们埋下基石，也会让我们裹足不前，尤其是在面对像塔尼斯这种复杂的大型遗址时。在20世纪70年代之前，埃及古物学家主要致力于发掘神庙、墓葬和金字塔。专门从事古埃及日常生活研究的考古学家凤毛麟角。之后，随着考古学思想和实践的转变，考古学家开始深入探究聚落考古学，也就是古代人类聚居地研究[14]，而以发掘古埃及城市为主的项目也越来越多，当然这些项目大多与神庙和墓葬有关。随着聚落考古学的不断发展，我们对古埃及人的生活有了新的认识。这个有着50多年历史的考古学分支，至今仍面临着很多难解的谜题，因为一处遗址就包含数以百计的单一文化层，重建工作谈何容易。但这也正是这个分支的有趣之处。

闯入地图室

2010年，我第一次看到塔尼斯的卫星影像，距我首次访问该地已经过去了10年，而那时候我还是一名本科生。这处遗址的规模以及开阔地带的雕像的数量——从拉美西斯二世时期开始回收利用的雕像——给我留下了深刻印象，但我记住的也就只有这些。换言之，我并没有期望这里有太多的发现，或许我可以在其中一座神庙里发掘出更多的房间。

当时，高分辨率卫星影像的售价还非常高昂。让人望而却步的成本意味着考古学家几乎不会用它们来探索遗址表层之下的小型遗迹。作为教育阵线的用户，数字地球公司为我提供了相当优惠的使用条件，而这也产生了大不相同的结果。

然而，数字地球公司的数据库中虽然有很多影像资料，但它当时所拥有的在轨卫星的数量和类型远不及现在。我根本没有挑选的余地，有什么影像就用什么。

早前在利用低分辨率数据进行分析时，我发现冬季拍摄的影像更容易看清遗址的全貌。我认为这同样适用于遗迹的探索。不得不说，我运气很好：数据库中刚好就有 WorldView-1 和 WorldView-2 在 2010 年 1 月拍摄的两张影像。第一张是分辨率为 0.5 米的全色影像，但与直觉相反，它是黑白色的；第二张是多光谱图像，涵盖近红外光等 8 个波段，但分辨率相对较低，仅为 1.84 米。多光谱数据可以提供更多信息，但前提是遗迹的尺寸要大于一张双人床。

我在大学的实验室办公室下载这些卫星影像，速度极为缓慢。在等待的过程中，我打开了考古书里的塔尼斯地图，而上次翻阅已经是几年前的事情了。遗址中心和南侧是一大片空白区，北侧是异常显眼的神庙区。如果你不了解这个地方，那么你可能会想当然地认为它是一处宗教遗址。

在数据最终下载完成之后，我将 WorldView-2 的多光谱图像加载到我最常用的遥感影像处理软件 ER Mapper 中，然后打开并查看遗址及其周边区域的情况。在将影像放大之后，可以隐约看到阿蒙－拉神庙庞大的墙体，而中间位置则是亮白色的石灰石块。然后，我点击屏幕，查看南侧已知的荷鲁斯神庙。

在神庙轮廓线以南约 100 米处，可以辨认出一簇模糊不清的线条，暗示地表下可能埋有建筑物。利用不同的光谱波段组合对影像做进一步分析后，可以发现更多细节，但整体上讲，还是模糊难辨的。不过，这对我来说已经算很成功了。影像数据显示，在一块长 800 米、宽 600 米的区域内，可能埋有墙体。从我以往的田野调查经验来看，它们就是一些不起眼的褐色淤泥。

接下来登场的是 WorldView–1 拍摄的以 JPEG 格式压缩的影像。在处理该影像时，我决定采用一种名为"全色锐化"的技术[15]，而不是简单的黑白处理技术。这种技术听起来就像是厨艺大比拼，具体操作原理是这样的：在分辨率为 1.84 米的卫星影像中，我们发现不了那些规模较小的遗迹，但如果用更高分辨率的全色影像与之合并，就可以达到增强的效果，即获得更高分辨率的多光谱数据。我知道，这听来有些魔幻，但它真的就是这么魔幻。

换种方式思考：一张低分辨率的全色影像，显示的是农田中的植被；一张高分辨率的黑白影像，显示的是农田内部分区。将两张影像合并，你既可以获得植被信息，又可以获得以同等分辨率呈现的重要的农田内部分区数据。就地理区域而言，低分辨率和高分辨率的影像甚至都不需要完美匹配：匹配的区域会自动实现全色锐化。

在等待影像合并时，我并没有太多的期待。合并完成后，我放大新的影像，并从北侧开始查看。神庙的墙体看起来清晰了一些，但石灰石仍是亮白色的。这些卫星影像是在上午晚些时候拍摄的，所以在石头反光这件事上，你没有多少探索余地。

对塔尼斯抽丝剥茧

我滚动鼠标,继续往下查看。然后,我差点儿从椅子上摔下来。我以为我产生了幻觉:屏幕上赫然出现了一座古城。原本在多光谱图像中模糊可见的线条,一下子变得清晰起来:建筑物、街道、郊区……一览无余。

作为一名考古学家,如果一生中能有一次这样的发现,那么你的人生就圆满了。

但这并不是我的全部法宝。在全色锐化之后,我还需要做一些微调,就像调整电台频率以便找到最佳信号一样。这类处理技术多不胜数,你可以随便选用。就我个人而言,因为我已经掌握了卫星影像的季节信息和分辨率、遗址的地质资料和土壤类型,以及所要寻找的建筑物的用材和占地规模,所以搜寻范围就可以进一步缩小。

每一个按键的选取,都取决于上千个数据点。有些技术可以突出显示相邻像素在亮度上的细微差别,而另一些技术则可以扩大像素的总数值范围。[16] 不过,在影像某一区域可行的好方法,在其他区域则未必可行。

从下午一直到晚上,我通过数十种不同的处理技术,最终生成了一张显示塔尼斯主城区轮廓的清晰影像。整个过程就像是《夺宝奇兵》中的地图室场景,只不过这需要你多发挥一点儿想象力。我的版本的太阳神拉的头饰是一颗多光谱卫星,但我震惊的表情和影片中的印第安纳·琼斯是一模一样的:一个伟大的古代秘密,在耐心的考古学家面前自行显现。

今天,通过谷歌地球,我们每个人都能看到塔尼斯中心和南侧的建筑物的轮廓,因为它现在的卫星影像的分辨率是0.3米,这比一般的笔记本电脑还要小。但在 2010 年，情况则不同（当时的分辨率是 0.5 米），从中我们也可以看到科技的飞速发展。

回到家中，当我准备给格雷戈里看那些影像，用颤抖的手把电脑从包里拿出来时，电脑差一点儿就掉到了地上。

"怎么了？"格雷戈里问。我打开笔记本电脑，调出影像。

他盯着看了一会儿，然后问："这是什么？"

"你认为呢？这是塔尼斯！整个塔尼斯！"

他夺过我手里的鼠标，滚动查看处理过的卫星影像，一会儿缩小，一会儿放大。我跟他讲了所有的细节以及它们对埃及古物学的意义，而此时他告诉我，他从 1988 年就已经开始研究古埃及了。一声叹息。

我们讨论了接下来要采取的步骤。首先，我们必须把这些资料进行数字化处理，在电脑上绘出每一栋建筑，以便更清楚地看到它们。整个城市的地图面积为 800 平方米，利用鼠标和 ArcGIS 软件的线条工具，我觉得我可以绘制出这个城市的地图。顺便说一句，作为一款地理信息系统软件，ArcGIS 允许用户存储不同的地图层以及与之相关的信息，比如人口普查数据。

好吧，那我试试。结果一败涂地。在将影像缩小后，线条看起来是直的，但放大仔细看，线条的边缘凹凸不平。经过长达 6 小时的试错，我决定放弃。一定还有更简便的方法，可以让我们捕捉各种不同的细节。

格雷戈里想出了一个方法，即采取老派的手绘方法来绘制这个城市的地图。这很简单，也很高明。我们将涵盖整个城市中心区域的卫星影像打印出来，就像巨幅海报一样，然后用透明的塑料薄片覆盖在上面，用笔绘制出每一个细节。这是埃及古物学家描绘街区或神庙墙体等场景的方法之一。于是，我去了打印店，告诉店员把影像扩到最大,然后打印在一张纸上。他们都很诧异地看着我。

最终打印出来的地图长 2 米、宽 1 米,足足可以盖住我们家的餐桌。我们一点点地画,用了两个多月的时间才完工。格雷戈里让我填充墙外围线。他不是歧视女性,他只是想保护他的画作而已。从我使用 ArcGIS 软件的失败经历中,你或许可以看出我是个懂技术的人,但让我来画,我是画不来的。

在这 8 个多星期里,我们在画图上花的时间超过 50 个小时。我们对每一个细节都进行了充分讨论,确保已经画出所有明显的遗迹,而模糊的遗迹也用虚线做了标注。在此基础上,加上已有的研究成果,我们对遗址内的各种建筑物以及三个时期的文化层有了更深入的了解。

胜过田野调查——至少可以省钱

我和格雷戈里决定比较一下卫星影像和田野调查的考古效率。当然,我们这么做只是为了消遣。我们选择以地磁仪探测为例,也就是我们在纽芬兰使用的那种地下测绘技术。在配备一名助手的情况下,一名优秀的探测员在一个正常的工作日可以测绘 80 平方米的区域,但前提是遗址地面平坦,且没有植被挡道。每 5 天的测绘作业,需要用 1 天时间来处理探测数据。在塔尼斯,中心城区占地面积为 64 万平方米,而且遗址南侧还有 2 万平方米的区域需要测绘,因为那里有明显的建筑物遗迹,所以总计 66 万平方米。

也就是说,整个探测工作需要 103 天。通常而言,负责这类测绘作业的技术专家都还有其他工作要做。按照一个发掘季工作一个标准月来计算,这就是 5 个发掘季。地磁仪探测的平均费用,每天约为

1 000美元，包括专家团队的机票费用、食宿费用和国内差旅费。这样算下来，整个塔尼斯聚落的调查成本为20万美元。

前提是你已经向埃及政府申请到了探测许可，有合作关系的报关经纪人会帮你进口必要的设备，而且设备运抵后能够正常运转。再者，探测专家要始终保持健康状态。这些都必须确保万无一失。

相比之下，购买卫星影像的费用是2 000美元，而我们花费的工时，总的算下来也不过60个小时。虽然地磁仪探测的结果可能更详细一些，但卫星数据方法依然值得大力推崇。要知道，我们在铺在餐桌的地图上看到的那些东西，是从600英里外的太空拍摄的。

在塔尼斯各个明显的文化层中，有道路，有分属不同阶层的住房，也有大型的行政办公区。有些建筑物必然是社会高层的住宅或宫殿，它们比遗址内的其他建筑物更加宏伟华丽。而这样的建筑物，每个文化层中都存在。

依据卫星影像绘制的地图，可以让我们穿越时空回到过去，而且第一次让我们真正了解一个城市是如何运转的。它有着非常广泛的意义，而最主要的原因是，塔尼斯是古代规模最大和最知名的都城之一。

继续深挖

当我们从太空影像中有所发现时，我们必须进行地面实况调查——或发掘，或测绘。即便绘制的地图看起来很棒，而且很清楚地"显示"了一些东西，我们也必须验证我们在塔尼斯地表所看到的和地下所埋的是否相符。2014年，考古学家菲利普·布里索带领的团队全年都在塔尼斯开展考古工作。[17]得益于与他们的合作，我们终于有了一个验证数据的机会。

我第一时间联系了菲利普。要进行地面实况调查，菲利普需要向埃及政府提交在遗址南侧进行试发掘的申请。由于此前从未使用过卫星影像，他对我们的结果持怀疑态度。

我抵达现场时，秋季发掘季的发掘工作已经全面展开。整个塔尼斯，里里外外都承载着厚重的历史底蕴。法国的发掘营房可以追溯到近100年前，墙上挂着每一个在那里工作过的考古队的照片。菲利普是一位热情的、爱交际的发掘团队负责人。他以合宜的法式待客礼仪为我接风。虽然午餐非常美味，但有一碗鸡爪我丝毫未动。菲利普强塞给我，依然被我拒绝，引得团队成员哈哈大笑。

在随后的参观中，菲利普为我做了精彩的讲解，并向我介绍了他们正在穆特神庙开展的工作。此前，他们已经在那里发掘出了一系列非常华丽的大型石刻。我最喜欢的地方是建在遗址现场的储藏室，里面摆满了完好的以及修复过的陶器。作为过去100年里法国人的发掘成果，这些陶器不仅展示了该处遗址的历史，也展示了它的发掘史。蒙特本人是不是也捧过一些呢？

在中心区域，可以清楚地看到一栋20米见方的房屋，就位于荷鲁斯神庙的南侧。为发掘厚达2米的墙体，团队已经工作了好几天。在该房屋的正中央，有一个较小的房间，宽度只有1米，看起来像是一个储藏室。但这在卫星影像中没有显现。真令人好奇。我问菲利普有何感想。他看着我，满脸笑容。

"很有用！我觉得有80%的准确度。卫星影像只是没有显示那些较小的房间，还有就是墙的边缘和真正的墙角之间存在20到30厘米的误差。"菲利普说。

对于每个房间，团队都往下挖了大约1米深，发现了不同时期的房屋结构，其中有一些所处的时期，与我们当时从餐桌上的地图上看到的房屋周围的其他建筑的时期相匹配。

我们还对发掘单元的边缘和表层淤泥的深度进行了考察，试图确定是什么特质让这些建筑物在卫星影像中清晰地显现（见图5-2）。在塔尼斯，遗址上层的淤泥的含沙量，略高于三角洲地区的大多数聚落的土墩。这种沙土同建筑地基的碎泥砖形成鲜明对比。泥砖在多雨的冬季吸收水分后，会呈现更鲜明的颜色。我知道，在这里用起来很有效的方法，在其他遗址未必就会取得同样的效果，但此次造访之后，整体而言，我对卫星影像的运用，特别是对塔尼斯古城的重建工作，有了更大的信心。

图 5-2　与菲利普·布里索的团队在塔尼斯一起开展发掘工作

资料来源：作者。

在塔尼斯的日常生活

塔尼斯的居民可谓形形色色：国王和王后、祭司、行政官、匠师、建筑师、军人，以及为神庙、宫殿和主城区提供支持的人口庞大的劳工阶层。[18] 如同今天的所有人城市，塔尼斯也有繁华的中心区域。尼罗河的支流塔尼提克河从遗址的东北部蜿蜒流过，为神庙和工匠作坊所需的大型石刻的运输提供了便利。从地理条件来看，塔尼斯想必拥有不止一个港区[19]，河畔一带遍布市集。船长和贸易商兜售来自帝国各地——从北方的以色列到南方的努比亚的商品。我们知道卢克索也有类似的市集，卢克索是一个与帝王谷有关的南部城市。[20]

祭司居住在北区，这也是靠近神庙的区域。[21] 一座神庙的人员规模可能有数百人之多，既包括高级祭司及其助手，也包括清洁工。人们每天都会向神庙进献供品，而在节日期间，成千上万的塔尼斯人更会挤在神庙的外部庭院，希望一睹国王的风采或得到众神的赐福。[22]

在遗址的中心区域，也就是荷鲁斯神庙的南侧，我们发现了一个满是房屋的区域，每栋房屋面积为 20 米见方，沿着街道排开。这些大型宅院有 4 到 8 个不等的房间，其中至少有一间的面积非常大，超过其他任何房间。它们看起来跟阿玛尔纳的王室官员的府邸颇为相似，而作为古埃及的首都，阿玛尔纳比塔尼斯早了 300 年。

在塔尼斯，如果你到官员的府邸谈事，你会被带到正中央的房间或公共会客区。除了要见的官员之外，书记员也会在现场记录，并依照你们的会谈内容，着手准备任何可能需要的信件。墙壁可能被刷成白色，并绘有图案，天花板以石柱或木柱支撑。[23] 仆从在一旁待命，随时准备为你倒酒——来自巴勒斯坦的进口葡萄酒。[24]

宅院的后院是私人区域，包括厨房、卧室乃至独立的浴室[25]——就

3 000年前的标准来看还是不错的。如同阿玛尔纳的府邸一样，这些宅院可能也不止一层。最重要的是，鉴于它们所处的中心位置，房主沿街步行5分钟即可抵达神庙和行政办公区，而去宫殿，如果走得快一点，两分钟便可到达。尼罗河给这些宅院带来了习习凉风，相比塔尼斯那些贫困的街区，这里的生活更加宜人。但作为黄金地段，你得有钱才能住到这里。

在这个令人艳羡的街区的正南方，是精英阶层居住的别墅区，每栋别墅有20到30个不等的房间；别墅区挨着的，正是古埃及两个王朝历任国王和王后居住的宫殿。[26] 附近，匠师们在作坊里辛勤劳作，制作令人叹为观止的精美物件[27]，而厨师们则用来自地中海的香料和食材烹饪美味佳肴，客人随时都可以享受盛宴。[28] 来自外国的使节等待首都的高级官员的接见，希望由他们将紧急的外交事务上奏给国王。王室成员居住在王室居所，远离宫廷朝臣窥探的目光。

王宫大殿的地板应该非常漂亮，上面绘有尼罗河沿岸的鸟禽和其他野生动植物以及象征古埃及统治外邦的符号。国王在这里上朝，簇拥着他的是维西尔①、财政大臣、大将军以及众多书记员。[29] 即便是在古埃及的最后一个中间期，国王依旧如同神在凡间的化身，竭力平衡世界的各股力量，谋求古埃及的福祉。[30]

在遗址的最南部，也就是土墩末端，我们可以看到若干8米见方的房屋。这些房屋以一种较为有机的方式毗邻而建。一眼看去就知道，这片居住区的富裕程度远不及市中心。[31] 每栋房屋似乎有一两个房间，所以家庭成员可能会住在相邻的单间住所。生活在这里的人，应该是为王宫提供服务的。在发掘之前，我们尚无法判断，但我们可以相当

---

① 维西尔，古埃及王朝时代中央政府的最高官吏，国王的助手，相当于中国古代的宰相。——编者注

有把握地讲，这里是塔尼斯最贫穷的地区，远离富人居住区内的所有便利设施。而且这个街区看起来明显不同，与在卫星影像中观察到的第二阶段的建筑物相符。

景观和人口的重构

根据卫星影像来估算这个繁华社区的人口数，是比较棘手的。我们知道，大约700年后的亚历山大港的人口多达50万。[32] 这些数字可以提供一些线索。在塔尼斯，我们可以看到很多房屋，而且我们知道中心区的总面积。由于现代城市的兴起，再加上农民采掘当地土壤，三角洲地区遭受了巨大的考古损失，所以我们只能推测塔尼斯的规模到底有多大。

在城市周围的田野，很多建筑结构的迹象，实际上是地下的作物标志。有些线条是现代早期的田界，而其他一些线条勾勒出的结构的规模和形状，同卫星影像中清晰可见的遗迹是吻合的。在跟周围村庄以及圣哈杰尔的农民交谈时，他们无一例外都详细讲述了在挖地时发现的泥砖结构以及分布密集的陶器碎片。

20世纪60年代——距日冕计划可提供良好的卫星影像还有10年，塔尼斯遗址的规模似乎比如今大50%左右。遗址北部和东部一带的低洼处，已经被现代农业占据，而圣哈杰尔也已经扩张了500%。此外，遗址东部和南部残存的古水道证据，也已经消失殆尽。

约200年前，在拿破仑远征期间，该遗址的景象与现在看起来大不相同。1809—1829年出版的23卷本的远征报告《埃及记述》对整个埃及做了详细调查。这一非凡的著述现在已经可以在线查阅。[33] 从在线地图上看，当时的塔尼斯遗址可能有现在的两倍大，当然这只是粗略的估计。

不妨想象一下 3 000 年前塔尼斯周围的景观，这对我们来说可能会有所助益。那时，很多小规模的遗址共同构成一个涵盖聚落和住宅区的网络，进而支撑着首都的运行。每年尼罗河泛滥时，主城就会变成一个大的岛屿，而环绕四周的则是星罗棋布的小岛。要想了解这个网络的规模，考古学家就得围绕塔尼斯遗址取土层样本和开展非侵入性调查，而这样一项工作需要花费数年的时间。

宏大图景

了解塔尼斯的本质、规模以及更广大的社区，对研究埃及乃至近东具有重要意义，因为在那里我们看到了现代城市生活的最早基础。在绘制了古埃及最大、持续时间最长的首都——塔尼斯的地图之后，我们的卫星数据首次填补了一个巨大空白。然而，在进一步观察时，我们发现还有其他需要解决的难题。对于这个聚落的空间结构以及这个特定首都的城市生活的本质，我们可以提出各种假说，但要想进一步探究，则需要仔细发掘。

我们考古学者对世界各地的主要遗址都已经做过大量假设。卫星技术越进步，我们就越发现自己知之甚少。我们团队最近拿到的 WorldView–3 卫星影像，分辨率为 0.3 米，使我们进一步获得了中红外光波段的资料。借助 WorldView–3 卫星影像，我们在塔尼斯看到的建筑结构数量是 WorldView–2 卫星影像中的两倍。

比如，最初利用已有资料对法国团队发掘的房屋进行分析时，我们只能看到一个内部房间。然而，通过功能更强大、分辨率更高的 WorldView–3 卫星数据，我们在房屋内发现了更多的小房间，而且所有房屋都是如此。整处遗址内出现了数以百计的房屋等建筑结构，而依据先前的数据，我们原本以为这些地方是空地。现在，我们正忙着对塔尼斯新发现的房屋进行三维重建，这将有助于更好地展现遗址的原貌。

但没有任何单一数据集可以囊括一切资料。一年中通常的时节规律，比如旱季与异乎寻常的雨季的交替，依然适用。原始影像中那些让我们能够想象3 000年前王室日常生活的宫殿，在分辨率更高的WorldView–3卫星影像中却不见踪迹。究其原因，拍摄季节以及拍摄时的天气状况都是重要的影响因素，最新的影像可能是在一年中略为干旱的时期拍摄的。

或许是为了督促我们继续猜想，新的数据集中冒出了先前我们在中心城区从未见过的属于其他时期的建筑遗迹。在对新旧数据进行对比之后，我们希望对不同季节拍摄的不同分辨率的影像进行验证。这样做需要时间。而如今，我们还有WorldView–4卫星影像[34]以及数十张新的塔尼斯影像需要进行验证。我们的太阳神拉的头饰是包罗万象的，不过不及印第安纳·琼斯的那件方便，只要固定在长度合适的杆子上就能使用。

但至少这些功能更强大的影像有助于考古学家更仔细、更有效地选择发掘地点。随着数据质量的提升，我们在确立发掘季的工作目标时就会更加准确。如此一来，我们就可以写出更好的项目申请书或更好地向私人捐赠者推介，从而获得更多的经费。我们可以说，"在这个发掘季，我们团队将在塔尼斯发掘两栋精英阶层的府邸和两栋穷人的住宅，进而对富裕城市中人们的生活条件以及获取食物和其他生产生活资料的便利程度进行比较"，然后展示所选房屋的确切轮廓……对任何感兴趣的一方来说，这都是很有说服力的。

现代城市及其未来

塔尼斯等城市为我们提供了关于我们自己所处的社会的洞见，让我们去思考我们自己的城市在分崩离析之后，会给未来的考古学家留下什么。若是认为我们的社会将永远存在下去，那就是一种狂妄。看看现在的塔尼斯，然后想象一下，你告诉公元前 1000 年的塔尼斯人，这个城市的一切都将消失殆尽。

我们的城市会不断演变，而在什么是城市以及城市在哪些方面值得保留的问题上，我们的理念也在不断变化。在撰写本书时，美国各地的很多城市正在经历复兴——从底特律到纳什维尔再到伯明翰，不一而足，但我们并不知道这背后的原因是什么。或许是 40 岁以下的人重新回到市中心，开启他们的创业历程。或许是精酿啤酒运动按下了那些最不可能恢复发展的地方的重启键。或许是外部投资。当我们真正了解了这个有机过程之后，那些原本被认为无可救药的城市，就会充满无尽的发展潜力。

但是村镇现在反而没落了，而社会也在争论是要拯救它们，还是让美国发展成一个城市之国。这些都是大问题，而要想搭建回答这些问题的框架，我们就得深挖我们人类的历史。

我的好莱坞童话又回到了原点：从现在已经成为古董的 VHS（家用录像系统）中，我发现了一座古老的城市，中间兜兜转转，如今在笔记本电脑上，我以来自苍穹的上帝般的视角审视着同一座城市。我学到的是，以新的方式去了解过去，归根结底是要取得一种平衡：一方面是如何利用新技术，另一方面是提出更好的问题以推动该技术发挥最大效力。这种平衡有时候有效，有时候无效，但对我来说都没关系。

我们偶尔会获得问题的答案——从泥铲的轻刮中，从移液管的液滴中，或从新的应用算法中，但这些答案都是稍纵即逝的，就像塔尼斯大热天中的一丝凉风一样。而我们唯一能做的，就是希望挖对地方。

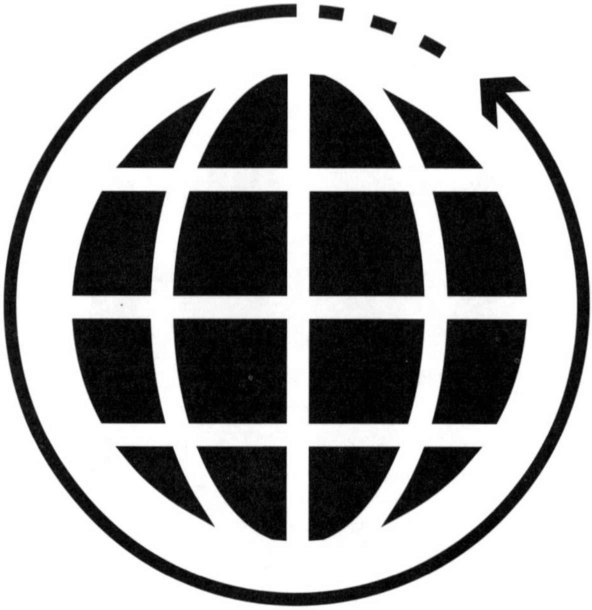

6

伟大旅程

全球范围内,还有多少遗址等着我们去发现?

在亚拉巴马州伯明翰的街道上，我最喜欢做的事情之一就是盯着路上待修补的孔洞看。我确实应该培养更好一点儿的爱好，但没办法，我就是喜欢看那些历经岁月沉淀的街道分层。在我们生活的小镇周围，仍有几段鹅卵石路。每次走那里，我都会想象很久以前曾经穿梭于此的马、轻便马车和人。我们脚下的每一寸土地几乎都埋藏着历史。

我们可能没有意识到的是，沙漠和森林中尚未被考古学家发现的遗址甚或文化的数量，是极为惊人的。发现一处全新的遗址或者在某处已知的遗址发现一个新的遗迹，是一回事，而现在，利用太空考古技术，我们可以发现数以百计、数以千计乃至数以万计的新遗迹，则是另一回事。

如此庞大的规模正在迅速改变考古学，因而我们在研究过程中必须提出新的问题。一个世纪前，甚至20年前，考古学家都无法想象会有如此规模的数据集。类似这样的大数据分析，本身就是一个新兴领域。不过，计算机科学家已经开始与考古学家进行密切合作，以制定测绘和建模方法。

探索未知世界

此外，我们也不知道还有多少遗迹等着我们去发现。当然，考古学家会借助铭文、古文本来寻找失落的宫殿或王陵的线索。德国考古学家海因里希·施利曼自年少时就痴迷《伊利亚特》，而他后来找到特洛伊城，可以说是通过研究古文献而取得考古发现的最知名的例子。为找到这座城，施利曼于1871年开始在土耳其一处名为希沙立克的遗址开挖。在他的发掘过程中，很多晚期的文化层都被破坏了。今天，在特洛伊遗址，你仍可以看到那条庞大的"施利曼壕沟"。但话说回来，文字记载能够告诉我们的确实有限。

我们已经发现了罗马埃及的税务记录，上面列有数十个城镇的名称，但这些名称跟现代城镇的名称差异过大，因而我们也就难以从中寻得线索，进而找到它们的位置。如果连这种出现在纳税清单上的重要城镇都已失去踪迹，那么要想找到那些从未被提及的小地方，就只能祈求好运了。其实，我经常被问及古埃及还有多少遗址等待我们发掘。这是一个不可能有答案的问题，但也是我最喜欢的那种问题。

如果能够发现古埃及1%的富人墓葬，我们就可以轻松推断出所有较穷的人的墓地、聚落、消失的神庙、工业区、采石场和军事哨所的所在地。广而言之，这也适用于中东、中亚和远东地区的一些尚未发掘的不毛之地，亦适用于中南美洲的雨林、加拿大的荒原、美国西南部的沙漠和北极的平原。冰期数百万平方千米的陆地，因为气候变化或地质力量，现在已经被海水淹没。[1]

我们对地球表面的了解，可以说少得可怜，因此大可不必对每周的考古新发现感到惊讶，比如庞大的墓葬群、早前不为人知的古城镇乃至尼安德特人创造洞穴艺术的证据。[2]

尚待发现的美国考古遗址

我们可以从美国算起，看看这个世界上还有多少遗址尚待发现。即便是欧洲人在美洲建立的最早的殖民地，现在也没有全部测绘完。1540 年，埃尔南多·德索托率领的征服者从最初的登陆点佛罗里达出发，一路深入北卡罗来纳州。[3] 关于这一点，在佐治亚州的麦克雷已经发现了一些潜在的证据。[4] 然而，像马比拉（Mabila）这样的遗址的确切位置，至今仍是一个谜。马比拉位于亚拉巴马州[5]，是德索托同传奇酋长塔斯卡卢萨作战的地方。有人告诉我，在亚拉巴马大学的年度会议上，人们就这个问题展开了激烈交锋，到了近乎拳脚相加的地步。

就在 350 年前左右，美国的这些高楼林立的城市还都是真正意义上的原始森林。在欧洲人对北美实行殖民统治之前，原住民已经在这片土地上生活了至少 18 000 年。线粒体 DNA 证据显示，这期间只有一批人移民美洲，而所有的现代原住民都是这批人的后代。[6] 目前已知的人类居住遗址可以追溯到 14 000 多年前。[7] 美洲原住民与欧洲人最早接触且有文献可考的时间是 1492 年，而在此之前，有 600 代人曾经在这片土地上生活，总人口有数千万。

在地图上，我们可以看到一些原住民群体的原始名称和所在地，而另外一些群体的名称则消失在了历史长河中。在这片土地上，人们频繁迁徙。[8] 有的群体会随着季节的变化迁到不同的猎场或渔场，而他们的文化也得以扩张，并留下更多的潜在踪迹。[9] 在北加利福尼亚，仅锡斯基尤就有超过一万处遗址[10]，而这个县的面积只占加利福尼亚州的 1/26。假设整个加利福尼亚的遗址分布密集程度相似，那么仅在该州就会有 25 万处遗址；进而言之，整个美国会有数千万处遗址。

目前，美国总共有 567 个被联邦政府认定的原住民部落，其中

229个生活在阿拉斯加州。[11]加拿大有634个"第一民族"群体。[12]这两个国家的国土面积都接近1 000万平方千米。北美大陆有超过40%的土地被茂密森林覆盖，除此之外还有连绵的山地和一年中积雪数月不化的区域，因而遗址寻找起来并不容易。[13]

自18世纪以来，美国各地的西进运动迫使数以百万计的原住民流离失所，进而导致无数的原住民遗址被毁坏。[14]自从引入遥感技术之后，我们才知道我们过去究竟失去了什么。在艾奥瓦州的国家历史地标托尔斯博罗土墩（Toolesboro Mounds），考古学家梅拉妮·赖利和约瑟夫·蒂法尼——分别来自佐治亚州自然资源部和艾奥瓦大学下设的州考古学家办公室——积极拥抱激光雷达技术，并获得了新的视角。托尔斯博罗土墩考古团队要找的，是公元200—300年的中期伍德兰文化留下的围墙以及被毁灭的埋于地下的土墩。

他们成功了！考古团队最终确定了围墙以及8个土墩的位置，或许还可以再加上一个，另外还发现了两个异常区。[15]该处遗址的景观基本被草木覆盖，只有两个明显可见的土墩。显然，这表明你不能仅凭地面的植被来判断一处遗址，也不能仅凭可见的地面景观来判断考古遗址的规模。

继续往南，在佛罗里达州的大沼泽地，成片的松树林、锯齿草沼泽和茂密的红树林使得考古学家难以进行标准的田野调查。但借助激光雷达技术，他们找到了可追溯到公元1000—1500年的土方工程。[16]遥感技术有着无穷的潜力，可以让我们进一步了解原住民文化的多样性和丰富性。同样，基于无人机摄影技术的飞速发展以及国家机构提供的越来越多的低价或免费的激光雷达数据，我们对欧洲人在北美的扩张活动也有了更深层次的了解。

举例来说，通过这类公开访问的激光雷达数据，考古学家凯瑟琳·约翰逊和威廉·维梅特在新英格兰南部地区发现了若干早前不为人知的建筑物地基、农场围墙和古道，修建时间从18世纪到20世纪50年代不等。[17] 如今，这片区域已经遍布森林，不禁让人想问林中究竟还有多少个类似的农场。或许数以千计吧。

诸如此类的发现可以进一步揭示美国社会历史上的一些黑暗时期。虽然我们有奴隶主种植园相关的文献记载，但就美国种植园开展的考古工作，让我们对奴隶的日常生活有了更多的了解。在马里兰州，考古学家利用激光雷达技术创建了郁金香山庄园（Tulip Hill）和怀伊庄园（Wye Hall）两处种植园遗址的三维地图。新的发现包括一处类似于露台的结构，以及路堤、奴隶住所和园圃。不过，当地的考古团队也强调，他们需要进行试验性发掘才能确认这些发现。[18]

尽管已经取得了一些成绩，但与世界其他地方相比，目前考古学家在美国和加拿大完成的遥感工作量依然少得可怜。不过，随着情况的变化，我们也学到了很多。

起航

就地球表面的考古遗址来看，我们可能只测绘了其中的约10%，而位于洋底的考古遗址，已经测绘的更是少之又少。这个世界上还有很多遗址等着人们去发现。现在，让我们把目光转向全球，看看我的考古同行在美国之外取得的广泛而又极其丰富的成果。我想你很快就会和我们一样，对太空考古学的未来潜力感到兴奋不已。

在18世纪和19世纪，欧美的富家子弟会前往地中海地区游学。旅行途中，他们惊叹于古代世界遗留下的奇迹，并深受启发。当然，现在的我们不必自我设限，可以自由选择适合自己的旅行方式——乘坐豪华邮轮或搭乘飞机。就餐时也没有特别的着装要求，不过总要穿点儿什么。尽情享受启程前的金汤力——自然是图它的保健功效。

测绘玛雅遗址

悠闲地坐在躺椅上，放松身心，但不要太久哦！我们现在要去的地方，被认为是遥感考古学的摇篮。在过去的几年里，这里吸引了媒体的广泛关注。理应如此：在知名的古遗址发现数以千计的新遗迹，这种情况并不常见。我们一路向南，朝着中美洲进发。

目的地是玛雅文明的所在地，总面积超过30万平方千米，其中43%被茂密的雨林和其他植被覆盖。[19]

考虑到当地的景观，考古学家必须利用激光雷达技术寻找遗址，而且他们是在和时间赛跑，因为这里有一个令人担忧的事实，即滥伐森林。滥伐森林既破坏考古遗址，也破坏环境。我们可以追踪到那些因非法采伐而消失的树木、化学品的使用乃至毒品的生产，但我们无从确定已经消失的古遗址的数量。

正如我们在前面看到的，激光雷达技术革命始于黛安娜·蔡斯和阿伦·蔡斯在伯利兹的考古研究。作为该项研究的一部分，蔡斯夫妇利用激光雷达技术对墨西哥中西部地区的安加穆科遗址进行了测绘，总测绘面积为9平方千米。顺便说一句，安加穆科是由阿兹特克人的敌对者普雷佩查人（塔拉斯科人）建造的。他们发现了一个城市聚落，数以百计的居住区与纪念性建筑连在一起。[20] 在这些令人震惊的发现公布之后，其他玛雅文化专家也很快获得了开展激光雷达测绘活动的经费。

接下来，让我们搭乘直升机，一起俯瞰令人震撼的玛雅景观。在前往危地马拉内陆途中，直升机会飞越伯利兹的雨林。朝下望去，映入眼帘的是一片绿色的海洋。这时你就会明白为什么当地的野外工作不适合胆小的人——美洲豹和毒蛇就在你身边出没。读大学时，我曾有幸参与"伯利兹谷考古勘探项目"，并在项目地度过了极其愉快的两周。其间，我住在雨林中，帮忙测绘玛雅人用于举办葬礼和其他仪式活动的洞穴系统。即便只是从板状根、藤蔓和攀缘植物中穿过，也要费好大力气。

飞入危地马拉领空，在靠近堪称该国最知名的蒂卡尔遗址时，你会发现一座座塔尖高过树冠的石灰石金字塔，像极了《星球大战：帝国反击战》中的场景，但多了一些点缀——美丽的五彩金刚鹦鹉的鸣叫声。这部影片就是在这个超凡脱俗的地方拍摄的。现实中，你自然不必担忧帝国冲锋队的出没，但一定要当心更令人恐惧的马蝇，因为它们的幼虫会钻入人的皮肤，啃食肌肉组织。

从空中朝下望去，除了雄伟的建筑，你几乎看不到其他任何东西，而来到地面，你会发现这里全被茂密的植被覆盖。2018年年初，这片区域内的一个重大发现被公之于众。利用最新的激光雷达数据，一支考古团队对中美洲玛雅生物圈保护区内的10个特征明显的区域进行了分析，总面积超过2 100平方千米。在规模空前庞大的数据集的支持下，考古学家把目标对准了危地马拉境内的蒂卡尔、霍尔穆尔（Holmul）以及其他大型玛雅遗址。到2018年年初，他们已经发现并测绘了超过6万座建筑物。[21]

你或许心想这太疯狂了吧。当我看到新闻时，我也大喊大叫起来，以至于我丈夫以为我们家的猫跳到了我背上。

这是"帕库纳姆激光雷达倡议"（PACUNAM LiDAR Initiative）旗下一个为期三年的项目的部分成果。按照该倡议的计划，考古学家将对危地马拉境内14 000平方千米的区域进行测绘。作为一个非营利组织，帕库纳姆基金会专注于玛雅生物圈保护区的保育和研究工作。项目联合负责人弗朗西斯科·埃斯特拉达 – 贝利向我讲述了在霍尔穆尔一带开展田野调查的危险性。

有一天半夜,他被充气床垫下面的动静惊醒了。掀起充气床垫后,他发现下面蜷缩着一条 5 英尺长的蛇,就在他刚刚睡觉时头的正下方。最糟糕的是,他得先把充气床垫放回原处,然后才能穿上裤子呼救。你看,惊险刺激的可不仅仅是考古发掘现场![22]

假设遗迹的分布密度相似,那么仅仅在测绘区内就可能有多达 40 万个未知的建筑结构。在公元 800 年左右,玛雅文明进入鼎盛时期,地域面积超过 30 万平方千米,这也就意味着在中美洲郁郁葱葱的雨林下面,可能隐藏有近 860 万处遗迹,其中甚至还不包括玛雅人重塑的庞大景观。就像我的学生们说的,真可怕!

亚马孙的秘密

了解了诸多待发现的新遗迹之后,让我们乘船放松一会儿。接下来,我们将沿着巴西海岸航行,然后穿过占地面积约 600 万平方千米的亚马孙雨林。[23] 自 100 多年前起,一个全新的考古勘探时代在这片土地的不同区域拉开序幕。1925 年,珀西·福西特在寻找他所称的位于亚马孙某个神秘地方的"Z"城时失踪,而这也是这片雨林最为人熟知的故事之一。[24]

佛罗里达大学的迈克尔·赫肯伯格表示,且不论福西特遇到了什么,至少他的部分观点是正确的。赫肯伯格及其团队与当地的原住民合作,在亚马孙雨林的欣古河上游源头确定了 28 个新的城镇和村庄的位置。[25] 这些聚落均筑有一系列沟渠,并可通过古道相互连接。[26] 虽然这些新发现并没有用到卫星影像技术,但这也表明了前哥伦布时代亚马孙地区聚落分布的密集程度。我们可以想象一下,如果用上遥感技术,那将会给我们带来多少新发现。

同样是在亚马孙流域，来自赫尔辛基大学的马尔蒂·佩尔西宁及其团队利用航空摄影和谷歌地球，在巴西西部的阿克里地区辨识、确认了超过200处地画。同纳斯卡线条一样，这些图像或地理图案是人类利用石块之类的自然材料，当然也有一些是通过清除石块而在地面创造的，部分地画的规模极为庞大。在阿克里，有迹象表明当地存在一个可追溯到公元200—1283年的"新"文明。利用森林遭滥伐之后拍摄的卫星影像，佩尔西宁团队对遗址进行了非常详细的测绘，而一些奇特图案的直径从90米到300米不等，相当于一到三个橄榄球场的长度。这些图案可能带有仪式性质或防御性质，或两者兼具。研究人员的田野调查显示，在这个一度被认为过于边缘化而不适合集约开发的地方，曾经生活着超过6万人。受限于谷歌地球的影像资料，该团队认为他们只发现了该地区约10%的遗迹，而这也就意味着这里还有近2 000座纪念性建筑有待进一步发掘。[27]

由此可见，阿克里在考古发现方面蕴藏着巨大潜力。或许，过去的亚马孙也一度和中美洲的玛雅地区一样，有着稠密的人口。我希望激光雷达技术能够尽快应用于该地区并推广开来，同时也期待轰动世界的重大发现。

当船行至合恩角时，情况可能会变得有些危险。赶紧吃晕船药，因为我们的下一站是秘鲁！对宾海姆1911年发现马丘比丘的史诗故事，你或许已经耳熟能详。如今，马丘比丘被认为是南美洲最受欢迎的旅游目的地，但这只是"前菜"，重头戏还在后面。[28]

利用高分辨率卫星影像和无人机，考古学家不仅在秘鲁各地发现了新的遗址，还掌握了许多古遗址被盗掘的情况，并进行了测绘。[29]长久以来，秘鲁境内的盗掘事件层出不穷。在当地的许多古墓区，你会看到数以千计的盗洞，着实让人难过。盗墓贼钻入坟墓，将里面色彩鲜艳的纺织品洗劫一空，而且在通常情况下，他们都会成功。最近，我在易贝网站以"文物秘鲁纺织品"为关键词检索，结果显示有数十件物品，分别与奇穆（Chimú）、瓦里（Huari）和钱凯（Chancay）这些文化族群有关。这些物品都没有标注遗址位置，也就是说它们的来源是很不可靠的。

对"濒危"的秘鲁遗址进行测绘，有助于考古学家更好地保护它们。比如，罗莎·拉萨波纳拉带领的团队，利用捷鸟（QuickBird）卫星影像和WorldView-1卫星影像在纳兰哈达金字塔（Piramide Naranjada）寻找地下土砖遗迹的证据，进而通过探地雷达法和磁力测定法确定了它们的存在。[30]考古学家、秘鲁文化部前副部长路易斯·热姆·卡斯蒂略通过无人机对数十处遗址进行了三维建模，模型优美且令人惊叹。在利用无人机对遗址进行测绘、建模方面，秘鲁可以说是走在了世界前列。[31]

对波利尼西亚文明的先入之见

在漂洋过海之时，我们可以稍事休息。不过，在启程前往下一个目的地之前，让我先简单介绍一下波利尼西亚最有名的考古岛屿之一。复活节岛今属智利，岛上有900多个被称为"摩艾"的大型石像。这些举世闻名的呈站立姿态的人形石像分布在面积仅为163.6平方千米的土地上。我之所以喜欢复活节岛上的考古研究，原因之一是卫星技术颠覆了长期以来学界关于拉帕努伊文明是如何以及为何"崩溃"的种种假设。有些事情往往比我们看到的更为复杂。

走在复活节岛上，映入眼帘的浅绿色景观在太平洋的大背景下显得格外引人注目。这里似乎是一片隔绝之地，尤其是在你看了危地马拉的景观之后。石像颇似哨兵,方下巴,坚忍克己,但同时又带有挑衅的意味,让我们禁不住去想它们是如何形成的。

欧洲人于1722年登陆复活节岛,后又于1770年再次登岛,发现当地有大约3 000人口。关于拉帕努伊人的一般假设是:在占据海岛期间,他们过度开采自然资源,破坏森林,进而造成动物灭绝。这一假设无论是对是错,对今天的我们来说,都是应该吸取的教训。早期的考古学家认为,复活节岛最早有人定居是在公元400—800年,但宾厄姆顿大学的考古学家卡尔·利波和俄勒冈大学的考古学家特里·亨特利用放射性碳测年技术,对种子的年代进行测定,结果显示人类在该岛的定居时间是在公元1200年之后,远远晚于早前假定的时间。[32]

利用高分辨率卫星影像,利波和亨特对岛上运送"摩艾"的古道进行了测绘。[33]在调查期间,他们在通往源头采石场的道路上发现了62尊"摩艾"。基于这些石像所处的位置,他们团队证实了这样一个假设:石像是在两侧人力的作用下以站立姿态"行走"的,而不是被拖拽到最终位置的。[34]这一发现也推翻了早前先入为主的偏见,即拉帕努伊人的大规模毁林活动,只是为了制造运送"摩艾"的滚柱。事实是,他们利用自己的聪明才智而非通过毁林来运送他们的最伟大的艺术作品。

在那些为发展农业而毁林的地方,拉帕努伊人会把火山岩砸碎,然后均匀地撒在土地上,以提升其生产力。[35]从最近的地理空间分析结果来看,拉帕努伊人似乎是在靠近淡水水源的地方修建了被称为"阿胡"(ahu)的巨石平台,用来放置"摩艾"。这可能是一种领地宣示,与当地有限的自然资源有关。[36]拉帕努伊人的覆亡并不是由他们自己造成的,相反,这缘于欧洲人带来的疾病。[37]

当我们乘船离开复活节岛、驶入茫茫大海时,你可能会想西方世界对全球各地的原住民群体还存在哪些误解,而究其原因,这些误解无一不植根于他们先入为主的殖民主义者思维。现在来看，遥感技术似乎可以给出更符合事实的解读。

古丝绸之路

穿越海洋，一路西行，进入亚洲，映入眼帘的是绵延不绝的美丽风景。在这里，遥感技术同样可以大展身手。这是一个地域广阔的大洲：古丝绸之路所涵盖的广泛区域至今仍未被测绘。不过，中国的考古学家已经汇集了25个省级行政区的遗址数据，进而创建了一个包括51 074处遗址的数据库，年代从公元前8000年到公元500年。[38]

古丝绸之路横跨陆地和海洋，距今已有1 500多年的历史，其起点在中国，然后延伸到印度，进入印度尼西亚，穿越中东地区，最终抵达东非和欧洲。丝绸之路并非一条路线，而是由多条路线组成。这些路线在岁月的长河中不断变动，原因在于沿线是否有可用的水资源和其他资源。古丝绸之路沿线遗址的完整规模以及古丝绸之路网中的路线的数量，仍有待进一步厘清。无须开展田野调查，只是利用卫星影像，我们就可以判定古丝绸之路沿线许多遗址的年代，因为不同时期的遗址有着各自不同的形状和规模。因此，遥感技术蕴藏着巨大的潜力，未来可以帮助我们找到并判定数以百计的新遗址的年代。

在一项研究中，兰州大学博士研究生胡宁科（现执教于陕西师范大学）和中国科学院的李新研究员利用日冕计划和谷歌地球的影像资料，在中国西北部的居延绿洲一带发现了约70处新遗址，年代主要介于公元1028—1375年。[39] 想一想，沿线的其他绿洲、交通枢纽，仍等着我们去测绘。

一路向西航行，途经泰国、越南和柬埔寨，富丽堂皇的高棉寺庙随处可见。泰国和越南的雨林地带尚未被测绘，但我听说新的激光雷达勘探计划即将展开。让我们拭目以待。

印度河流域的全新开始

现在，我们已经来到印度。这是一个充满活力的多元化的古老国家。在遥感测绘方面，它也是世界上最具潜力的国家之一，而这主要得益于印度河流域文明。相比古埃及和古美索不达米亚等文明，人们尚未对印度河流域文明进行大规模的遥感测绘。要知道，印度河流域文明涵盖印度、巴基斯坦以及其他地区在内的广泛区域，面积远超过古埃及文明或古美索不达米亚文明。

2015年公布的测绘结果让我们有了更多期待。剑桥大学的卡梅伦·皮特里及其团队运用遥感技术与田野调查相结合的方法，以视觉化的形式呈现了印度西北部古遗址与周边河流之间的关系。[40] 利用中分辨率卫星影像，该团队对超过10 000平方千米的古河道进行了测绘。他们创建了景观地形的三维模型，并非常友好地公布了代码，便于所有研究人员使用。[41]

印度理工学院坎普尔分校的阿吉特·辛格和伦敦帝国理工学院的桑吉夫·古普塔共同带领的团队，利用雷达衍生高程模型和陆地卫星数据确定了印度西北部萨特莱杰河（中国境内称象泉河）的一条古河道，在全球范围内引起轰动。在之前的一个多世纪里，考古学家一直认为印度河流域人口稠密的城市聚落依赖于一条发源于喜马拉雅山的主要河流。他们过于自信地宣称，在这条河流干涸或改道之后，城市聚落开始走向衰败，并于公元前2000年至前1900年荒废。

这是一个很有条理的故事，但遥感技术研究成果以及随后的土层样本和测年结果完全推翻了上述假设。新的研究表明，该河流实际上在公元前 6000 年就已干涸，远早于约在公元前 3000 年兴起的印度河流域文明。这表明，印度河流域的聚落之所以出现在已干涸的河道沿线，是因为这里相对安定，可以免受难以预测的洪灾的损害。[42]

对于未来几年亚洲各地的考古发现，我充满期待。在从印度洋前往南非的途中，我们可以坐下来，好好思考一番。届时，我们还需要喝点儿葡萄酒来恢复精神。

我们最早的祖先

这里尘土飞扬，天气炎热。从考古学上讲，非洲大陆的许多地方都没有被测绘和勘探过。自最早的智人出现以来，生活在这片土地上的族群及其文化就异常繁杂，即便只是开个头，也需要极长的篇幅才能详尽叙述。再往前追溯，我们的家谱更像是茂密的灌木丛，而新的古人类祖先化石遗址有时就出现在意想不到的地方。目前，我们对人类起源的了解，充其量只是冰山一角。在我看来，非洲是全世界考古发现的最了不起的前沿阵地。

就东非和南非的广泛区域而言，利用卫星影像进行勘探的时机已经成熟。要知道，全世界最有名的一些早期人类化石遗址就是在这里发现的。这些早期人类遗留下来的生活痕迹是植物而非人工制品。南非金山大学的古人类学家李·伯杰利用谷歌地球发现了野生的橄榄树和臭木树，而在南非，这些树木通常都生长在靠近洞穴入口的地方。[43]这些洞穴或许是早期人类祖先的理想庇护所，而在里面，可能会出土新的早期人种化石。

在肯尼亚的图尔卡纳盆地，理查德和米芙·利基夫妇取得了许多闻名世界的重大成果。值得一提的是，理查德是享誉全球的人类学家路易斯和玛丽·利基的儿子。如今，理查德的女儿路易丝·利基又接过了家族的传承棒。高光谱相机和其他遥感工具或许可以帮助这些探索人类进化的研究人员找到新的遗址。大雨之后或在地质侵蚀的过程中，化石会露出地面；如果这些化石散落在几百平方千米的土地上，那么地面调查员能够发现它们的概率就很小，甚至可以说完全靠运气。

然而，利用高光谱相机创建的高分辨率地图，可以清晰显示化石可能露出地面的位置，便于"按图索骥"式寻找。我很高兴能够与路易丝·利基及其团队合作，并在图尔卡纳盆地运用了类似的测绘方法。尽管我们拿到的只是初步结果，但高光谱相机的确探测到了与其他富集化石区具有相同光谱特征的区域。这类新数据会如何帮助我们理解我们人类自身的进化过程，将是一个重大课题。

津巴布韦的成就

接下来是漫长的陆路跋涉，向东北方抵达我们的下一站。津巴布韦人民的古都大津巴布韦遗址是联合国教科文组织的世界文化遗产。利用高分辨率卫星影像，研究人员最近又对这座庞大的石头城的废墟进行了一次测绘。公元前300年至公元1900年，大津巴布韦有5个不同阶段的文化层。不幸的是，迫于当地的政治形势，考古工作在20世纪90年代不得不全部停了下来。

得益于开普敦大学的沙德雷克·奇里库尔及其团队的努力，考古工作最近得以重新启动。此外，已有卫星数据也显示了先前未曾发现的梯田、未被测绘的墙体以及三条通往该遗址主要土墩建筑群的道路。[44] 利用卫星影像做进一步调查，或许可以让我们更好地了解约200个更小规模的"津巴布韦",即所谓的石头城遗址,比如位于津巴布韦西南部的马佩拉山遗址。这些小型遗址表明该地区在政治上的重要性超出了先前人们的假定。[45]

接下来,我们要去中非地区,重新回到林荫之下。数百万平方千米的雨林经喀麦隆、加蓬、刚果,一直延伸到中非共和国和乌干达。西非地区同样被茂密的植被覆盖着。这里的大多数地方都没有被考古勘探过,而真正意义上的考古工作,现在算起来也不过50年。

由于战争频发,疫病肆虐,再加上基础设施匮乏,在这些地方进行实地勘探是很难的。然而,鉴于当地丰富多彩的历史,再加上在大西洋彼岸雨林地带发现的新遗迹,在考古领域引入激光雷达技术亟待提上日程。谁知道会有什么发现。或许是大规模的农场,又或许是未定义的全新文明的其他迹象。如果让我从全世界挑一个考古目的地,那我一定会选这里,因为这片土地上的发现可能会动摇我们对整个非洲大陆的认知。

熟悉的领地

沿着非洲东海岸北上,一路直达红海,这里也是浮潜爱好者的圣地。清澈的海水中不仅生长着大量珊瑚,还有色彩斑斓的鹦嘴鱼和神仙鱼。当地的海鲜也很棒。马修·梅雷迪思-威廉斯带领的项目团队利用雷达和高分辨率卫星影像,对沙特阿拉伯海岸的费拉桑群岛和厄立特里亚海岸的达赫拉克群岛上的超过4 200处贝丘遗迹进行了考察,其研究结果让我们对这些遗迹有了全新的认识。

这些贝丘就像小山一样,由数十万贝壳组成,最高的可达6米。在全世界靠海吃海的地方,这类遗迹都较为常见。先前,考古学家只发现20处,所以这是一个庞大的信息宝库。这些贝丘各自有着不同的年代，但大多数可能是在 5 000 多年前形成的[46]，这表明在该地区生活的人口比原先所认为的多得多。

接下来，我们要向内陆进发。在沙漠中，穿过两岸满是沙土和岩石的干河床，我们抵达现位于苏丹和埃及最南端的古努比亚。作为非洲最伟大的文明之一，古努比亚所受到的关注却不及它北方有名的邻居，而与之对应的是，它的卫星影像分析数据也较少。20 世纪 60 年代，苏丹国内大坝修建项目导致水位上升，促使苏丹开展了大规模的探测并取得了众多考古成果。如今，类似的大坝工程已经危及广袤的土地，考古学家再一次面临短时间内开展大规模探测的压力。

对于喀土穆以北 350 千米处的两处考古遗址——凯里迈和博尔戈尔山遗址，若是利用卫星影像技术进行探测，则极有可能取得大的发现。考古学家已经确定了尼罗河遗存河道的位置，创建了高分辨率三维遗址地图，并找到了有助于将来调查博尔戈尔山遗址的众多遗迹。[47] 在该地区运用卫星影像技术开展研究的紧迫性不言而喻。要知道，苏丹的这一区域可能埋有数以百计的未探明的遗址，而包括金矿开采在内的开发活动也对它们构成了重大威胁。[48]

在穿越苏伊士运河途经埃及时，我们可以向西眺望尼罗河三角洲。在那里开展考古调查工作时，我有过一些惊险刺激的体验，一辈子都不愁晚宴话题。比如，当地有个男人想让我嫁给他那没有牙齿的儿子，我跟他说他儿子不会喜欢我做的饭，但这位父亲立刻回答："这个你不必担心！他喜欢你煮的汤！"

过了尼罗河三角洲，便是贫瘠的西部沙漠，而这也是通往撒哈拉的门户。面积超过 900 万平方千米的撒哈拉沙漠见证了不计其数的气候变化：从湿润到半干旱再到干旱，循环往复。沙漠横贯 10 个国家，其中大多数区域都是难以勘探的不毛之地，所以在这里寻找隐藏宝藏的最好方

6 伟大旅程

法就是运用卫星影像技术。当然，如果你恰巧是一头骆驼，那当我没说。

目前，莱斯特大学的戴维·马丁利和马丁·斯特里带领的团队正在利比亚西南部开展勘探工作，并在沙漠中找到了超过 180 个墓葬群以及 158 处新的聚落遗址。利用高分辨率卫星影像、无人机以及通过风筝拍摄的像片，项目团队获得了关于加拉曼特人的新见解。被称为"失落的文明"的加拉曼特兴盛于公元前 300 年至公元 500 年。[49] 此外，该项目团队还在利比亚和突尼斯发现了数以千计的堡垒、聚落、道路和耕作区，从而让我们了解到这一地区人类活动的真正规模。

动乱下的遗址

在沿着以色列、黎巴嫩和土耳其的海岸线航行时，你看到的景观同样是这个世界上可以让遥感技术大展身手的舞台。虽然中美洲率先将激光雷达技术应用于考古勘探领域，但中东考古学家也不甘落后，他们发现的遗址的数量之多，令人瞠目结舌。[50] 从考古学意义上讲，我们对这些新数据的解读才刚刚开始。仅在叙利亚东北部 23 000 平方千米的土地上，哈佛大学的一个团队就利用低分辨率卫星影像和数字高程模型对若干不同季节的数据进行分析，进而探测到 14 000 处考古遗址。[51] 目前，中东部分地区处于动乱之中，因而对开展遗址测绘的考古学家来说，遥感技术是保证他们工作不被中断的重要手段。

在阿富汗，澳大利亚乐卓博大学的戴维·托马斯专注于利用谷歌地球进行遗址测绘和规划。他在 2008 年时指出，阿富汗仅有 7% 的国土面积——约 45 000 平方千米具备高分辨率的谷歌地球影像资料。然而，就在如此小的区域内，考古学家已经掌握的遗址数量就有 250 处左右，其中仅 33 处有详细的建筑平面图。要知道，阿富汗全国数据库目前只收录了约 1 300 处遗址。[52]

以前在阿富汗开展考古工作是非常危险的。托马斯讲过 2005 年遇到的事件：在他们团队准备返回喀布尔时，预订的包机却没有出现在机场。如此一来，他们只能开车回去，整个行程近 500 千米。夜间经过一个村庄时，他们差点儿撞上了停在路中央的一门加农炮。当托马斯问航空公司为什么没看到包机时，对方告诉他，"意外总是难免的"。[53]

托马斯团队对中世纪的 45 处遗址进行了勘探，其中仅有 8 处有可用的平面图。同时，他们利用卫星影像资料对地面遗迹进行了绘制。此外，他们还发现了另外 451 处遗址，包括营地、大坝、围墙、民居和小村落。据此计算，仅在雷吉斯坦沙漠地区，遗址分布密度就达到每平方千米 0.32 处左右。阿富汗国土面积约为 64.75 万平方千米，如果全国的遗址分布密度大致相同，那么这片土地上还约 207 200 处遗址。

这一点儿也不令人意外。阿富汗位于东西方交会的十字路口，古代是霸主的必争之地。[54] 在该国开展考察工作的芝加哥大学的阿富汗遗址测绘项目团队，已经发现了众多新的聚落、商队驿站以及残存的古河道，总量是已知遗址的 3 倍多。[55]

跟随商队往西出发便可抵达约旦。虽然约旦的国土面积约为阿富汗的 1/8，但它同样具有丰富多彩的历史。在过去的 30 多年里，西澳大学的戴维·肯尼迪和牛津大学的罗伯特·比利利用数以万计的航摄像片在这片土地上开展考古工作。[56] 在约旦西部的一个地区，他们发现了超过 25 000 处新遗址。要知道，在该地区，约旦文物部原先只收录了 8 680 处遗址。按照两位研究人员的估计，此地遗址数量可能有 10 万处。[57]

如今，谷歌地球高分辨率的影像已经基本覆盖约旦全境，肯尼迪和比利通过"中东和北非濒危考古"项目继续开展相关研究。项目设在牛津大学，旨在掌握整个地区内可能会对遗址造成威胁的各种风险因素。[58] 由约旦文物部提供支持的"中东文物地理数据库：约旦"（MEGA-Jordan）网站[59]，收录已知遗址超过 27 000 处。[60] 换句话说，这表明其遗址分布密度约为每平方千米 0.3 处，而这还只是已知遗址的数量。

全球遗址测绘比例最高的国家

我们继续东行，到罗马尝一尝意式冰激凌和意大利面。该是伸伸腿休息一下的时候了——我们已经走了大约 6 万千米！

从某种意义上讲，意大利本身就是一个规模庞大的考古遗址，因为数千年来一直都有众多人口居住在这里。环境分析方法研究所的罗萨·科卢齐和罗莎·拉萨波纳拉带领的团队，利用激光雷达技术在意大利南部地区发现了一个地下埋有建筑物的中世纪村庄[61]，并测绘了普利亚大区的古河道。[62] 此外，在多光谱图像、航摄像片和地基遥感技术的帮助下，该团队还测绘了威尼斯潟湖附近的罗马古城阿尔提努姆的详细轮廓。[63]

欧洲一向都有利用遥感数据开展工作的传统，而当地的很多考古学家也是卫星影像技术的早期实践者。尽管欧洲的广大区域都已被详细测绘过，但我们还是不断收获惊喜，比如发现新的丘堡、古罗马庄园和中世纪教堂。

穿越地中海，朝北前行，我们已经接近此次旅程的终点。

如果我们讲英国人喜欢地图和测绘，那是一种轻描淡写的说法：英国是世界上测绘最详细的国家之一，它甚至还强制伦敦的出租车司机熟记"知识大全"并参加测试，而这个所谓的知识大全包括超过 25 000 条街道的名称以及 20 000 处名胜古迹的所在地，外加这些景点之间的 320 条线路。[64] 一个人通常需要三四年的时间才能通过测试。

因此，英国收录超过 19 万处国内考古遗址[65]，这一点儿也不令人意外。对一个面积约为 24.41 万平方千米的国家来说，这显然是一个庞大的数字。目前，英国的测绘工作仍在继续，比如位于兰开夏郡的 17 千米长的古罗马道路。[66] 时至今日，这个国家的很多地区都已经有了可用的且可追溯到 2008 年的激光雷达数据，分辨率从 25 厘米到 2 米不等。这些数据集不仅有助于研究人员进一步了解已确认的遗址，也在改变英国的考古学。2018 年夏，由于降雨量出奇少，全国各地田野中出现了大量作物标志，进而促使考古学家采用无人机捕捉这些稍纵即逝的痕迹。[67]

在英吉利海峡另一侧的比利时，研究人员借助激光雷达技术，在森林下面发现了一处可能是铁器时代的丘堡以及克尔特人的田地及墓葬复合区。弗兰德斯遗产局的团队通过该技术将野生动植物的管理与遗址的保护有机结合起来。[68]

水下考古

在穿越大西洋返回纽约途中，不妨把目光投向海洋深处。如果不指出水下考古有巨大潜力，那么我就会错过我们的"第八大洲"。受水面的光反射和水的流动的影响，卫星无法透视深水区，但水下遥感技术的前沿应用正在取得进展。专家表示，在全球范围内，目前有待发现的沉船多达 300 万艘。在深水区搜寻沉船以及因地震或水位上升而被淹没的遗址，可以说是困难重重。要想发现各种水下遗迹，卫星和无人机或许是最划算的工具。

谷歌地球是一个简单却非常宝贵的工具，它曾经在威尔士海岸拍下一个有千年历史的石制渔栅的影像。[69] NASA 的科学家早已知晓，利用陆地卫星 8 号免费的低分辨率影像，通过识别"沉积物卷流"——海水流经被淹没的物体时将海底的泥沙推向海面而形成的水流纹——在沿海水域寻找沉船。[70] 在美国北部地区，研究人员部署无人机寻找休伦湖水下的沉船。[71]

由于上述影像只能捕捉海岸沿线的遗迹，所以 OpenROV [72]之类的水下无人机将会在考古发现和沉船测绘方面发挥重要作用。顺带一提，OpenROV 这种机器，大小相当于一般的公文包，任何人都可以购买和使用。未来，卫星影像中的额外光谱波段或许可以帮助我们提升洋底和湖底的测绘水平。若是在希腊群岛开始任何相关的工作，我会第一个报名参加。你们都知道，这对我来说可是不小的牺牲。

还有什么等待我们去发现

让我们重述一遍本章一开始提出的问题：全球范围内，总共还有多少遗址等着我们去发现。这样一个问题的估算结果，可能会推动新一代的探险者行动起来，同时也会促进考古技术的新进展。

简单来讲，从亚洲先前未测绘地区的大规模发现，到利用新的激光雷达数据在测绘化水平较高国家发现的遗址，我们就知道这个数量非常多。这些还仅限于遥感技术可见的大型遗址，并不包括小型遗址，后者仍需要目光敏锐的田野调查才能找到。

在我们这颗星球上，适于居住的土地面积约为 4 000 万平方千米。光是看前面我们已经探讨过的各个国家以及其他地方的大型遗址的密度，就可以得出这样一个结论：每平方千米的遗址分布密度在 0.3 到接近 1 之间，不过这还取决于各国对遗址构成的界定。根据公开发表的大型区域的调查结果,即便按照最低的分布密度计算,推至全球,也有1 200万处遗址有待我们发现。

根据这一数字以及我所知道的接下来几年将要发表的成果来看,我斗胆做如下推测。

我认为全球范围内尚待发现的考古遗址超过5 000万处,这既包括大规模的聚落又包括小型的营地,既包括陆上的又包括水下的。这还只是我的保守估计。

考古发现的规模之大、速度之快,使得我们能够提出全新的重大问题,同时也推动我们迈入考古的黄金时代。然而,相比未来我们利用更先进传感器取得的成果,现在的这些就有点儿小巫见大巫了。试想一下,如果有一天我们在太空中有了类似于激光雷达的激光测绘系统,那么我们就可以测绘地球上所有被植被覆盖的土地。

作为人类,我们已经在这个世界上延续了13 800个世代,而在过去的5万年里,可能有1 080亿人在这里生活过。[73] 因此,我们可追溯的人类活动非常多。从考古学上讲,我估计10%的地表面积已经被勘探过,也就是说,有大约3 600万平方千米的适宜居住的土地尚待勘探[74],而这还不包括水下沉船以及海底、湖底和河底。当然,我可能会大错特错,未确认遗址的数量可能远高于也可能远低于我的预估。我现在就指望着你们中有人能证明我错了。

当我们对考古遗址在全球的分布情况及其类型有了更好的了解,并可从遗址表面和地下收集数据时,我们将能够获得更多的洞见,即文明是如何发源、兴起和崩溃以及靠着自身韧性复兴的,而这背后的原因又是什么。

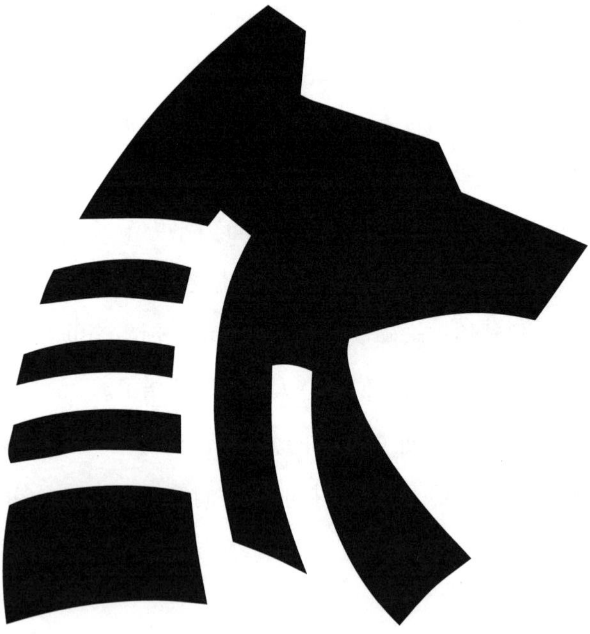

帝国覆灭

古埃及女性梅莉特的一生与一个时代的落幕。

7

现在已经走访完世界各地的考古发现，我想你可能还在倒时差。让我们暂且在米娜宫酒店休息一会儿，喝杯酒。从这家酒店奢华的庭院，可以看到高耸的吉萨金字塔。拉一把带有厚实软垫的椅子，在低黄铜材质的桌子旁坐下。戴着红色塔布什帽的服务生会帮你点餐。在外面忙碌一整天后，我喜欢喝冰镇的木槿汁——新鲜爽口，而且酸中带着一点儿甜。

回顾过去以及过去给未来的启示

金字塔屹立至今有超过 4 700 年的历史，原本的石灰石外层早已脱落。然而，即便是在雾蒙蒙的日子里，它们也依然吸引着 5 英里之外开罗闹市区的人们的目光。看到金字塔，我们总是禁不住问一些问题——有关于古埃及的，也有关于我们自己的。比如，为什么规模如此庞大的金字塔建造工程停止了；再比如，为什么古埃及文明会在古王国时代兴起，为什么最终又会衰落，以及为什么在中王国时代复兴；等等。

我们也想知道，在我们所处的这个时代，有什么东西能够在未来几千年里持续存在。在金字塔面前，我们的短暂无常暴露无遗，我们该如何在一个比以往任何时候看起来都更为动荡的世界里立足，其实它们是给我们提供了经验教训的。

当这些纪念性建筑像闪闪发光的白色哨兵矗立在尼罗河畔时，古埃及人当然不会想到它们最终会沦为空洞的永久废墟。在一个日趋复杂的世界里，他们为了生存而忙于日常的各种事务，比如建工程、做买卖、做计划和学习知识。同现在的我们一样，他们也会在墙上写写画画，也酷爱猫。

从太空望向地球并收集各种洞见，然后设身处地地想一想古人的生活，这会给予我们思考问题的不同视角，特别是当你坐在米娜宫酒店的酒吧里眺望沙漠时，因为那里有一个规模庞大的墓区，隐藏着关于古人生活的无尽线索。

把线索编织成故事

从人类的遗骸中，我们可以推断出一个人的生平，比如在易卜拉欣·阿瓦德台形遗址出土的那个可怜女子的遗骸。我们称她为"梅莉特"，意为"至爱"。没有人知道她的真实姓名，发掘出来的只是一具成年女性的尸骸。你永远都不知道你会在地下发现什么，或是某一发现会让你讲出什么样的故事，尤其是当你在米娜宫酒店喝上几杯绝佳的金汤力之后。

坐在岸边的梅莉特一边在运河里摆动着双脚，一边将芦苇秆缠绕在一起。再缠一圈,这样船头就固定好了,准备航行,或是竞赛。

"快点儿,小妹!我们的早就弄好了!"

梅莉特大声喊着,让特提先出发。比她年长两岁的特提干什么都想赢。他引导着小船在鸟儿成群的纸莎草荡中穿行,驶向岸边的浅滩,国王的牛群也会来这里饮水。"梅莉特,现在就出发!否则我把你的船踩进水里!"

远处传来一记重击声——梅莉特的哥哥塞尼布不知用什么东西打到了特提,但特提还在咯咯笑。

"你敢,看我不打死你!"梅莉特大声回击道。在5岁左右的时候,就算是拿棍子对打,她也不落下风。她把小船放入潺潺流水中。

顺流而下,只见岸边牛尾摇摆,牛角晃动。在她父亲的驱赶下,皮毛闪闪发亮的牛群不时溅起水花。她挥了挥手。

"小家伙们,别让鳄鱼把妹妹吃了,"父亲喊道,"也别忘了割点儿草喂牛。你们要是不干活儿,可换不来肉吃。"

"好的,父亲。"他们嘟囔道。特提把他的小船捞了起来。

"你之前还说要是我们自己有地就好了。"

塞尼布翻了个白眼,用力拧着短裙的褶边。

"所以,最好没有什么东西可以卖给庄园?"特提思索道。他一边走着,一边心不在焉地揉着肚子,梅莉特走上前去,挽住他的胳膊。

他们的房子就在附近,穿过王室的牧场、棕枣树林以及他们自己家的一小块地就到了。一座座泥砖房错落分布,从城墙一带一直延伸到山坡处,远离每年都会泛滥的洪水。在神庙和诺马尔赫府周围,这样的民宅数以千计。

在紧挨着房子而建的马厩中,一头驴正在打盹儿,塞尼布顺手抓了一些草料给它。母亲正在屋子里准备午饭。等父亲回到家后,他们围坐在一起吃面包和炖菜。

"霍特普，你会带梅莉特一起去城里吗？"母亲一边问，一边面带微笑地看着正着急忙慌地吃最后几颗豆子的特提。她瞥了一眼仅有的另一个房间，看向织布机上尚未织完的亚麻布。父亲点了点头。

稍晚时分，梅莉特紧抓着父亲的手，穿过狭小的街道，走向由努比亚士兵把守的诺马尔赫府大门口。一名士兵朝着梅莉特挥手，但并未离开自己的岗哨。

"是来纳税吗？"一名书记员在看到他们进门时问道。

进入郁郁葱葱的庭院，父亲俯下身来，叮嘱梅莉特。

"孩子，待在这里，别惹麻烦。"他低声说道。

父亲并不矮，但置身于诺马尔赫府之内，他又显得非常渺小。这座府邸的建筑高度是他们自家宅院的三倍，宽度也超过他们自家的田地。梅莉特蹲了下来，盯着跷腿而坐的书记员看。书记员把账簿摊在膝上。他们身着价格不菲的短裙，而缝制这种短裙所需的织物，正是母亲要教梅莉特织的。这时，一个穿着亚麻衣服的男子走了出来，这种布料非常精美，衣服下面的肚脐看起来像是张开的大嘴。

他站在书记员一旁，胸前镶有金珠的衣领闪闪发亮。

"国王对今年的税收十分满意。他会赏赐一块萨卡拉（Saqqara）的墓地给你们领主。"一名正指导下属修改错误的主管抬头说。

"真的吗，大人？请允许我们致以最谦卑的谢意。"但这名主管并没有起身，很快又埋首于数字之中。官员尴尬地愣在原地，然后怯生生地离开，其间还瞄了士兵一眼。

"快过来，梅莉特！"父亲伸手把她抱在怀里。她笑了起来，然后咬了一口父亲递给她的糕饼。"是诺马尔赫给的。"父亲笑着说，"现在，我们要不要去跟你哥哥比赛划船？"

繁荣昌盛的古王国时代

梅莉特和她的家人生活在古王国（约公元前 2700 年—前 2200 年）晚期一个相对和平与繁荣的年代。在这段漫长的岁月里，我们看到了国家权力的全面提升和巩固，而在今天开罗以南的孟斐斯[1]，国王以神在凡间的化身统治全国，同时监督必要的基础设施的建设，实现民众与资源的大一统。[2] 古埃及著名的官僚体系逐步建立，书记员、行政官员以及建筑师和匠师成为古埃及社会结构的基本组成部分。

大规模的金字塔建造工程始于第四王朝，首先竣工的是斯尼夫鲁国王（公元前 2615 年—前 2589 年）下令在代赫舒尔建造的红色金字塔，而该金字塔也成为王室陵墓设计的参考标准。随着国家力量的迅速发展，再加上国内大兴土木，古埃及不得不走上对外扩张的道路：斯尼夫鲁多次派遣远征队前往西奈搜寻铜矿和绿松石，前往努比亚搜寻黄金，以及前往黎巴嫩搜寻杉木。第五王朝（公元前 2498 年—前 2345 年）较第四王朝有过之而无不及，其派遣的远征队甚至到了蓬特（亦称普特）等地。蓬特可能位于今天的厄立特里亚境内，是当时贸易商和使节云集的地方，黄金、熏香和狒狒是当地主要的交易物。

古埃及国内的财富也在急剧增长。尼罗河三角洲一带的养牛场的建立，可以让王宫以及金字塔的建造者定期获得牛肉，同时也为梅莉特这样的家庭创造了世世代代的就业机会。王室所辖的农业聚落，包括丧葬祭礼，养活了成千上万的劳动力，并仍能产生盈余。[3]

为管理日趋复杂的国家行政事务，特别是税赋，古埃及建立了诺姆制度，将全国划分为 22 个上埃及诺姆和 20 个下埃及诺姆。诺姆类似于现在的州，由诺马尔赫统辖。[4] 诺姆一词的最初含义或许是指可以养牛的良好牧区，类似于梅莉特及其家人生活的地方。由此可见，牛及其健康是非常重要的。

但在王室鞭长莫及的地方，地方长官也在培植自己的势力。国家权力结构的变化与分权始于国王吉德卡雷·伊塞西（公元前2414—前2375年）统治时期。在此之前，各地方长官会在王室金字塔周边修建自己的墓地，以这种表达忠诚的方式来壮大自身势力。之后，他们则选择在所辖诺姆内修建墓地，而且启用私人丧葬祭礼规制。平民也开始获得原本只有王室和贵族才能享有的宗教特权。

在更遥远的南方，努比亚开始展示肌肉，宣示武力。到第六王朝时，新的和更强大的努比亚文明已经崛起，而执掌外交权力的也不再是国王任命的官员，而是阿斯旺地区的诺马尔赫。

到佩皮一世（公元前2321—前2287年）上台时，自吹自擂的地方长官开始大规模修建富丽堂皇的墓地，肆无忌惮地炫耀财富和权力，而国王修建的金字塔则规模越来越小，一代不及一代。对王室来说，刻在墓室墙壁上的密密麻麻的神秘金字塔铭文是至高无上的荣耀。[5] 然而，铭文所费人力较少，而且是刻在墓室里，不为人所见，其彰显力远不及早期规模宏大的纪念性建筑。

最终，被逼无奈的佩皮一世只得放下身段，迎娶上埃及阿拜多斯的地方官员的女儿。这看起来是一个非常精明的决定，但佩皮一世并不总是这么英明：他竟然豁免了代赫舒尔的斯奈夫鲁丧葬祭礼税。要知道，王室的丧葬祭礼税是一项非常宝贵的资产，轻易不会削减或免除。

佩皮二世（公元前2278年—前2184年）6岁即位，统治古埃及近一个世纪，其间，可以说是"淤泥一点点淹没了冲积扇区"，最终演变成一发不可收拾的局面。更多的税收豁免让国家财富大幅缩水，并导致中央政令不畅。各诺姆的统治变为世袭制，诺马尔赫不再由国王任命。更糟糕的是，佩皮二世派往努比亚和西奈的军队被大规模屠戮。任何扩张的想法都成了痴人说梦。

最终的疆界

在红海海滨一带，也就是西奈西海岸，有一座古王国时代的堡垒，其最能说明古埃及对外扩张步伐的终结。2002—2010 年，我有幸跟随格雷戈里的团队在当地开展考古工作，但后来西奈局势变得动荡起来，仿佛又回到了古埃及的中间期。说实话，这是一处很美的遗址，我们非常期待有一天能够再回去。该遗址是圆形的石砌建筑，直径为 40 米，墙体厚达 7 米，北侧墙体高度超过 3 米。每年在采掘铜矿和绿松石期间，古埃及派遣的一支远征队就驻扎在这里。[6]

古埃及各领域的长足发展创造了对具有异国情调的原材料的巨大需求。任何有经济实力的人都想拥有由绿松石制成的护身符或珠宝，因为绿松石是爱神与生育之神哈索尔（Hathor）的圣物。至于铜，则更不用说，从石匠的凿子和木匠的工具，到刀斧，到镜子和剃须刀等个人用品，再到雕像和容器等宗教礼仪用品，乃至化妆品，无一不用到铜。从某种意义上讲，古埃及是建立在铜矿而不是石头之上的。矿山对古埃及至关重要。

在对这座独一无二的堡垒进行田野调查期间，我们估计，在其遭遇灾难性的风暴潮袭击并被部分毁坏之前，这里至少驻扎过四五支远征队。顾名思义，"风暴潮"是指极端天气在红海掀起的滔天巨浪。临海一侧的墙体上面覆盖有类似于水泥的盐雾涂层，而西侧的防御工事（或者说码头）则有一部分被掀翻打烂，破碎的建材中混杂着海滩沙砾和贝壳。

或许是为了防止那些可能带有敌意的当地人重新利用堡垒，也或许只是迁址重建，古埃及人在公元前 2200 年之前将部分堡垒建筑拆除。他们把南侧墙体的厚度减至 20 厘米，封堵了西侧入口，并用葡萄柚大小的鹅卵石把内部通道入口封死。此后，堡垒便被废弃。

事后来看，他们这样做一点儿都不意外。考虑到风暴潮对堡垒造成的严重破坏，再加上远征队对埃及派遣增援部队的信心不足，他们适时地选择撤回本土，而等待他们的将是一个不确定的未来。说真的，我们找到的可能是古王国时代结束前埃及最后派遣远征队前往西奈采矿的证据。

在佩皮二世统治末期，埃及政权日趋脆弱，最终到了只需一根稻草就能让中央政府垮台的地步。

"梅莉特，不是那里，"塞尼布一边说，一边猛地把锄头拉回，而此时的梅莉特刚好从一个泥堆跳向另一个泥堆，"也不是那里。"

正在清理沟渠的特提咧嘴笑了起来。他的另一颗门牙最近刚掉。梅莉特咯咯地笑着，跳到干的地面上。

"孩子们，"父亲气喘吁吁地说，"我们今天必须锄完地。"炎炎夏日，身材瘦削、肌肉结实的他正卖力锄地，汗水已经浸湿了全身，而他被晒黑的皮肤就像脚下的土地一样黑。"梅莉特，去拿点儿水来。"他又吩咐道。

梅莉特在一棵西克莫无花果树下找到了水罐。灌溉渠一直延伸到河边。土墩群是用来拦截水流的——洪水泛滥导致水位上升后，宝贵的水就会被截流，作为灌溉用水；早在塞尼布出生之前，他们就这么做了。

当天晚上，母亲特意准备了酒犒劳他们。她把乌黑的鬈发绾成结，听着丈夫讲幼稚的笑话，忍不住笑出声来。油灯映照着她的笑容。睡下之后，梅莉特一直在想为什么母亲的牙齿上会有黄褐色的斑纹，而自己的牙齿却光洁平滑。

"小妹，起床了。"

她眨了眨眼睛，发现自己确实已经睡了很久。

"特提？"

他扶她坐起来，然后指向窗外："快看，索普德特（天狼星）又升起来了。洪水很快就会来到——我们可以比赛划船，一路到无花果树下。"她用力睁大眼睛，盯着天上那颗最亮的星——从不骗人的索普德特。

第二天，镇上的人聚集到河边，祭司查看立柱上的水位刻度，但没有发现任何与洪灾相关的迹象。

一个星期后，在同一地点，人们紧抱着孩子，沉默不语，而祭司看起来也是脸色苍白。回家途中，梅莉特和家人经过一艘停靠在码头的船，上面装满了散发着香味的木材。整个码头有一半地方空着。一位表情严肃的显要人物和一支分遣队从船上下来，直奔诺马尔赫府，同时一名甲板水手把船锚定在岸边。出人意料的是，父亲竟然跟那位显要人物打起了招呼。

"纳赫特？我们有多久没有见面了？"

"霍特普！"两位朋友拥抱在一起。"很多年了，上次见面还是去比布鲁斯之前，"他皱起眉头看着船上的杉木，"我真不知道还搞这些干什么。国王的时代已经过去了。"

"孟斐斯那边的情况是不是很糟糕？"

塞尼布走到附近，侧耳倾听，梅莉特却拉起了特提的手。两人沿着石阶往下走，然后在立柱旁边蹲了下来，用手指测量水面至立柱第二低刻度之间的距离。

"母亲！快来看，水位真低！"

但母亲似乎并不在意，依然凝视着下游的墓区。

父亲把手放在塞尼布的肩上，和他一同走了回来。这个年龄略长的孩子的表情，跟那位显要人物一样凝重。

"特提，赶紧走了。你俩一起跟我去谷仓。"

"但谷仓是满的啊。"塞尼布说。父亲摇了摇头。

"你们该学着怎么仔细量谷子了。"梅莉特抬头望向母亲，同时也感觉到母亲的手越攥越紧了。

"亲爱的宝贝，我也得教你织布了。"

三角洲的聚落模式

至此，我们需要把镜头拉远，以便进一步了解梅莉特的家乡——易卜拉欣·阿瓦德台形遗址在我们的故事中的重要性。21世纪初，我在尼罗河三角洲开展的遥感项目，只不过是加深了我们对先前已经发掘和调查过的700处考古遗址的认识。2003年夏，就在发掘特比拉台形遗址的同时，我们利用周末的时间外出考察，以便实地确认我的发现，而这也给我们带来了宝贵机会，得以对遗址周围50千米乘60千米的更大区域内的聚落模式进行勘探。

我并没有将注意力局限在卫星影像重点显示的那些"新"遗址上，而是对部分已知遗址展开调查。然而，其中很多遗址只不过是地图上标注的一个点，没有任何断代、定年信息。对这些近乎"一片空白"的遗址进行田野调查是很有助益的。在此过程中，我们可以收集和记录遗址表层的陶器以及其他任何可见的物质文化证据，进而对它们的年代进行测定。

然后，我开始在其他遗址寻找类似证据，即通过已知遗址的定年证据来进一步确认我的发现。这些已知遗址不仅包括我调查区域内的遗址，也包括整个三角洲地区的遗址。这是针对该地区开展的第一次大规模的聚落模式调查，但结果令人困惑。

从在三角洲东部收集的所有证据来看，我们知道29处考古遗址有古王国时代的遗存。[7]这些聚落证据印证了古文本的记载，也表明随着国家的进一步繁荣与稳定以及国力的持续增长，古王国时代的版图也在不断扩张。但当我查看古王国时代终结后的动荡时期内的遗址证据时，我仅发现了4处聚落遗址。在整个三角洲，东部和西部都算上，我们发现在公元前2160年至前2055年，古王国时代的遗址从36处骤降到第一中间期的11处。

在我负责调查的区域内，一定发生了某件事情，导致古埃及人大规模迁徙，最终聚居到4个地方，并在那里艰难谋生。位于特比拉台形遗址以南的地区首府门德斯，有一个明显属于该时期的居住区。[8]另外，在沙鲁法台形遗址（Tell Sharufa）[9]和阿赫达尔台形遗址（Tell Akhdar）[10]的表层发现了陶器碎片，在梅莉特及其家人的故乡——易卜拉欣·阿瓦德台形遗址发现了一个墓区。[11]基于此，我开始对所有的考古和文本数据进行筛选，试图找到这些地方仍有人居住的原因所在，而这个问题的答案对古埃及伟大的金字塔时代为何以及以何种方式走向终结具有极其重要的意义。

男人们用手接力传送水罐，用以浇灌缺水的作物。剩下的牛也要喂。这些牛瘦骨嶙峋，被蚊虫叮咬的肩胛和臀部又红又肿，满目疮痍。10岁的特提和12岁的塞尼布一起用力，刚好可以搬动父亲传送过来的巨大水罐。除了劳作的人群，田地里似乎什么作物都没有生长过，只有一些连牛都不吃的荆棘和生命力顽强的杂草。天黑之后，他们就没有办法再浇地了。

先前用来种植草料的地方，此时只剩灰土。每每起风，就会看到更多尘土扬起。梅莉特没空去帮忙——跟织布机前的母亲一样，她从早到晚忙着织布。

低降水量年份的日子并不好过。上一年夏天河水上涨时，谷仓里早已空空如也。接下来的一年，情况有所好转，百姓得以喘息片刻。但一个月前，当天空中明亮的索普德特给这个城镇带来希望时，洪水未如期而至。

诺马尔赫从运送水的人龙旁边大步走过，身后跟着一名书记员。突然，他停下脚步，站在原地。

"霍特普，我考虑过你的想法。"他轻声说道。

父亲躬身低头："谢谢大人。如果我们可以修复上游的运河……"诺马尔赫点点头。书记员随后将空白的莎草纸摊开，并蘸了蘸笔，等待诺马尔赫的指示。

"通往牧场的运河归王室所有。"父亲紧闭双眼，瘦削的肩膀也紧紧绷起，费力地将手中的水罐传送给塞尼布。

"对不起，大人。我不该这么说……"

"如果国王不派人来，我觉得我们没有理由不去修复它们。"父亲抬头说道。

"我们是不是可以开一个口子，把水引流回高地？"诺马尔赫表示赞同。但就在此时，传送中的水罐从特提手中滑落，水洒了一地，溅到诺马尔赫脚上。塞尼布低声斥责，特提脸一下子红了起来，赶忙鞠躬道歉。诺马尔赫微笑着，上下打量着这两个看起来比瞪羚还精瘦的孩子。

"霍特普，如果让俩儿子干大人的活儿，那么就应该给他们大人的口粮配给。"诺马尔赫继续沿着队伍往前走，同时向书记员示意，后者飞快记下。

几天之内，诺马尔赫就组织好了工程项目。很快，作物就开始生长，而牧场也恢复了往日的绿色。在收获季节到来时，由于很多人都参加了新运河的修建，所以家家户户都得到充裕的配给，谷仓中堆满了粮食。

在菜园里除草的梅莉特停了下来，稍事休息。得益于父亲和塞尼布参与开挖的新沟渠，菜地湿润，各种蔬菜的长势很好。由于身体瘦弱，她很快就感到疲惫，然后深呼吸，露出尖牙，整个人倒映在沟渠的黑色的水中。跟母亲一样，她的牙齿上也有了斑纹。梅莉特笑了起来，似乎又有了可以跟母亲分享的事。时间飞快，三年转瞬即逝。虽然个子依然不高，但此时的她已经是一名熟练的织工。

"宝贝，你弄完了吗？过来帮我穿一下经纱。"喊声穿过门道，飘过空荡荡的马厩。

"就来了，母亲。"她又拔掉了一棵与蔬菜抢水分的杂草，然后站起身来。

她眯起双眼。尘土从田地另一边的道路上扬起，就像鸵鸟的羽毛一样。

"母亲！母亲，快来！"

她们赶忙爬上平屋顶，朝远处望去。从北到西，路上挤满了人。一家又一家，有的只剩部分家庭成员，有的随身携带家当，但大多数人已经没了力气。每一个人都瘦得皮包骨。看到这一切，母亲伸手捂住了嘴。

"梅莉特，你还记得我们在墓地是如何祭奠你姑姑的吗？"梅莉特皱起了眉头。母亲压抑的声音听起来非常怪。

"没长大的姑姑吗？"

"是的，宝贝。她们当时还没有你大。现在你知道她们去世的原因了吧？"她一边说着，一边抹了抹眼角，"来吧，我们都是尼罗河的孩子。我们必须准备点儿吃的，送到城镇入口处。"

"但塞尼布说我们谷仓里的粮食还剩下不到一半了……"

"你想让我们的心失衡吗？我们必须坚定地站在玛阿特一边……即便国王站在她的对立面。"她说完，转身走向楼梯。

如果尼罗河干涸……

你可能听说过，古埃及是古代世界的粮仓。若真是如此，那么尼罗河就是古代世界的烘焙店。长期以来，埃及这个国家的财富就与尼罗河及其运河以及尼罗河流域的农田和沙漠资源紧密交织在一起。[12]

青尼罗河发源于埃塞俄比亚高原的塔纳湖，而白尼罗河则流经更偏南的维多利亚湖，两条河在苏丹的喀土穆汇流。[13] 由于赤道多雨区几乎每天都会降雨[14]，所以尼罗河常年有水，但位于撒哈拉以南地区的上述两个湖泊，靠的是一年一度的季风降雨——每年的 5 月下旬到 6 月在亚洲生成，然后移至非洲地区。随着湖泊水位的上涨，尼罗河各支流出现洪水泛滥。

在阿斯旺，1902 年和 1970 年分别建成两座水坝，用以控制洪涝灾害。在大坝建成之前，季风雨会向北移动，注入埃及境内的尼罗河。时至今日，在阿斯旺古老的象岛仍可以看到测量水位的建筑结构——尼罗河水位计，而在开罗的劳代岛，精心装饰的伊斯兰时代的尼罗河水位计也表明了长期以来人们对洪水的重视程度。每年的洪水位，无论高低，都会被记录下来。另外，日常水位也有相应记录。

洪水无疑会给人类带来巨大破坏，但适中的洪水位意味着更好的收成、更多的渔获，以及更丰美的牧草，因为洪水不仅可以浇灌土地，还会带来淤泥，增加土地的养分。如此一来，洪水位也就会直接影响王室的财政收入：洪水位的高低决定了税收的多寡。

沟渠和运河系统可以扩大农耕面积，但在洪水位较低的时候，这个原本规划良好的系统就失灵了。如果来自印度洋的季风雨较弱，那么埃塞俄比亚高原的降水量就会大幅减少，而这也就意味着埃及的洪水位会降低，进而导致作物减产。饥荒并不总是不可避免的：诺马尔赫以及当地的高级官员都会在自己的墓志铭中颂扬自己在管理宝贵的水资源方面的功绩。

尼罗河向北注入地中海，途中7条支流在埃及三角洲形成复杂景观。在沉淀淤泥的作用下，冲积平原每1 000年会被抬高1米左右。这是一项重要证据，表明这里每年都会发生洪水，而泛滥的洪水不仅会冲积泥沙，还会给土地带来养分。[15]古代的聚落围绕河道而建，原因就在于周边有农田和贸易路线，当地交通便利或者有区域性的交通要道。

如果尼罗河的洪水位没有达到理想的高度，那么分布在支流沿岸的小型聚落就会衰败凋亡，就像失血后的附属器官一样。[16]

洪水没有达到理想的水位。一年过后，依然如此。就在石匠为诺马尔赫建造另一间宏大的墓室时，父亲也为特提挖了一座坟。

他尽量把墓穴挖得齐整一些，但问题是从旧墓区延伸出来的一片异常坚硬的土地，已经被其他很多墓穴占据了。在城墙外面的难民巷里，秃鹫和野狗随处可见。

"特提不会落到这地步。"父亲一边磨着坏掉的镐头，一边咬牙切齿地说道。他已经没有东西可以跟人交换一把好的镐头了，现在到处都缺铜。

日落时分，母亲把已经用亚麻布紧紧裹好的特提的尸体放进土里。亚麻布是她亲手织的。抱着这个13岁的孩子的尸体，她似乎感觉不到重量。

他们用石头将满是尘土的墓穴填起来。这时，一个身影大步朝山上走来，后面跟着一队士兵。

"霍特普，绘图员已经跟我说了。是哪个……"诺马尔赫朝霍特普身后望去，看到的是表情空洞的塞尼布和脸颊消瘦的梅莉特。梅莉特个头很小，看起来还不如一个8岁的孩子高，但实际上她已经满12岁了。她那双深色的眼睛空洞无神，直勾勾地盯着诺马尔赫，哀怨又充满愤怒。

"是我的小儿子，大人。"父亲一边说着，一边鞠躬行礼，慢慢起身。塞尼布的眼睛一直盯着那些石头。

"但我特意嘱咐多拨了一些谷物给你们……"

"是的，大人，我们非常感激您。但那已经过去很久了，早就不够了。"

"愿众神慈悲。为什么不跟我多要一些呢？"

"那还不是得从其他人的饭桌上拿吗？"

诺马尔赫环顾整个城镇，在梅莉特的注视下，他显得很不自在。"大人，听一位祭司说，他们已经不再供奉蛇神了。田里已经没有蛇了。老鼠也没有了。它们都被吃光了。"目光呆滞、面容憔悴的母亲用手揽住了父亲。

梅莉特看到诺马尔赫咬紧牙关喃喃低语着。微风吹拂着一名士兵束发带上的鸵鸟羽饰。梅莉特抓住母亲的手,回想起那天在屋顶看到的情景。这个城镇的慷慨并没有改变任何事情。诺马尔赫干咽了一下。

"看来得从我的盟友那里寻求支持,他们的运河里还有水。霍特普,带着你的家人往南走,帮忙守护好我们的谷物。我知道你是一个正直的人。"

第二天,他们带着仅剩的一点家当出发了。梅莉特回头望着墓区,向特提保证她一定会回来。

古王国时代的终结

随着佩皮二世跨越4个世代的统治陷入僵局,宏伟的王室建筑项目成了遥远的记忆。这些建筑对现在的我来说,象征着权力和荣耀转瞬即逝的本质。古王国时代的统治者原本拥有至高无上的权力和荣耀,但这一切都已经被他们耗费殆尽。继任者只能将就,得过且过。目前已知的留存下来的第八王朝(公元前2181年—前2161年)[17]的金字塔只有一座,而且规模很小,属于国王卡凯拉·伊比(Qakare Ibi)。

古埃及政权摇摇欲坠,随后分裂成两个统治群体,因为各地方长官也建立了自己的军队。第八王朝定都孟斐斯,第九王朝和第十王朝(公元前2161—前2010年)在开罗以南约100千米处的赫拉克利奥波利斯定都[18],而其他统治中心则包括卢克索(底比斯)以及更偏南的穆阿拉和伊德富[19]。这些地方统治者以联姻方式结盟,并通过日益积累的财富支持当地色彩独特、特性迥异的多元化艺术的发展。大权旁落的国王已经变得无关紧要。

古埃及将不再是以前的埃及。

一个时代的终结

对于古王国时代是如何终结以及为何终结的,埃及古物学家有着激烈的争论。[20] 我们看到,社会、政治和经济因素都扮演了一定的角色,但情况无疑是十分复杂的。[21] 有观点认为,干旱的气候也起了推波助澜的作用。

前面提到我们在三角洲东部发现了被废弃的聚落遗址,而这些聚落被废弃,或许就是因为连年持续的低洪水位。来自埃及以及其他地区的考古证据和文本证据显示,尼罗河所扮演的角色远超出先前人们的假定。[22] 要想了解持续缺水造成的影响,我们还需要考察年代更晚的文献。顺带一提,这里所说的持续缺水,并不是指尼罗河一两年的低洪水位。

不幸的是,没有任何祭司将尼罗河水位计的数值刻在石头上留存,但伊斯兰时代的水文学家对现代研究人员就慷慨得多。在公元1053 年至1090 年的40 次洪水中,有28 次的洪水位是偏低的,进而导致通货膨胀、饥荒、同类相食和瘟疫。在一个世纪里,埃及人口从240 万降至150 万。在公元1068 年的一份报告中,有目击者表示一名快要饿死的妇女用自己身上的珠宝换了一点点小麦。[23]

罪魁祸首:"4 200 年 BP 事件"

在古王国时代终结之际,陷入困境的不只是古埃及,古代近东乃至地中海一带的所有国家都未能幸免。我们来看一个容易记的科学术语——"4 200 年 BP[①] 事件",或同行朋友常说的"4.2 ka BP 事件"。在公元前 2200 年左右,一个影响非常大、后果极为严重的事件终于发生了。它包括季风模式和地中海地区的西风带的变化,进而导致非洲和亚洲的广大地区气候变冷,并出现干旱现象。[24] 但是,我们有哪些证据可以表明古代埃及以及横跨肯尼亚和埃塞俄比亚的图尔卡纳湖和塔纳湖可能遭遇了干旱呢?

关于埃及受"4 200 年 BP 事件"影响的最佳证据,来自埃塞俄比亚高原的降雨记录。对图尔卡纳湖以及位于埃塞俄比亚高原的阿贝湖和茨威 - 萨拉湖(Lake Zway-Shala)的环境钻取土样的结果显示,在公元前 2200 年左右,这些湖泊的水位较低,而这也表明来自印度洋的季风较弱。[25] 我们还发现,由于雨云的南移,白尼罗河的基流和水流量也处于较低水平。[26] 相应地,在雨云再次北移时,埃及境内的洪水就上涨。[27]

在整个三角洲地区,一系列钻取深层土样的结果都显示存在氢氧化铁,这是洪泛区极度干燥后留存于土壤中的矿物质。植物在生长过程中会吸收铁元素,但在干旱时期,植被难以存活,也无法吸收养分,因而铁元素就留在了土壤里。[28] 含有氢氧化铁的土壤样本的年代,恰好落在公元前 2200 年至前 2050 年,而这也正是古王国晚期。[29]

脆弱的植被防不住水土流失。任何降雨或风力都会造成严重的土壤侵蚀。在位于三角洲[30]的布陀遗址,研究人员发现了厚达 1 米的贫瘠沉积层,沉积层内不含任何陶器碎片或其他类型的物质文化证据,这或许与古王国晚期有关。[31] 除了不断扩张的沙漠,其他一切都

---

① BP,Before Present,距今年代,考古学上指距 1950 年的时间。——编者注

死气沉沉。在孟斐斯[32]和代赫舒尔[33]，沙土淹没了纪念性建筑。这一与气候变化相关的沙漠化过程，在今天北非地区也可以看到：撒哈拉沙漠的扩张。[34]在近东乃至更远的地区，钻取土样分析结果都证明了"4 200年BP事件"的存在。

对印度的河流浮游生物的氧同位素分析结果显示，该时期内季风偏弱，而这或许就是问题的根源所在。以色列的洞穴堆积物的分析结果显示，该时期内降雨量骤降，而土耳其的湖泊沉积物中则满是风吹来的干燥淤泥和沙土，夹杂着少许木本植物的花粉。同一时期，位于今叙利亚和伊拉克的阿卡德帝国覆亡；美索不达米亚北部地区的耕地被废弃，而据记载，难民纷纷逃往美索不达米亚南部地区。全世界大乱。来自不同地区的近20份记录都与生死攸关的气候模式有关，这也表明当时发生了持续多年的全球气候事件。[35]

古埃及人无法从气象学的角度来解释这种不幸。对他们来说，索普德特，即我们现在所说的天狼星的升起意味着夏至前后会出现洪水，但只有在众神的眷顾下，河床才会被水填满。作为众神的对话者，国王的职责之一就是维持玛阿特即宇宙秩序的平衡。低洪水位表明平衡被严重扰乱。这暗示国王没有尽责，使得人们陷入无依无靠的境地。

在现代人看来，这里有巨大的反讽。众所周知，古埃及人信奉太阳神拉，而拉也是他们心目中最重要的神祇之一。然而，事实证明，太阳也许是酿成这场大规模动荡的罪魁祸首。气候专家认为，"4 200年BP事件"可能是由太阳辐射的波动引起的，太阳辐射的波动会对地区温度产生影响，进而改变正常的季风模式。[36]照此来看，或许正是拉的不高兴导致了古王国时代的终结。

从城市神庙附近的织布作坊往外望去，田野显得非常遥远。在梅莉特的眼中，那里只是一片模糊的绿色。最初看到辽阔的南方水域时，她差点儿惊呆了。

"这条大河怎么可以背叛我们呢？"她一边嘟囔着，一边扶着母亲，而父亲则在一旁请求诺马尔赫发放救济粮，"我要去那边扔石头！"母亲听后露出微笑。不过，她已经很久没有开怀大笑了。

父亲与诺马尔赫的交涉花了不少时间。这里有太多的士兵和民众需要粮食，而那位已经活了足够久的国王，最终也归西了。诺马尔赫只能靠他自己。

梅莉特坐在靠窗的座位上，看着努比亚代表团下船登岸。代表团成员个个人高马大，一脸傲气，穿着色彩缤纷的皮衣，戴着由黄金和黑檀木制成的耳环，其中一人还牵着一头猎豹，梅莉特睁大了眼睛盯着看。看架势，这群人是不可能空手而归的。

"梅莉特，穿好你的梭子，否则织出来的亚麻布连布娃娃也套不上，更不用说祭司了。"梅莉特听后大笑。

他们很少见到塞尼布。之前北方家乡的诺马尔赫来信，推荐他到"生命之屋"（the House of Life，一种类似于现代教育中心的机构）当书记员学徒。对此，父亲感到非常自豪，激动得长时间说不出话来。现在，塞尼布每天都会在油灯下熬夜，练习复杂的书写体系；他写下所有以牛为特征的象形文字，并送给梅莉特。

在抵达南方一个月后，梅莉特去河边为父亲送行：他要将第一批粮食运回故乡。

"宝贝，众神会保佑你们的。"他说。梅莉特低头看着靠近水面的沙洲，打了一个哆嗦。

岁月就如同河水一般流淌。通过这次行程，父亲带回了家乡的消息：他们城镇的情况还算过得去，就是墓区越来越大了。一天下午，梅莉特穿过神庙外围犹如白蚁丘般的谷仓巷道,去"生命之屋"送亚麻布。在门口,塞尼布正同一名士兵聊天,士兵手里的弓看起来比梅莉特还高。看到梅莉特后,塞尼布挥挥手。

"小妹,快过来。这是的我朋友英泰夫,这是梅莉特。"梅莉特一脸困惑,抬头看向这个年轻的努比亚人。

"英泰夫?但是……"她结结巴巴地说,有些语无伦次,"这是一个埃及名字。"他笑容灿烂,光洁的门牙间有一条明显的牙缝。

"这是我的绰号。诺马尔赫说看到我就会想起他的儿子英泰夫。我们是一起受训的。"

"你不想家吗?"

一名秃顶的老祭司匆匆走过来,接过梅莉特抱着的亚麻布。

"哎,塞尼布,这些祭司轮值表可不会自己排好。"

"当然,先生,我刚才只是……"

那名老祭司把塞尼布拉到门里面,一只手按在他的肩膀上:"孩子,一旦'陷阱'设好了,就让它自行发挥作用吧。"塞尼布笑着回头看了一眼。英泰夫不知说了什么,逗得梅莉特咯咯笑,她顺手把一绺深色的头发别到耳后。

再后来,她向他讲起了自己在养牛场度过的童年生活。在他们结婚时,英泰夫送给她一只漂亮的碗,上面雕刻着的牛闪光发亮、丰硕肥美。

"梅莉特,我的族人也非常爱惜家里的牲畜。我们不会忘记自己的家乡,虽然现在这里就是我们的家乡。"

索普德特升起又落下。河里的水有时候涨得高,有时候涨得低。诺马尔赫以及后来接任的儿子,都竭尽全力确保谷仓有粮。

英泰夫和塞尼布紧挨着母亲的住宅新建了自己的房子。再后来,这位老母亲就在子女工作时帮着照顾他们的孩子，也就是她自己的孙辈。在塞尼布安排自己的大外甥特提进入"生命之屋"那天，心中充满感激的梅莉特用她织得最好的亚麻布换来了鸭子、药物以及一枚表示庆贺的绿松石戒指。

在梅莉特准备午餐时，父亲坐在院子里的棕枣树下休息，看着母亲抱起一个小女孩。这个小女孩笑起来和英泰夫一模一样，牙齿很光洁，牙缝也很大。母亲笑起来时眼角的皱纹看着比灌溉渠还深。梅莉特不禁叹了口气，她老家的那些小伙伴要是活到现在，该有多好啊。

在梅莉特的小女儿出嫁的那年夏天，儿子特提帮着舅舅塞尼布在外祖母的棺木上涂绘文字。仅仅过了几个月，又轮到了外祖父。英泰夫和他的儿子一起将棺木放入在西边崖壁开凿的墓穴。

梅莉特拂去他头上的尘土，一头茂密的鬈发，如今已斑白。

"谢谢你，亲爱的，"她喃喃道，"这样的葬礼，想想他们这一辈子……"他捏了捏她的肩膀。他那双深色的眼睛让人心安。

"我们这个家族是强大的。只要我们在一起，没有什么可以压垮我们，"英泰夫说这话时，脸上也露出笑容，"再者，塞尼布的祭司关系，也是很管用的。"梅莉特擦了擦眼泪，也跟着笑了起来。"去吧，亲爱的，我等你。"她说。

她把多年前委托制作的木船搬到墓室隔间，里面点着一盏油灯。父母的遗物被仔细、整齐地堆放在一起，餐具比平时在家里用的多很多。充裕的供品可以让他们永世享用。两口并排摆放的棺材油光锃亮。

塞尼布的几个儿子剃光了头，穿着祭司法袍，一脸肃穆地诵读封闭墓门的祷文。这时，梅莉特望向北方。她的二哥特提就独自长眠在河的下游。

易卜拉欣·阿瓦德台形遗址的真实故事

易卜拉欣·阿瓦德台形遗址从前是一个重要聚落。在其他城镇被纷纷遗弃时，它似乎度过了那个干旱时期。也许，就像今天陷入危机的城市一样，易卜拉欣·阿瓦德台形遗址成为难民的庇护所。附近的门德斯无疑受到了尼罗河支流门德斯河和塞班尼提克河的低水位的影响[37]，但作为三角洲东部的中心，其重要性不言而喻，因而很可能成为人们的避难所。原因很简单，即使是在其他地方资源匮乏的情况下，它仍有能力调配资源，而其周边地区也会因此受益。

虽然日子艰难，但至少人们能够活下去。这并不令人意外。部分考古学家认为，当一种文化遭遇自然灾难时，人们会离开受影响的城市，散居各地，并开始过更俭朴的生活，因为这可以减少对资源的竞争。在某种意义上，你可以称它是早期的生存主义。如此一来，在三角洲的这些大型聚落中，需要吃饭的人就少了。[38]

尽管如此，要生存下去还是十分艰难。从已掌握的证据来看，在梅莉特生活过并长眠的易卜拉欣·阿瓦德台形遗址，可能出现过饥饿或疾病导致的大规模人口死亡事件。在一个自古王国时代就开始使用，经第一中间期并持续使用到中王国时代的墓区，考古人员发掘出了74名死者，而其中就包括梅莉特。

综合分析这74人的死亡年龄，平均来看，古王国晚期为45岁，及至第一中间期晚期，则降至36岁，主要原因是营养不良。[39]此外，就中王国早期去世的成年人来看，有相当高的比例存在牙釉质发育不全的情况。这表明，在牙齿生长过程中，这些人的身体健康状况不佳，原因或许是他们在第一中间期晚期也就是在他们的孩童时期，遭遇过严重饥饿。他们的牙齿上都有清晰可见的条纹或凹痕。梅莉特和母亲都是在古王国时代终结前后长大的,她们一生中的每一次笑,都会露出早年成长时的艰辛。

随后生活条件的好转也是显而易见的。考古学家注意到,在第一中间期,约31%~32%的死者的墓葬中有随葬品。到了中王国早期,这一比例翻了一番,表明古埃及各地下层阶级的生活水平已经有所好转。[40]

虽然受到古王国晚期的旱灾影响,但上埃及的情况似乎并不是那么糟糕。尼罗河宽阔的主支流的水流量,比三角洲分支河道的水流量多数十亿加仑①。位于卢克索以南约90千米处的伊德富等城市,在第一中间期可以说是繁荣兴盛的,而尼罗河流域的一些城镇甚至还出现了人口增长的情况。事实上,随着古王国时代王权的衰落,上埃及的聚落的权势和影响力不降反增,一跃成为地区中心。

即便如此,各种铭文仍清楚表明这一时期人们的生活非常艰难:物资奇缺,社会动荡,危机四伏。该时期的文本资料也记录了古埃及历史上一些最触目惊心的事件。至少有7处铭文直接提到了干旱或"沙丘时代",意指尼罗河水位低到连河床都露了出来。地方志中有为难民提供粮食救济的记录[41],而不同地区的诺马尔赫之间,也可能相互求助。

"母亲,您年纪大了,就不要再出门了。"

特提皱着眉头,双手叉腰。人高马大的他和父亲一样,有着一头富有光泽的浓密鬈发。他的肚子越来越圆。小儿子跟在他身后点头。这个身着诵经祭司短裙的儿子看起来很瘦弱,尽管梅莉特总做烤鸭给他吃。她每天都感谢众神的慷慨赐福。

---

① 1美制加仑≈3.785升。——编者注

7 帝国覆灭

"我还没那么老。"她一边说着,一边用亚麻布把那只漂亮的刻有牛图案的碗包裹起来。在厨房门口,一个健壮的小伙子晃了晃肩上的弓。

"还是别去了,祖母。且不说赫拉克利奥波利斯和孟斐斯之间起了冲突……我们小队也将在索普德特升起之前部署到位。"

梅莉特笑了。"到时候,或许我可以陪你一起去北方?"他边说边咬了咬嘴唇。祖父常说,跟祖母吵架就是白费口舌。特提叹了口气。

"父亲肯定希望你和他在一起吧?"特提说。梅莉特把面包和烧好的牛肉放入陶杯,另外还准备了一罐子酒。

"亲爱的,他可没提要求。"

她的头发变灰又变白。英泰夫深情地望着她时,总是给她捋到后面。是的,他从来没有提过要求。她抚了抚之前戴绿松石戒指留下的那条白色印痕。如今,戒指已经陪着英泰夫长眠于地下。

她提着装有供品的编织袋,穿过喧嚣的大街,又从神庙前经过。从前在这个街区织布的时候,街上没有那么拥挤。但如今受严重的旱灾影响,越来越多的人逃到此地避难,房屋一栋挨着一栋,密密麻麻,形成了一个个半自给自足的村庄。这里成了他们的第二个故乡。这些新来的人讲的故事,仍会让梅莉特从睡梦中惊醒,大喊家人的名字。

一名船夫摇橹将她送到河的西岸。沿着山坡爬一小段,就到了她父母坟旁的石碑。

"至爱的英泰夫,"她一边说着,一边将酒祭献给他以及自己的父母亲,"塞尼布的儿子们会为你主持祭祀仪式。我们的孩子也会抽时间来看你的。"

至于祭献的祷文,她早已熟记于心。她脚下的墓室里摆放着满满当当的物品,还绘有源自他的家乡以及南方地区的各种图案,栩栩如生。她用手拂过石碑上的文字，但她不知道哪一个是英泰夫的名字。沙漠里起风了，吹过沙土和岩石，呼呼作响。

"我会在阴世乐园与你再次相聚。"她动作僵硬地慢慢起身，然后朝山下走去。她没有再回头看。

不久之后，梅莉特站在一条船上，带着一颗对玛阿特来说无足轻重的心，准备与众神相见。她的行囊也很轻：几颗新开采的紫水晶，是作为酬金来举办简单葬礼的，以及几封表扬信，是给那位好心诺马尔赫的孙子的。南风从她背后吹来。她脚下，是那只装有她所有记忆的碗，以及一盒子随葬俑，上面刻着霍特普之子特提的名字。

她要去运河里为他采集芦苇。也许她还没有忘记如何制作小船。

一个时代的落幕

我们非常确信古王国时代已经终结了。证据显示，气候变化在国家层面的政权崩溃方面扮演了极其重要的角色，同样在文中构思的梅莉特的人生中扮演了极其重要的角色。留存至今的诺马尔赫的墓葬[42]向我们展示了他们是如何填补中央政府的权力真空的，而他们权势的强化一直持续到第一中间期。显然，上埃及地区的繁荣，并不足以支撑整个国家开展国际性的采石、挖矿和贸易活动。由于缺乏这类远征活动，再加上劳动人口普遍存在营养不良的情况，金字塔的建造根本不可行。面对严重的旱灾，一个国库殷实的强大中央政府或许能够撑上几年，但现在，我们只能设想当时的古王国有没有延续下去的可能。

在大多数埃及古物学家眼中，第一中间期是名副其实的：介于两个伟大时代之间的一个时期，且该时期极为动荡。虽然代价惨重，但古王国时代的终结为接下来的创新和实践的时代铺平了道路。先前，王室几乎完全扼杀了人们的创造性，而只有中央政府垮台，古埃及的其他地方才能够从长期因循的传统中解脱出来。

从墓葬的规模和随葬品的质量来看，各诺姆贫困人口的生活已经有所好转。人们开始渴望获得永生——无须依靠国王便可获得的永生，而宗教也开始为私人服务。只要有足够财力，原本仅限于王室使用的神圣的金字塔文和棺文也可以刻绘在普通人的墓室中以及棺椁上。此外，我们还在墓葬中发现了风格不一、功能各异的新型护身符，以及更精美的可供墓葬主人在阴世差遣的随葬俑。各地的物质文化呈多元化发展，欣欣向荣，物品的设计、形式和质量都有了改变。绘画风格同样充满生气，还出现了描述日常生活的图像。

国王再也无法确保玛阿特也就是宇宙秩序的平衡。或许是因为国王已经不再可靠，所以人们越来越倾向于自力更生，并朝着更深层次的方向发展，结果就是自信心增强，对自己的能力也有了更清晰的认知。反过来，这又促进了更高的社会流动性，梅莉特一家就是例子，随葬品的普遍增多显然也支持这一点。但事实究竟如何，我们可能永远都无从知晓。

我们确切知道的是，在第一中间期，诺马尔赫安赫梯菲统辖的诺姆与上埃及的另外两个诺姆结成联盟，而安赫梯菲的儿子英泰夫则更进一步，以卢克索为基地，建立了一个底比斯人的王国。为争夺埃及的控制权，底比斯人与另一股地方势力即赫拉克利奥波利斯人展开战争，[43] 人们的命运也由此发生重大改变。自封为王的底比斯"王室"先是攻占了赫拉克利奥波利斯人设在艾斯尤特的堡垒，然后又打进他们的首都赫拉克利奥波利斯。公元前 2040 年左右，底比斯人统一埃及，并为这个国家带来了复兴。古埃及由此进入中王国时代。整个过程下来，多少有点儿像"诺马尔赫的游戏"。

时下要想了解此类极具破坏性的社会动荡和气候变化事件的影响，我们就不能把这些所谓的政权覆亡事件视为单纯的政治或经济事件，或将气候变化作为唯一起因。在古王国晚期，所有因素都交织在一起，引发了一场堪称完美的风暴，影响了易卜拉欣·阿瓦德台形遗址的成千上万人的生活，其中就包括梅莉特。寻找变化的根源，需要我们进一步发掘证据。就此而言，从太空获取更精确的影像只是第一步。

你现在或许还在米娜宫酒店的阳台上，一边看着金字塔在沙地上不断拉长的影子，一边思索着晚上该吃什么。只有掌握了金字塔建造时代的背景，我们才能更好地了解这些庞大的纪念性建筑的重要意义。它们见证了古埃及王国政权的形成，也见证了古埃及王国政权覆亡时的得与失。埃及连同金字塔将会迎来全新的开始，而古代权力的角逐，对现在的我们来说，似乎更像是虚构的，令人难以置信。当这个世界发生翻天覆地的变化时，帝国可能会陨落，而人民则会以最出人意料的方式崛起。

8

古都
重现

帮伊塔威古城实现其最深切的
愿望：被铭记。

就古埃及而言，我们自然有后见之明的优势。古王国时代必须终结，才能为中王国时代的创新大爆发让路。[1] 要想在未来生存和蓬勃发展下去，我们就必须深入研究这种韧性之于当下的意义，而这里谈及的韧性，就是在面临不可克服的困难时，过去的文化往往会展现出坚忍不拔的意志。

当今世界面临的形势也极其严峻。海平面上升、气候变化和野生动物栖息地的丧失，都让我们忧心忡忡。但巨大的逆境也会孕育出巨大的创造力。通过研究人类历史陈述中的这些关键性时刻，我们可以看到创新及文化发展与严重的社会压力之间存在何种密切关系。即便现代文明遭遇重大挫折，我们也不会失去所有；事实上，只要我们去适应、去改变，未来或许会有更多收获。

宏伟的"失落之城"伊塔威

了解像古王国时代这样的重要时代是如何以及为何走向终结的，

为分析社会如何以及为何再次崛起奠定了基础。在上一章中，我们谈到了古埃及第一中间期晚期的情况。当时，国王孟图霍特普二世出兵攻打赫拉克利奥波利斯人，并于公元前2040年左右将他们打败，他也由此赢得了"横跨两地的征服者"的称号。[2]

在一统全国之后，孟图霍特普二世将地方权力重新收归中央。随着局势的稳定，他为寻求黄金而访问北方的努比亚，遣使出访采石场和南方富饶的蓬特，并重新开放了西奈的绿松石矿和采石场。古埃及各地建筑项目也由此在神庙如火如荼地展开。[3]古王国时代的稳定繁荣景象再一次出现，而国家财富也在不断增加。

尽管如此，第十二王朝却命运多舛，一开始就发生了内乱。新任国王阿蒙涅姆赫特一世（公元前1991年—前1962年）原本是孟图霍特普之孙的维西尔，后掌权称王。[4]他把首都迁到了一个他称为"阿蒙涅姆赫特-伊塔威"的地方，意为"阿蒙涅姆赫特，两地的占有者"。称颂占有者？

在靠近今天的利什特、可以远眺伊塔威的沙漠中[5]，阿蒙涅姆赫特依照古王国时代纪念性墓葬建筑的风格建造了自己的金字塔，通过这种重现往日辉煌的方式来展示实力。[6]任何曾经帮他夺权的人都会得到封赏，比如可以建造属于他们自己的纪念性墓葬建筑。在得到封赏的人中，中埃及和上埃及的地区中心的权势人物以及帮助修建蓄洪区、进行水资源再分配的人员的待遇，尤为丰厚。[7]

阿蒙涅姆赫特任命自己的儿子森乌塞特一世（公元前1971—前1926年）为王朝的联合统治者，这在古埃及历史上还是第一次。[8]在社会动荡时期，任何有利于保持稳定的举措都是值得尝试的。作为国王的代表，森乌塞特统率军队和采矿远征队，并在阿蒙涅姆赫特统治埃及的第30年独掌大权，因为当时后者疑似遭遇暗杀。[9]至于谁是幕后主使，我们无从知晓：如果中王国时代的《西努赫的故事》可信的话，那么在阿蒙涅姆赫特被杀时，其子森乌塞特刚好不在场，当时他正带兵在利比亚打仗。[10] 书中记载的西努赫的冒险经历，很值得一读。

森乌塞特一世在35个地方新建或扩建神庙，并在利什特南部建造了一座金字塔。[11] 他统治期内的艺术作品包括建筑非常精美，这主要得益于古埃及财富的快速增长、中产及以上阶层的崛起[12]，以及出征国外的远征队的收获。雕塑师创造栩栩如生的国王雕塑，而自第十二王朝开始，画师便在陵墓墙体上绘制真实的尼罗河鸟禽场景，羽毛颜色的运用相当精致。[13]

在这个艺术创造大爆发的时代，我们看到官僚人数在不断增长，而他们都是艺术作品的潜在客户。文学也蓬勃发展，大放异彩：如今，任何攻读埃及古物学的学生，都要从学习中古埃及语开始，而中古埃及语就是该时代的通用语言。[14] 流传至今的不仅有《西努赫的故事》以及其他精彩的传奇故事，还有教学讲义、对话记录、宗教新典籍乃至妇科处方。[15] 这一黄金时代此后又延续了200年，直至公元前1750年落幕。得益于此，位于伊塔威的王宫[16]也繁荣昌盛起来。

位于尼罗河畔的伊塔威蓬勃发展，城内人口有数万人之多。你可以想象，众多外地贸易商与当地商人、乐师、匠师、作家和防腐师挤在一起的场景，而木乃伊制作师这个职业想必也非常火爆。[17] 这个城市的墓区里有数以千计的坟墓。[18] 在城市之外的沙漠、石灰石山丘的后面，一座设计新颖的国王金字塔沿着至今依然存在的泥砖坡道向上筑起。[19]

驳船将满载的粉红色阿斯旺花岗石或深灰色玄武岩运抵伊塔威，再由当地高级雕塑师制作成精美的雕塑和祭祀台。[20] 此外，还有专注于制作珠宝、雪花石膏容器和木船模型的匠师工坊，专注于打造农耕、烘焙和其他家庭活动的工具的匠师工坊，乃至制作迷你士兵模型的匠师工坊。同随葬俑一样，这些具有中王国时代鲜明艺术和工艺特色的士兵微缩模型是亡者在阴世的仆役。

我第一次听说这座"失落之城"还是在读大学的时候。教授在谈及中王国时说，伊塔威位于金字塔附近的洪泛区，被近4 000年的尼罗河淤泥覆盖着，所以很难寻找。这听起来像是一项挑战。

寻找伊塔威

事实上，这个城市的一部分或许还看得见。曾经带队对利什特进行考察的大都会艺术博物馆策展人迪特尔·阿诺德指出，阿蒙涅姆赫特一世的金字塔东部的运河沿岸，留有数量庞大的中王国时代的遗迹，包括陶器、石灰石碎片和柱基。[21] 此外，这条运河中还发掘出了森乌塞特一世时期的一座花岗石祭坛[22]，表明附近可能存在神庙。除了袜子，似乎没有什么东西会永远消失不见。

在我看来，一个地方只要有指示性的遗存，就一定存在更多遗迹。1994年，在"奋进号"航天飞机上，NASA搭载了一套传感系统，以30米的分辨率测绘整个地球的地形高度。基于航天飞机雷达地形测绘使命（SRTM）的数据，科学家可以免费创建全球任何一个地方的数字高程模型。每张影像都由数千个高程点构成，看起来就像是着色的明暗图，颜色越暗表明海拔越高。通过处理数据，你可以突出显示高海拔地区，但无法看到地面遗迹的任何细节。

不过，数据是免费的，不用白不用。2010年春，我下载了利什特地区的数据，并在此基础上对该遗址及洪泛区做了三维建模。然后，我又借助常用的遥感影像处理软件 ER Mapper，将陆地卫星数据叠加在建好的三维模型上，从而获得了利什特以东 4 千米宽的洪泛区的三维影像。

SRTM 三维模型的精妙之处就在于，你可以放大景观中的细微变化，所以当注意到巴姆哈村（Bamha）附近的一处凹陷时，我立即在软件中把它放到最大。尼罗河的一条古河道清晰地显现出来：从巴姆哈村开始，朝西南方向延伸，直至利什特墓区。我们知道尼罗河曾流经伊塔威，但埃及古物学家从未在地图上把它标注在离遗址如此近的地方。

在利什特和一条现代道路之间的田野里，有一小块隆起的区域。要确认这是不是被埋于地下的古代土墩的遗存，方法只有一个。

土层样本里的宝石

2010 年秋，在开罗大学地质系研究人员的陪同下，我们来到该遗址，在关键地点钻取深层土样。在几名强壮有力的当地人的帮助下，我们在结实的淤泥地里打出了一个宽 10 厘米、深 7 米的钻孔。

负责这次合作的是埃及国家遥感和空间科学管理局的埃尔萨耶德·阿巴斯·扎格卢勒（Elsayed Abbas Zaghloul），他是一位彬彬有礼的学者。此外，团队中还有两位非常有才华的埃及古物学家：奥地利科学院的贝蒂娜·贝德，她是研究埃及中王国时代陶器的专家；剑桥大学的朱迪丝·邦伯里，她是研究古埃及景观的专家。

但无论谁来，成功的概率都不大。你要寻找的是一个几千年前就已经消失在尼罗河畔的城市，而且尼罗河河道已经东移了 3 000 米，任何痕迹可能都已经被抹掉了。你要根据 NASA 数据给出的那一丁点儿指示，去寻找任何与城市相关的证据。然而，从古埃及其他首都的分布情况来看，这座失落之城首都可能埋在占地面积约 20 平方千米的景观下的任何地方。你现在试图通过一个 10 厘米宽的钻孔找到它，成功的概率可想而知。这甚至都没有考虑全球定位系统（GPS）可能存在的误差、景观的高低起伏和纯粹的坏运气。

　　即便面对匪夷所思的超低概率，我们还是选择了钻取土层样本。这就好比在缩小版的发掘单元里作业：我们团队详细记录了土壤的类型、颜色、密度以及石头等夹杂物。我们可以清楚地看到不同时期的土层的变化，比如从淤泥变成黏土或沙土。我们把每一层都作为发掘项目的一部分来记录。我这辈子从没见过其他任何像扎格卢勒教授那样对泥土表现得如此兴奋的人：每次挖出土壤密度不同的新土层样本，他都高兴得要跳起来。他会迅速梳理出陆地运动的历史。看他工作，就像是看一位伟大的乐队指挥解说交响乐的奥妙。

　　随后，我们利用网眼尺寸不同的筛子对土层样本进行水洗筛滤，最上层的筛子的网眼为 1 厘米宽，最下层为 5 毫米宽，中间部分的网眼尺寸逐层递减。随着水不断地流过土层样本注入水桶，土层样本也一点点地穿过最上层。这是一项很脏的工作，但同时也会给人一种满足感，因为沉淀物会依照不同的颗粒尺寸自行分类。石头等大的颗粒会首先被拦截，而细泥沙则会流入筛子下面的水桶中（见图 8-1）。将土层样本中的较大颗粒和较小颗粒的质量分别相加，则可以获得环境方面的信息，比如水流的能量和淤泥沉淀物的变化情况。此外，我们还可以据此掌握尼罗河变道的线索。如果幸运的话，有时还能发现早先人类文化层的证据。

图 8-1　在利什特附近钻取土层样本考察

资料来源：作者。

在往下钻探到四五米深的时候，我们掘到了"装有黄金的罐子"。只是做个比喻。不过，至少是罐子：土层样本中开始出现陶器碎片。贝蒂娜施展了她那令人愉快的魔法，将发现的碎片摊开，逐一仔细检查。作为陶器研究权威和世界级的中王国研究专家，即便是面对4 000年前的一小块容器碎片，她也能告诉你它属于哪个王朝。在完成手头工作之后，贝蒂娜看起来非常高兴。她把我叫到一旁，说这些陶器可以追溯到第十二、十三王朝。出土的陶器碎片很多，其中也包括一些非常好看的高品质陶器碎片，也就是你祖母逢年过节才舍得摆出来的那种精致陶器。

与此同时，做事理智、眸中带光的朱迪丝忙于研究她眼疾手快搜集来的其他出土物品。笑容满面的她向我展示了从土层样本中拣出来的三块宝石：一块紫水晶，一块玛瑙，以及一块打磨过的亮橙色的红玉髓，上面布满了古人钻的各种小孔。在埃及的考古钻探工作中，这还是第一次发掘出半宝石，要知道，即便是在正式的考古发掘中也极少发现这类宝石。

永恒之城

尽管结果令人振奋，但单一钻孔并不能证明一座城市的存在。如果这些人工遗存并非来自伊塔威，我估计我们可能挖到了匠师聚居的城郊，因为那里有密集的作坊，随便一挖都很有可能挖到东西。繁荣昌盛的古王国及其首都催生了巨大的需求，而在当时，半宝石是非常流行的。关于这一点，看看第十二王朝西塔索尔尤内特公主的墓葬就知道了。在这座位于首都以南 30 千米处的拉罕的墓葬中，出土的王室珠宝包括红玉髓、青金石、紫水晶和绿松石，均以黄金镶嵌。[23] 将这些赏心悦目的珍稀资源源源不断地运抵首都，是一项非常重要的工作，以至于宫廷高官都会在铭文中记述自己的远征经历。[24] 这与古王国晚期的赤贫景象形成鲜明对比。

但这个区域能够守住自己的秘密，一点儿也不奇怪：5 米深的淤泥就是一个大屏障。正如我们在特比拉台形遗址看到的，尼罗河河道随着时间的推移而不断变迁，原本的河道乃至整个文化生活区都会淤塞。这个四五米深的钻洞就像通往中王国的钥匙孔，在尼罗河留下的淤泥中开道。[25] 然而，我们并不知道古埃及人是在什么时候遗弃这座都城的，以及这座都城是在什么时候被埋于淤泥之下的。

伊塔威的地理位置绝佳，一方面靠近建造王陵的沙漠区，另一方面又恰处于尼罗河三角洲和上埃及之间的战略区。也许是为了与环绕前首都孟斐斯的著名"白色城墙"媲美[26]，都城内的多层建筑[27]间隔适中，墙体均用白色涂料粉刷。数十艘满载石灰石和花岗石的船挤在港口，为宏大建筑工程运送材料。想象一下高地沙漠中的繁忙场景：一群人用滑橇将石头拖拽到金字塔的建造场地。[28]

在地下较接近现代地表的地方，也许可以发现伊塔威的高地城区。我们甚至还有可能在距离地表更近的地方发掘出部分遗址。在考古学中，耐心是最难得的。如果说这座城市已经等待了3 800年，那么我们也不介意再多等一会儿。

开始发掘

说实话，我根本没有想到有朝一日会重返利什特，继续先前的工作。当然，我非常想回到这里，想进行更多的考古钻探，看是否有什么东西刚好在我们的发掘范围之内。我们对洪泛区的考察是在2010年，次年便爆发了"阿拉伯之春"。考虑到吉萨南部地区猖獗的盗墓行为，埃及文物部认为前往当地过于冒险，因而未批准任何新的申请。

但我还是被这个地方深深吸引了，特别是2011年年初我通过高分辨率卫星影像了解了该地盗掘活动的情况之后——我发现了超过800个盗洞。[29]当时，我还无法判断这些盗洞代表的是什么：是被盗掘的坟墓，还是盗墓贼尝试盗掘而在地面留下的小的盗洞？

2015年春，我到埃及出差。当时利什特地区的局势已经稳定下来，我向埃及文物部申请了一天的许可，去当地参观并拍照。墓葬损毁情况可谓触目惊心，更糟糕的是，盗墓贼把目标放在了那些先前明显没有被盗过的墓葬上。盗墓这种行为自古就有，但亲眼看到现代盗墓贼盗掘的证据，还是让人痛心不已（见图8-2）。

图 8-2　埃及利什特遭盗掘的墓葬

资料来源：作者。

我和时任代赫舒尔和利什特地区负责人的穆罕默德·优素福·阿里谈起一项合作计划，即在利什特南部地区进行小规模的调查，并对一座已经被盗过的墓葬进行发掘。我们没有期待有多少文物会完整保存下来。

2015 年 12 月，我们正式发掘。从直线距离看，该遗址位于吉萨金字塔以南 45 千米处。这意味着每天需要两三个小时的车程——早上加晚上，具体时间视路况而定；道路紧挨着尼罗河西岸的旧河道，虽然风景如画，但行程中人也异常劳顿。往右手边看，映入眼帘的是阿布西尔和萨卡拉的金字塔，然后是镇守在古埃及沙漠入口处的代赫舒尔金字塔。往左手边看，映入眼帘的是状如迪厅闪光球灯的旭日，散发粉红色、橙色和黄色交相辉映的斑斓光芒，自棕枣树上空一直蔓延至紫花苜蓿地里的晨曦薄雾。

在进入利什特之后，路况变得更糟了。我们不得不放慢车速，以免剐蹭路边鳞次栉比的现代房屋。色彩最绚丽的房子上画着飞机、公共汽车以及麦加大清真寺正中央的圣殿——克尔白，也不知道房主是不是到伊斯兰教的圣地朝拜过。

白鹮和橙色羽冠的戴胜在周边农田里飞来飞去。越过农田，再往远处看，尼罗河洪泛区戛然而止，让步于燧石遍布、地势渐高的沙地，并一直延伸到广阔的西部沙漠。墓区就在沙漠边缘。这是一处宁静安谧的遗址，置身此处，历史会让你深吸一口气，再等你呼出。

这一古代墓区就同现在的墓区一样，到处都是家族墓葬，并朝不同的方向延伸。彩绘泥砖或石灰石衬砌的泥砖是墓葬的主要建材。但与美国大多数墓区不同的是，古埃及的墓区很有生活气息，因为亲属会带着祭品前来祭拜，有时甚至还会在墓葬前场一起用餐[30]，就像是永远都过不完的墨西哥亡灵节。在地势更高的墓区的正前方，矗立着森乌塞特一世和阿蒙涅姆赫特一世的金字塔，但如今它们已经成了两座砂石山丘，只有最下面的一些石筑外层还保存完整。这两座金字塔旁还有皇亲国戚的金字塔，以及第十二王朝时期达官贵人的一系列深井墓葬，只不过规模较小。对于当时在伊塔威工作和生活的精英人士来说，他们将来的墓葬地——阴世的沙漠豪宅距离国王的金字塔越近，表明他们的地位越显赫。[31]

穆罕默德·优素福带领我们来到被盗掘的那座墓葬，它刚好位于森乌塞特一世的金字塔的东侧。在已经沙化的石灰石山丘上，支离破碎的岩基外露，一个大致的 T 形轮廓呈现在我们面前。这显然是一个黄金地段：王子和维西尔的墓葬可能就在金字塔附近，而在金字塔堤道附近，也可能会发现其他精英人士的墓葬。我们要发掘的那座墓葬的位置就在可俯瞰森乌塞特一世的金字塔堤道的地方。

我们的任务是对该墓葬进行清理，然后安装坚固的金属门，把盗墓贼牢牢地挡在外面。但麻烦很快就来了：在持续清理的过程中，我们发现墓葬的规模越来越大。长时间流入的数百吨沙子让墓葬变成了一个"大杂烩"：我们需要更多的人手，对墓葬主体、依石体而建的门道以及用于封锁墓葬的竖井进行全面清理。

我们与埃及同行共同组建的核心团队的人员并不多。为此，我们雇了大约 50 名当地村民从事繁重的挖掘工作，并从卢克索北边的库伏特村雇了 6 名监工。自 19 世纪 80 年代起，库伏特村的村民就开始参与外国团队的考古作业，其中很多人的田野调查经验之丰富，超出了西方考古学家的想象。他们不仅是监督一般劳工的工头，也协助专家团队开展细致的发掘工作，是熟练的有实际经验的工程师，就如同他们的古埃及祖先一样。他们可以移动任何巨石或加固任何墙体。格雷戈里与库伏特村的村民有着近 30 年的合作经验。基本上，他们已经把他当成自己人了，他会欢快地用阿拉伯语同他们争论拆除墙体的确切步骤。

在埃及，每次考古发掘都需要一个总工长，即当地人所说的雷斯（reis）。我们的总工长叫奥马尔·法鲁克，我从 2005 年开始攻读博士学位以来就一直和他并肩作战。有一天在阿玛尔纳，我们发现我们竟然是一对"双胞胎"：同一天出生，仅仅相差 6 个小时。现在，他的家人就是我的家人，而我的家人也是他的家人，我的儿子喊他奥马尔叔叔。这次发掘期间，奥马尔可以说是总工长中的总工长，因为我们团队中的其他库伏特村村民都有担任过监工的履历。奥马尔蓄着让维也纳绅士都羡慕的胡子，牙缝很大，笑点很低，典型的包工头形象。另外，他后脑勺跟长了眼睛似的，任何人偷奸耍滑都逃不过他锐利的目光——当然也包括我在内！

如果你看过20世纪初那种大规模考古发掘现场的照片，那么你大致就能明白在利什特开展的第一个发掘季的场景。大批人员在沙漠中拉开阵势，而我们的二战风格的白色帆布帐篷营地多少是有一些魅力的，只不过帐篷外的厕所差了点儿。

蔡斯·蔡尔兹以及我之前的学生莫利·海特负责对这座已遭盗掘的墓葬进行测绘。测绘期间，各发掘单元也取得进展，并朝着墓室进一步推进。岁月对遗址似乎格外无情，但这并非委托修建者过于吝啬所致。

奢华的阴宅

中王国时代的墓葬普遍追求高规格，有些墓葬的规模和奢华程度甚至超过了该时代的地区诺马尔赫的墓葬。我们发掘的这座墓葬自然也不例外，可以看出，在最初修建时刻意仿建了金字塔正面的车道。在富人的愿望清单中，首要一点是一条自尼罗河畔延伸至墓地的泥砖堤道。[32]在墓葬入口处的灰泥通道外，要设有一个摆放供品的祭堂，涂成亮白色或用石灰石衬砌。然后是一道木门，上面写着地位尊崇的墓主人的姓名并绘有画像。

进入墓室，首先看到的是一个光线昏暗的厅堂，可能是依山而凿，并以6根柱子支撑墓顶。看到墙壁上阴影覆盖的装饰，墓主人想必会皱起眉头。在厅堂或前庭地面，可能有墓道的入口。再往里走，是 3 个深嵌于石体内的壁龛，里面摆放着逝者的雕像，周围刻的是他的生平。这一切都是为了让他的遗体、财物、声名和成就永存不朽。就种种配置而言，这个墓主人的墓葬可以说是他们那个时代的典型。

但岁月无情，它才不会在乎富人的渴望与抱负。如今，整个厅堂都已经变成露天的了，而留存下来的也只有墓门的石制铰窝。墓顶坍塌可能是采石和地震所致。在墓室墙体上，墓主人的名字似乎已经被大自然抹去了：我们意识到，该墓葬所遭受的这种巨大破坏，或许源于古时候的一场自然灾难。装饰华丽的象形文字已经支离破碎，几乎看不到任何相连的两个字。

但 3 个壁龛以及廊道和堤道是被现代的沙土掩埋的，因为里面混杂着 21 世纪的垃圾。看来，现代盗墓贼也是墓葬损毁的祸首之一。

我们的埃及同行报告说，他们最近赶走了一些盗墓贼，并找回了部分刻有文字的石灰石板。我们心中突然燃起希望，或许可以确定……然后，我们的同行展示了照片。石板上刻有墓主人的 5 个儿子的名字，但没有提及他或她本人。

我们发掘出来的石块碎片上面有圆锯的锯痕，表明可能给予我们答案的浮雕已经被盗，而深达数米的碎石堆，则是文物部为防盗墓贼而仓促回填的。我们继续往下挖，试图从这种混沌中筛出事实。随着发掘的深入，这座墓葬乃至墓主人的生平开始明朗起来。

墓室厅堂后侧的石灰石山丘阻碍了建筑师的宏伟计划：建筑工人完成了中间和右边的壁龛，但在建左边的壁龛时明显受到阻碍，因为他们遇到了易碎的石灰石体，而墓顶最终坍塌同样也是因为这种脆弱的石体。然后，在中间壁龛的一面墙上，也就是墓主人走入生者世界的那面墙上，我们发现他的画像已经被凿掉，留下了数百道凿痕；他的短裙和腿部下面原本是一个光滑面，如今却面目全非。地震会造成破坏，但不是这种破坏，而现代盗墓贼通常也不会毁掉可以转手出售的文物。

在一铲子接一铲子的发掘过程中，我们进一步见识了被破坏古物的精美。清理出来的绚丽的石灰石碎片，如同鲜艳的调色盘，不仅有青苔绿、赭色、黄色和黑色，还有珍贵的"埃及蓝"。[33] 各种彩绘图案，比如水果、糕点和面包、花儿、公牛和鸟儿，以及不计其数的携带供品的随从，都被砸成了碎片。在其中一块碎片上，可以看到一名官员的小脸，窥视的眼睛和鼻子活灵活现，就好像是匠师昨天刚完工一样。[34]

颜料下面是雕刻精美的凹浮雕，每一个象形文字或图案的轮廓都很清晰。有些铭文碎片的尺寸非常大，从整体上看，甚至不亚于王室或神庙的铭文。而这还仅仅是那个彩饰的壁龛。右手边的壁龛遭到过盗墓贼破坏，未着色，精妙的刻工依稀可见。从整个墓葬的规格和配置来看，墓主人绝对是不惜财力的，而对住在伊塔威周围的高水平的匠师来说，这想必也是他们梦寐以求的长期项目。

但在这处遗址中，依然寻不见墓主人的名字。

永世长存的名讳

"快来看，老板。"在发掘季中期，一天早上，我正在营地整理装备，突然听到山腰那边传来喊声，喊我快过去看。

我赶忙跑过去，只见一块石板的一角露出地面，雕刻面上有清晰的象形文字：英泰夫。至此，我们终于找到了一个名字。从石板——柱子的一角上的详细记述来看，这就是他的名字。在我们翻动石板之前，所有人都涌了过来，一边看，一边现场拍照。第二个雕刻面上刻着他的头衔：世袭贵族。先前我们已经见识了他的雄厚财力，这下又知道他是一名级别很高的官员。

真相水落石出。在其他石灰石碎片上，我们发现了更多的头衔："大督军"和"王室掌玺人"。[35] 这意味着逝者身兼国防大臣和财务大臣两职。英泰夫的墓就在森乌塞特一世的金字塔堤道旁边。由此可见，在军事强人森乌塞特一世的王宫中，身为军人的英泰夫是非常有权势和影响力的人物。

在未着色的那个壁龛外面，我们发现了另外一块浮雕石板，上面的图像显示几个儿子正携带供品前来祭拜，至少他们的脚的部位是清晰的，还有几行文字，但每行只剩下最末几个字。在多处铭文中，英泰夫自称是"伊皮所生"。我们在现场还发现了一块极好的黑色花岗石板，上面不仅有英泰夫的名字，也有伊皮的名字。在中王国时代的墓葬中，儿子纪念母亲的例子并不少见，但这显然是一个"妈宝男"……只不过妈咪还没有现身，不过也很快了。这一依石体而凿的结构变得越来越复杂。在清理过后的壁龛墙面上，我们发现了一些空洞，直通盗墓贼挖掘的竖井通道。至此，我们的这个考古发掘季终于要迎来重大发现。

在右手边的壁龛中，我们在沙土和现代碎石堆中发现了一块2米高的正面朝下的石灰石板，上面刻满了铭文。这是一扇"假门"，即阳世和阴世之间的通道，同时也是逝者享用祭品的地方（见图8-3）。壁龛上方采用的是特色鲜明的精刻的凹浮雕，英泰夫端坐在摆满供品的祭祀台前，下方是6行文字，记述了他的生平事迹。

砸烂捣碎，销毁清除，随你想象。庞大的石磴被砸成碎块，文字和供品图案被人用某种宽刃的凿子刮除和凿掉。英泰夫的脸已经不知去向。没有人知道是谁干的，以及什么时候干的。至于左上角遗失的部分，几乎可以确定是现代盗墓贼所为：试图盗取更多便携的易于转手的浮雕石块。然而，那些随处可见的凿痕，似乎与这种牟利动机关系不大。

图 8-3 英泰夫墓葬的"假门"

资料来源：作者。

是谁有着如此强烈的酸葡萄心理？抑或是盗墓贼毁坏了他们无法盗走的文物？盗墓贼一般不会这么做，不过话又说回来，他们也不是什么时候都讲理性的。或许这是更早以前的人为毁坏，甚或是惩罚。

但不管怎样，我们都是幸运的。通常来说，"假门"的样式设计得比较刻板，且对称。从两旁残留的部分象形文字中，我们可以再次解码英泰夫的关键头衔，同时也看到他一再坚称自己是伊皮所生。但至于谁是伊皮以及英泰夫为何如此强调自己的母系血统，我们仍一无所知。随着发掘季的结束，留给我们的就只有问题了。

在中王国时代，英泰夫是一个常见的名字，但我们想知道的是，这个叫英泰夫的人担任要职的时间有多长，因为早期的任何铭文都没有提及此人。他的"大督军"的头衔[36]表明他生活在第十一王朝晚期或第十二王朝早期，很可能是森乌塞特一世执政时期的官员。也许是他得罪了很多人，最终导致他的墓被亵渎和毁坏。也许是他的墓的规模过于庞大，过于狂傲，过于扎眼，威胁到了上方的王室陵墓建筑。也许是纯粹的自然灾害所致，缘于当初修建时没有选对石体。

谜团重重

在 2016 年 12 月和 2017 年 12 月，我们两次重返利什特。鉴于发掘工程庞大，这两次我们都带了更多人手。要想抵达英泰夫的墓室底部，我们必须先挖掘仍被掩埋的约 12 米长的堤道，并清理墓葬的主入口。在细心的雷克辛尼·胡梅尔（Rexine Hummel）和贝蒂娜·贝德的努力下，越来越多的陶器碎片呈现出更清晰的脉络，进而帮我们确定墓葬所处的中王国年代。此外，她们还清理出一系列与丧葬祭礼相关的器皿。

在层层沙土中，既有泥砖碎石，也有石灰石浮雕碎片；后者数以百计，有的巨大，有的极小。这是令人震撼的大发现。面对如此优美的出土文物，我们的考古绘图师沙基拉·克里斯托杜卢更是兴奋不已。在现场，沙基拉坐在主发掘团队上方一侧的桌旁，一边哼着歌剧咏叹调，一边用水彩重建完美的浮雕碎片图。此前，她甚至还从伦敦的一家高端艺术品店买到了一种名为"埃及蓝"的颜料，可谓恰如其分。

随着发掘的深入，我们看到了英泰夫本人的样貌，但令人气愤的是，只是一部分。英泰夫的肖像仅剩四分之一，但从中可以看出，他头上戴的假发同森乌塞特一世时期的其他人戴的较为类似。另外，他的肩部、胸部和腰部也保留得比较完整。看起来，这位军旅出身的墓主人对自己的要求非常严格。其他权臣的墓中肖像多呈现养尊处优的富态相，而英泰夫的肖像则完全可以登上时下健美杂志的封面。鉴于他常常提及自己的军事头衔——该头衔是用一个跪射弓兵状的象形文字写成的，这似乎也合情合理。

在2016年考古发掘季结束时，我们仍未找到有关英泰夫的身份或家族世系的线索。值得一提的是，在手忙脚乱的最后一周的发掘中，电视台派了一个节目组来跟踪拍摄。在节目组抵达当天，我们刚好挖到墓室的入口通道，并有了一个惊人发现。遗址现场的人私下嘀咕，说这一定是我们事先埋好的。

预埋一块儿童雪橇般大小且厚度是雪橇三倍的浮雕石板，好像很容易似的。

乍一看，我们以为是英泰夫的坐像，因为只能看到腰部以下部分。[37]在节目组拍摄了足够的素材之后，沙基拉终于有机会进行仔细甄别。

"嗨，你们快来看……我该怎么说呢？"她冲着登记团队的其他工作人员喊道，"这像不像一位女士？"而这就是在摄影时代仍需要考古绘图师的原因。

坐像人物是一位女性，真人大小，穿着紧身连衣裙，长度直至纤细的双足，衣裙背部有褶皱饰带。[38]她手上戴着镯子，手执连枷，而连枷也是王室的标志（见图8-4）。由此可见，这位女性本人就是权势人物。我们确信她就是英泰夫的母亲伊皮，难怪他总是强调这一点。[39]

图8-4 英泰夫的母亲伊皮的雕像

资料来源：作者。

直抵墓室地面

在2017年的考古发掘季中，我们意识到英泰夫墓葬的发掘可能需要投入毕生的精力。在墓葬入口堤道的尽头，格雷戈里往下深挖数米，在泥砖墙和依石体而建的墓井的交会处，将相互交错的密闭层一点点剥开。他沉浸在兴奋之中，仔细琢磨每一层的形成时间。他不希望被任何人打扰，尤其是他的妻子。为此，他甚至挂起了一面写着"禁止打扰"的骷髅旗。如果有哪个倒霉鬼胆敢踩踏他精心圈定的泥砖，他会直接告诉对方，墓井就在一旁……

泥砖中混杂着一两张花岗石祭祀台的碎片，上面刻着纪念英泰夫的铭文。这原本是极为昂贵且深受尊崇的物品，最终却被砸烂。我们越来越觉得，有人不想让英泰夫在阴世好过。

我们的驻地专家、专注于人类遗骸研究的生物考古学家克里斯汀·李表示，连墓主人家族的尸骸也被亵渎和毁坏，这是很不寻常的。克里斯汀是世界级专家，在研究古人健康、疾病和饮食方面有着极高的造诣。从出土的成年男性和女性以及多个孩子的尸骸来看，她发现这些人生前都很强壮，而且身体也非常健康。此外，这些人生前也不存在明显的营养不良的情况，这表示他们能够获得优质蛋白质和其他有益于健康的食物。这符合我们对首都富裕人口的想象。长期存在的盗墓活动可能造成了尸骸被毁，但从破坏痕迹来看，并非发生在近期。所以，尸骸是很久之前被破坏的，也可能是和墓葬同时遭到破坏的。不过，这一切都只是猜测。

最终，在即将挖到主墓室地面时，我们开始在彩绘浮雕的碎片中发现木乃伊裹尸布和随葬品。尽管数千年来盗墓活动猖獗，但墓中还是留下了很多碎片，比如精致的雪花石膏容器的碎片[40]以及彩陶质地的雕塑配件和护身符的碎片。顺便说一句，彩陶是一种华丽、光洁的蓝色陶器。[41]此外，我们还发现了一尊已被打碎的塞赫美特女神雕塑以及一些只有小指指甲盖大小的小猫雕塑。[42]

在2010年的考古钻探过程中，我们碰巧发现的伊塔威的那些宝石作坊，显然是英泰夫家族成员热衷于光顾的地方。在发掘中，眼尖的工人注意到了由青金石、紫水晶、玛瑙和绿松石等材质制成的串珠。特别值得一提的是，在一颗骷髅头旁边，赫然出现了一枚镶嵌有宝石的眼睛装饰；眼球是白色大理石材质，眼角被染成粉红色，栩栩如生，而缟玛瑙材质的瞳孔则被打磨得像抛光镜面一样。若它仍被镶嵌在棺椁的原位置，一定魅力非凡。

这些发现展示了中王国时代很多人的财富发生的巨大变化。我们知道英泰夫是古埃及南方人用的名字，这也就意味着他和他的家人可能是跟随阿蒙涅姆赫特一世从上埃及来到北方的。我们在英泰夫墓葬中看到的所有艺术品，包括精雕细刻的象形文字和墓葬本身的建筑，都是在金字塔时代终结300年后又从沙尘、饥饿和剧变中复兴的。

虽然利什特墓区已经有3 800年没有再见到建筑师和工程师的身影，但通过库伏特村的村民，我们得以一窥古埃及深厚的建筑传统。有时候，我们会挖到石灰石板，重量相当于一头幼年象，若没有库伏特村村民的帮助，我们根本不可能再深挖下去。我们的村民团队采用了一种创新系统，利用绳索、复杂的绳结、坡道和协调的人力，将沉重的石板从3米深的墓室中吊出。

在总工长奥马尔大喊"一、二"的时候，站在前方的6个人会拉紧绳索，而站在后方的2个人会用力推，每隔几秒就会吆喝一声。所有力量汇聚到一起，发挥出远比个人力量之和更大的整体力量。这让现场的我们目瞪口呆。这些人很可能就是利什特古墓最初建造者的第150世孙。

在2017年考古发掘季接近尾声时，我和工人们在主墓室内一起清理柱基周围的沙土，突然发现地上有一个黑洞。这可是一个有着4 000年历史的入口。古时候有人闯进去过，而再一次被闯入则是在

2011 年。这可能是英泰夫最初的长眠之所，封堵入口的石块边缘仍留有灰泥的痕迹。在不远处，我们还发现了三只完整的祭祀用碗。其中，摆在地上的那只碗可能原本就在那里，或许是最后一个前来祭拜伊皮的某位后代放的。日后，我们还会重返此地，进行更深入的发掘。

从太空到田野

就 2017 年的考古发掘季而言，除了继续发掘之外，我们还有一个更紧迫和更有雄心的目标，那就是对利什特遗址的南半部进行测绘，其中也包括盗墓贼留下的那些盗洞。

调查工程师艾哈迈德·易卜欣·艾哈迈德帮助我们创建了利什特南部地区的详细的三维地图。他用的是全站仪，也就是一种可以精确标定 x、y 和 z 坐标的测绘和测量工具。与此同时，另一个团队利用差分全球定位系统记录我们先前已经在卫星影像上标注出来的盗洞。埃及文物部年轻、热情的巡视员穆罕默德·阿拉姆和埃及核材料管理局的地质学者里达·伊斯马特·阿拉菲参与了富有成效的记录工作，后者也是我早前带过的博士研究生，爱笑、富有感染力，而且充满好奇心。我们需要确认卫星捕捉的影像是随意挖掘的盗洞、实实在在的墓葬还是自然景观遗迹。

在短短几个星期之内，团队成员就处理了 802 座墓葬的资料，全是埃及古物学家先前不曾知晓的。这些墓葬有不同的类型，有助于我们了解该地区的丧葬习俗。我们计划搭建一个可检索的墓葬数据库，内容涵盖墓葬类型、建筑材料、尺寸规模、地点、石材质量以及遭窃的大致时间。大多数竖井式墓葬中都包含 2 到 8 个不等的家庭成员墓穴，所以总共加起来，这 802 座墓葬中可能埋着超过 4 000 个人，而这些人都是在伊塔威生活和亡故的。

在利什特北部，我们仍有超过1 000座潜在的墓葬需要测绘，也就是说这里面埋葬着另外5 000多人，而这些还仅仅是被盗墓贼盗挖过的墓葬。由此不难想象这处遗址的规模之庞大，而新的发现则有助于我们获得关于中王国的新洞见。

在发掘季的最后一天，我爬上一个山头俯瞰墓葬。暴露在外的墓室以及为后期侵入性墓葬而修建的堤道令人震撼。对于所有的竖井式墓葬和祭堂壁龛，我们都在上面建了坚固的砖盖，并加装了带锁的铁门。另外，在石灰石山丘上，我们还建了一个新的哨所，安装了可探照整个古墓区的强光灯，看守人员的工资也由我们项目团队支付。卫星影像显示，自该哨所建立以来，当地的盗墓活动已呈下降趋势。

将来，我们希望恢复英泰夫的墓葬，并将那些已经破碎的浮雕重新拼接起来。我们可能永远都不会知道他的墓葬被毁的原因，但我们的发掘工作以及与之相关的安保措施，保住了他们家族生活过并长眠的这个社区的最后遗存。或许有一天，我们会有更多的发现；英泰夫的墓葬也许会成为历史上的众多悬案之一，但就目前的发现来看，我依然抱有解开这一谜团的希望。

人类的希望机

在本章及前一章中，我们做了一场不寻常之旅，了解了古埃及伟大的金字塔时代是如何终结的，以及古埃及又是如何崛起并在中王国时代达到文化全盛的。我的很多同行会用"崩溃"一词来形容古王国时代的终结，意指它已完全毁灭。然而，在我看来，这些时期更像是气球，在外力的作用下泄气瘪了，复又充气膨胀。古埃及在经历了第一中间期的极度混乱之后,迎来了中王国的崛起。我们可以称它为"古埃及2.0":与古王国相比,它并没有变得更好,只是有所不同罢了。

当今社会或许也需要放一放气,以便开展自我改革,实现进一步发展。古代历史教给我们的,就是要永不停止地测验或开拓新的疆界。对试图从过去吸取经验教训的个体来说是如此,对试图改变整个权力结构的群体来说亦是如此。我们从未停止过,未来也不会停止。一个伟大时代的终结并不意味着一定会出现一个新的时代,但这种可能性存在。而这,就是历史给予我们的先见。

目前,利什特的考古遗址还仅限于墓区。在这座现代城市的地下,伊塔威城依然在召唤我们,而如今生活在这里的人们,或许就有沙漠墓区中的亡者的后代。虽然我们现在还不太清楚英泰夫或伊皮的故事,但我们已经把他们从被遗忘的历史中带了回来,帮助他们实现了每一个古埃及人最深切的愿望:被铭记。[43]

在我看来,考古学是我们人类的希望机。我的愿望就是,在了解了古埃及不同时期的起起落落之后,你会有和我一样的看法,也会知道这些故事并不仅仅发生在古埃及。它们存在于我们脚下的每一个地方,值得我们去发掘,也值得我们去保护。

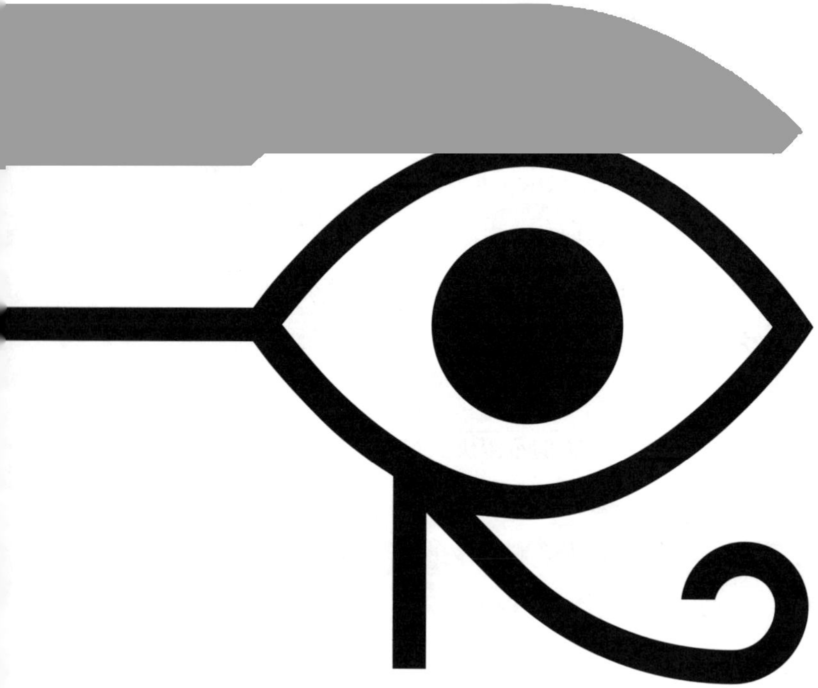

过去的未来

多种异常先进的成像技术已为未来做好准备。

9

场景：中东某地一处考古土墩

时间：2119 年……

罗比大步跨过一片休耕的田地，扫视着眼前隆起的土墩。这是一处占地面积约为 500 平方米的遗址，四周依稀可见部分墙体系统。该遗址在先前的任何地面考古调查中都未曾被发现。但 100 年前的卫星影像清楚地显示了它的存在。为什么考古学家从来没有认真调查过这些遗址呢？因为工作条件太原始了，他猜想。坦白地讲，他们竟然能成功恢复数据，真是一个奇迹。

因为这次任务只给了一个小时的时间，罗比立刻行动起来。他取下银色的金属材质背包，按下按钮，顶部弹开，只见泡沫隔间里装着数十个球状物，颜色不一，有红色、绿色、蓝色和黄色，其直径跟易拉罐差不多。罗比把它们取出来，放在地上。

他在每个上面轻击了一下，启动"调查"模式，然后从包里拿出一个小盒子，里面装着若干曲别针大小的微型彩色机、一根银棒和一张飞盘大小的磁盘。在将磁盘固定在银棒上之后，他把银棒插在地上，然后倒出彩色机。

"等等。"罗比说。它们全都开始发出嗡嗡声，然后排成一排。"红色出发。"

红色球状物随之释放螺旋桨起飞：一半在遗址上方成排飞行；一半以固定模式飞行，覆盖遗址周围 5 千米内的区域。计时器为这些红色机器人开启 10 分钟倒计时。罗比盘腿而坐，一边盯着时钟，一边在面罩屏幕上调出一幅全息地图。地图上已经载入了大量调查数据，而配备有激光雷达系统、热红外系统和高光谱遥感系统的红色机器人，能够几乎完全准确地探测到地表下的建筑结构。有三分之一的遗址被低矮的植被覆盖，但探测清晰度丝毫不亚于其他裸露区域。

随着三维影像出现在全息地图上，古河道和古运河也延伸开来，并附以假定的变道时序表。在大多数近地表的建筑结构都弹出来之后，罗比满意地点了点头。遗址中的墓葬区、行政区、居民区和作坊区是重点区域，里面还包括一座看起来颇像宫殿的建筑。

现在还剩 40 分钟。"绿色出发。"他说。绿色机器人应声而起。它们在距离地面仅有几英寸[1]的高度飞行，穿越植被及其周边区域，并以若干相隔数英寸的飞行路线将遗址全部覆盖。在罗比的屏幕上，地表下的建筑结构以三维模式更清晰地显现。遗址示意图不断向地下延伸，直至距离地表 8 米的地方。屏幕上的色阶差异表明了建筑物的不同建造时间——从早期到晚期不等，并将这些建筑物同内部数据库中的数以千计的样本加以比较。数十栋建筑物随之出现亮光标记。

---

[1] 1 英寸 =2.54 厘米。——编者注

时间还剩 35 分钟，要争分夺秒，否则将难以完成待办清单上的所有事项。

"蓝色出发！"蓝色机器人按 9 个为一组的编队从重点显示的建筑物上空飞过。在距离地面约 1 米的地方，这些盘旋的无人机利用强大的激光钻孔，并发射铅笔粗细的探测器，直至地下 7 米深的地方。在收到超声波数据之后，罗比便操纵它们转向下一个单元。

探测器好像探测到了什么物体，全都指向同一位置。罗比端坐起来。建筑结构以三维模型显现在屏幕上，包括墙体内的所有物体和墓葬，90% 的房间呈现出更亮的色彩标记。

"热点还真多。"他低声嘀咕道。他看了一眼计时器，然后咬了咬嘴唇。只剩 25 分钟了。"探测器收回。黄色出发，发掘机器人出发。"

微型机器人成排飞起，准确扑向上述热点所处的位置，并开始发掘。黄色无人机紧随其后，在发掘点上方盘旋。发掘机器人一边往下发掘，一边扫描墓葬区，同时采集一系列样本。在返回地面时，发掘机器人会把碎骨递交黄色无人机，后者以其自身配备的分光计进行 DNA 测序。

比对中。嘈杂声持续不断，机器人正在将死者同当地或该区域内的家族谱系关联起来，将物体同该地或数百英里外的遗址关联起来，同时将陶器及其碎片同拥有数以千计样本的数据库关联起来。

罗比盯着屏幕上闪现的数据框。

"15 分钟。"计时器的自动提示声响起。但此时，一个突然闪烁的指示灯引起了他的注意。他凑上前仔细看。一系列卷轴。有一些是边缘烧焦了吗？他做了一个挥手的动作。5 台专家级别的扫描机器人随之行动起来，对埋于地下的古文献进行扫描。那些卷轴就像被从地下吸了上来一样，出现在罗比的屏幕上，然后一一展开，呈现完整文本。有些卷轴甚至已经被古代的书记员反复使用，羊皮纸卷上留下了把文字刮除后又在上面另行书写的层层痕迹。

"即将结束。"

罗比的中央数据库的按钮呈现绿色：测绘和扫描数据完成。再过几分钟，处理后的数据就可以检索了。

"机器人返回。"罗比对着整个遗址喊道。在机器人飞回后，他逐一关掉，然后小心翼翼地放回背包。提示声终于响起，他抬起了头：这是近两个世纪前录制的图坦卡蒙的银制小号的原始音。[1] "太棒了，时间刚刚好。报告。"

"完成区域和国家遗址数据库的扫描。15 种不同的遗址历史假说计算，迭代'开始'。第 1—10 种历史假说排除，可能性低于 90%。在剩余的 5 种假说中，4 种符合遗址于 1177 年遭废弃之前的历史。废弃模型可能性均低于 94%。从文化层模型来看，最后一种假说的可能性超过 95%。"罗比点点头，飞快浏览图表。

"那就把它发给我吧。"

"遗址文化层始于公元前 3225 年，当时聚落人口约 200 人，到公元前 2478 年扩张成一座人口约 2 000 人的小城市。扩张原因是河道变迁和国际贸易增长，且有证据表明当时存在一个非常富裕的统治阶层。在公元前 2310 年，一名地区诺马尔赫开始组建独立军队——"

"并争夺控制权？"

"正确。控制了方圆 40 千米内的 50 余座城市。他自立为王，统治时间达 20 年，后被大祭司废黜。在公元前 2290 年的一场重要战役中，该祭司败北。在 1 米多厚的淤泥沉积层中，没有任何陶器碎片。在战役之后 100 年里，亦无证据显示人类在此生活过。"

"听起来像是遭遇了旱灾。"

"正确。4 300年前发生的一次旱灾导致该地大面积的聚落被废弃。在公元前1800年左右,一座人口约为500人的城镇再次出现,由一名当地人统治。在公元前1177年左右,该城镇接连遭遇饥荒、瘟疫和火灾。在一条重要的收费道路竣工之后,该城镇在罗马时期的人口超过2 000人。公元146年,大量中青年人在战争中被屠杀。妇女和女孩的遗存证据非常少,她们可能作为奴隶被掳走了。"

"很好!"

"我还没有解读情感值。你希望我这么做吗?"罗比听后一惊。

"不,谢谢,"他一边说着,一边在半空中挥动手势,清除了查询框,"继续报告。"

"在公元661年至750年的倭马亚王朝时期,这里出现了一个很小的聚落,并一直延续至今。"

遗址及其周围景观的可视化图像显现,并依照发掘机器人捕捉的变化情况展示不同时期的演变,附带显示区域地图,上面标注有贸易中心、自然资源、入侵军队的母国以及残存的古河道。

"遗址历史报告完毕。误差的可能性为±2%。"

罗比咒骂了一句。不是他所需要的1%。

"我什么时候才能学会部署最新的探测器模型?"

"未知。"

"哦,算了——会话结束。"

一篇完整的报告出炉,内容包括地区河流系统、建筑物所属时期、陶器、骨骼遗存和DNA,以及聚落的发展、扩张、崩溃、废弃和重建。平面图、地图和重建图在屏幕上一一闪过。与此同时,已被扫描的陶器碎片一块接一块地飞往屏幕同一位置,重新拼成一个漂亮的油膏罐。

9 过去的未来

"最精彩的部分……"罗比笑着说。跨越5 000年的饮食习惯的全面细分。真是漫长的一天,他的肚子已经在咕咕叫了。

"警告!警告!即将超时。"

他骂了一句,然后点击"接收:最终报告"。"老板肯定不喜欢2%这个数字。"但相比之下,现在还是啤酒更重要一些。

罗比返回先前的着陆点。无人机的轰鸣声越来越大,周边尘土飞扬。他把他的机器人分身绕着背包折叠成一个紧凑的正方形,然后放到无人机的磁力延伸控制区。

一秒钟后,在考古视觉组织总部,罗比取下虚拟现实面罩,甩了甩头。最终报告中的参考文献,与2010年的一项考古调查有关。那些文献甚至与附近一处遗址的发掘报告也有关。太多的数据被忽视了!

那么多尘土……细菌、苍蝇以及连续几个月远离舒适的住所。又有谁愿意这么做呢?

他皱了皱鼻子,眨眨眼,看着屏幕上旋转的油膏罐模型。从地下挖东西,真是太浪费时间了。每天走进大厅时,他都会拍一拍戴着面具的图坦卡蒙的前额。嗯,这是一尊完美的复制品,3D打印的,连专家都难辨真伪。复制品的材质同样是黄金,因为前往其他星球的采矿行动已经真正展开。黄金和青金石都跟薯条一样便宜。

"真正意义上的土豆价,"他喃喃道,"这才对嘛。"他瞥了一眼悬在空中的全息时钟:时间刚刚好,准时完成了今天的第五处遗址。吃午餐不会影响接下来的日程安排,但啤酒就得等一等了。"定额,定额。"他一边说着,一边起身。

在餐厅就餐时,他想到了那个误差率。这应该不会影响他的个人评价。但他的排名是多少呢?整体排名第三。他用叉子叉起一块方形食物，飞快塞入嘴中。

"她会让我把机器人换成新的，"他对着自动分发器说，"她是老板。这也不错，对吧？它们也到了服务年限了。"

但他个人呢？柜台后面的超大屏幕，正实时显示着飞船的施工现场。在一个自旋转的广阔空间内，探索飞船就像那个油膏罐一样，被自动组装完成。几个月后，飞船将会被发射到与地球大小相当的外行星"Ross 128 b"。[2] 罗比的头像也在屏幕上滚动显示——一级考古技师：他仍有很大机会加入航天团队。

在考古视觉组织，考核排名前10的员工将进入太空。该组织有20名像他这样的一级考古技师，如果全员出动，一天之内就可以测绘100处大型古遗址。如此一来，他们也就有能力测绘其他星球上的遗址。在联合国外行星任务标准合同期间，他们已经录入了一万处遗址。

"我们还有一个月的时间。"他一边说着，一边匆忙吃掉了最后几块食物。

"错误，"自动分发器回应，"餐厅服务将在10分钟后关闭。"

他面无表情地盯着机器，然后抬头望向屏幕。古代的埃及、叙利亚、伊拉克以及其他很多地区，都有过人类生存、兴盛和没落的历史。然而，现在的罗比却在等待飞往外星的命令。

若那些曾经被他记录下来的人泉下有知，他们会有何感想？

"哎呀，罗比，"他一边说着，一边把餐厅托盘塞进机器里，"你可不是那种疯疯癫癫的老派考古学家。"正如屏幕上所显示的考古技师，而技师两字才是吸引他入行的原因所在。最新潮的电子设备、优渥的薪水，以及有机会遨游太空……

真正的谜团都在其他星球。地球上几乎每一处遗址都已经被测绘过。

"在很大程度上，它们都是一样的。"他叹道。

罗比的头像再次在屏幕上滚动出现——面带微笑，充满自信和活力。在他的手表的全息图像中，老一辈的大学老师则是另外一副天真烂漫的模样。课余时间，他和朋友们总是笑话他们。

时间回到2060年。最后一代老派考古学家仍在泥土中发掘文物，就像那些蹩脚的机器人一样。在他们之后，最后的泥铲也被束之高阁。如今看到的那些录制课程，都有近100年的历史了。

但是，当他们谈到新发掘的文物，谈到田野调查中的同事情谊，谈到在21世纪70年代第一次捕捉地外无线电波时，他们脸上洋溢着热切又期待的表情。是的，他笑话过他们。然而，他不知道的是，当他盯着飞船施工现场看时，当他想象在太空中寻找古文明的遗迹时，他的表情跟那些教授看起来多么相似。

真相已经不再是在地下了，而是在外太空。

欢迎回到现在！

听起来就像天方夜谭，对不对？正如我的一位幼儿园老师曾经说的，创作这个故事的人"对科幻小说比对科学更感兴趣"。显然，这个人长大之后也没有太大变化。在20世纪80年代的童年时期，《星球大战》和《夺宝奇兵》在我的脑海深处埋下种子，日后生根发芽，成为我真正的研究兴趣。在本书中，我几乎都在谈从太空看到的地球，甚至更多篇幅是从考古学的角度来讲我们人类的过去，但现在为止，我还没有告诉你我们将来可能会去哪里。

在20多年的学习和研究生涯中，我发现考古学家更多的是在想象过去而不是梦想未来。也许是我们太过拘泥于细节，也许是我们因担心犯错而不敢冒险——真是可怕！

心怀远大梦想

但如果我们允许自己想象考古学的未来，无论这个梦多么短暂，我们将会看到考古学家、科学家、医生和机器人专家都在使用我前面所谈到的每一种技术形式。也许这些技术设备的尺寸还没有那么小，用起来也没有那么便捷，或者没有装备那么多的传感器，但一想到日新月异的科技进步，我就能感觉到2119年的世界离我们越来越近。

就技术演进而言，30年并不是一段很长的时间。回想一下，在20世纪90年代初之前，几乎没有人听说过互联网。一个世纪之前，只有那些非常富有的人才会安装电话，而如今，全球约25.3亿人拥有智能手机。[3]

信不信由你，发明家会专注于阅读科幻小说，希望从中获得洞见，进而打造出下一个划时代的可以让他们大赚数十亿美元的产品。[4]用科幻小说来想象考古勘探的未来，同样会带来丰厚回报。

举例来说，在一个小时之内测绘并发掘一整处遗址，或测绘并发掘部分遗址，但这部分遗址足以帮助我们揭开整个谜团，现在来看，这无异于天方夜谭。就一支考古团队而言，他们研究、测绘和发掘一处遗址可能需要超过40年的时间，而对团队负责人来说，他们终其一生对一处遗址的了解可能也只是一点儿皮毛。

我们来做一道数学题，因为数学是很有趣的。一个500米见方的土墩，高度为8米，暂且不考虑当前地下埋有何种物体，那么这处遗址的总体积为200万立方米。在一个为期两个月的考古发掘季，一名考古学家及其在当地组建的发掘团队可以发掘一个10米见方的单元，深度为3.5米，即体积为350立方米。

即便一个发掘季发掘4个这样的单元，体积也不过是1 400立方米。若按相同的发掘速度计算，40年下来，体积为56 000立方米，尚不足遗址总体积的3%。外加每年的发掘报告、数以百计的论文和诸多学术著作，还有就是数十名博士研究生的付出。

因此，整个遗址发掘下来，我们差不多需要33个这样的40年。也就是说，这样一处遗址，我们需要1 320年才能发掘完，才能完全了解它。即便是一年到头都在发掘，我们也需要考虑密集的实验室工作、分析工作和学术报告的撰写工作，其所需要的时间通常是田野作业时间的4到8倍。

现在，将所需时间与一个地区内的遗址数量相乘。

尽管考古学的黄金时代见证了种种技术的突飞猛进，但要完成这样的任务，还是远超我们的想象。此外，还有一道令人震撼的现实冲击波：考古学家可能不会有机会在同一处遗址开展多个发掘季的工作。除了我们已经谈到过的经费和许可之外，职业生涯的变动也会导致遗址发掘负责人转移阵地。这是无法避免的。始终如一地守着一处遗址，是需要奉献精神的，当然主要还是时间上的承诺。利什特是我最喜欢的埃及遗址，我愿意全身心投入其中，但即便如此，我还是在不断地寻找其他遗址并进行测绘。我不知道这是不是跟我的个性有关，也许不去深究会更好一些。

当前的进展

要想一个小时之内了解一处遗址，近乎异想天开，甚至都超出了科幻小说的范畴。但从现状来看,虚构人物罗比在2119年使用的那套神奇工具或许可以告诉我们,此时我们离自动驾驶的可用于考古遗址测绘、调查和三维重建的微型无人机技术还有多远。

目前,我们已经可以在任何可以飞离地面的设备上装载遥感工具:从卫星到直升机再到无人机(也被称为无人驾驶飞行器),不一而足。用于考古的标准无人机的直径约为50厘米,但随着技术的发展,其尺寸正变得越来越小。现在,你可以购买巴掌大的玩具无人机或新奇的迷你无人机,后者的直径跟普通易拉罐相当。[5]有的无人机甚至搭载了相机。[6]

在2015年之前,遥感载荷设备越重,无人机的尺寸就越大,而且有时候你不得不依赖飞机或直升机。如今,一架标准的无人机可以轻松搭载一套激光雷达系统以及一台热红外相机或高光谱相机,跟罗比在初步调查中使用的红色机器人颇为相似。[7]这些技术设备在过去的10年里都朝着微型化发展,而且进展飞快:目前已经有了跟智能手机差不多大小的高品质的热红外相机。从现在算起,用100年的时间研发可搭载在巴掌大小的无人机上的微型热红外相机,根本不成问题。

从理论上讲,到2119年,上述每种系统都可以用于测绘地下特征、遗址活动区、地形地貌和残存的河道。

高光谱成像技术

高光谱成像技术是考古遥感技术领域的一个令人振奋的前沿。它可以提供数百个波段的数据,有助于我们获得与地形相关的化学成分线索。[8]此前我们大篇幅讨论的,也不过是标准的4~8个波段的可见光及近红外光数据。这好比你的电脑屏幕的颜色从 8 色位增至 256 色位：你可以看到图像中更多的细节和微妙之处。

手持式分光计[9]——大小跟高中实验室所用的显微镜差不多，可以根据任何物质的化学构成来测量其光谱特征。地质学家已经在利用这种设备来探测不同地质层之间的细微差别，[10] 但对考古学家来说，它相对新颖，我们还在摸索如何让它发挥最大功效。第一步自然是建立涵盖考古遗址乃至考古区的特征数据库，以作比对用途。

我们知道，地球表面上任何东西都有其明显的化学特征。埋于地下的遗迹在降解时会释放微小的建筑材料颗粒，并慢慢与其上面的地质层混合。虽然我们用肉眼可能看不到这些变化，但利用红外数据便可测绘，而且相关特征在雨后尤为明显。如此一来，我们就可以确定泥砖建筑物或聚落地基的轮廓。[11] 如果埋于地下的是石砌遗迹，那么利用中红外数据，我们就能让它们更好地显现。

通过高光谱数据，考古学家也可以辨识考古遗址的显著活动区。比如，陶器或金属需要在高温下生产，因而会留下明显的化学残渣，我们可以据此判定某一区域是否为工业区。再比如，墓区里的人体遗骸可能会改变土壤中的矿物质含量，而由此产生的碎片往往会出现在遗址的最上层，形成鲜明特征。这些不同区域都会在光谱中呈现不同的脉冲尖峰，而在某些特定波段中，则未必能看得很清楚。

热红外成像技术也为考古学家提供了一个令人振奋的研究新途径。任何城市到了夏天最热的时候，混凝土白天就会吸收热量，而到晚上气温下降后，热量就会向外辐射。在城区，夏天晚上的气温可能比树荫较多地区的气温高三四摄氏度，因此城市到了夜里真的会在卫星影像中"发光发热"。[12] 埋于地下的考古遗迹也有类似的反应，只不过温度差别更细微而已。

在美国新墨西哥州的查科峡谷，考古学家已经开始使用热红外相机探测地下礼堂。[13]也就是说，同样的成像技术完全有可能被用于识别其他沙漠环境中的墓葬乃至埃及帝王谷中的陵墓。要知道，考古学家已经持续多年在帝王谷寻找地下墓葬。运用该成像技术时，你需要确保在合适的季节、合适的日子，因为只有这样才能最大限度捕捉温度的细微差异。

在接下来的几年里，我们将会看到可搭载多种传感器的无人机的问世。这完全是效率使然，而效率的提升则相当于资金的节省，毕竟研究预算日趋紧张，省钱至关重要。同理，未来也必然会出现更多有助于我们更好地开展考古调查和发掘的传感器。目前，已经有研究人员在飞机上同时搭载激光雷达系统和高光谱相机[14]，而随着技术的进一步发展，标准的多用途载具将会搭载更多的微型化设备。

全方位扫描

再来看罗比的绿色机器人，也就是那些可以扫描遗址及其周边景观的机器人。遗址并不是存在于真空中的。我们已经看到，原材料的可用性以及河流或湖泊的变迁等资料，对我们了解聚落社区的兴衰至关重要。正因为如此，我们在调查古遗址时也会调查它们的周边环境，进而确定河道的遗存或水源[15]以及其他自然资源的采掘地。

当前的关键工具包括地磁仪、电阻率计和探地雷达。这些物理工具本身都非常棒，但是在一个标准的调查季，团队成员要带着设备步行数百英里部署使用，异常辛苦。不过，随着技术的改进，同其他技术设备一样，测绘系统也会朝着小型化和轻量化方向发展。希望有朝一日，这些系统也可以像罗比的设备一样搭载在自动驾驶的无人机上。

9　过去的未来

这样一来，我们的磁力测定专家就不用整天累得腰酸背痛了。

时下，研究人员要等到工作结束后才能将设备中的数据下载到电脑上，然后再用类似于遥感程序的软件进行处理。其实，设备中的数据现在已经可以通过无线网络传输到电脑上[16]，只不过这种做法还没有被广泛实践。随着地下探测与传输技术的持续发展，我们大概可以期待基于无线网络的数据自动上传功能，而将数据即时填充到遗址的三维模型中，并全面显示位于地下5~8米处的建筑结构，同样可以轻松想象。要知道，仅仅在50年前，我们连地下遥感仪器都没有。100年后，隐藏在地下的秘密将会一览无余地展现在我们面前，而整个过程连发掘都不需要。

罗比的蓝色机器人提供的那种令人惊叹的三维重建技术，目前已经处于起步阶段。你已经见过利用超声波来重建三维环境的实例，只不过没有意识到而已。蝙蝠和海豚天生就具备这种能力，而我们人类最终也搞明白了。无人驾驶汽车通过发送声波来探测道路上的物体，并初步识别，然后据此采取行动，比如识别到人则停车，识别到后面车则加速，以免发生碰撞。[17]科学家已经将这项技术应用于无人机编队[18]，进而发现了很多潜在的测绘应用功能。随着技术的发展，传感器的尺寸越来越小，灵敏度越来越高，未来通过探测器自然可以在地下使用。

在我们的科幻场景中，发现卷轴时所采用的现场扫描技术目前来看是非常超前的。不过，扫描并呈现古代艺术和文献的技术现在也已经有了长足进步。时下，科学家利用激光来清理墓葬墙体上的烟尘，让精美绝伦的绘画重见天日。[19]通过红外光来观察古代手稿，便可以找出哪些是重写本。重写本上面留有层层书写的文字，而先前被刮除并被覆盖的部分是我们用肉眼看不到的。[20]

另外，利用相差 X 射线成像技术，我们甚至可以检视在意大利赫库兰尼姆遗址出土的被烧焦的卷轴。这处遗址和庞贝古城都是被公元 79 年爆发的维苏威火山毁灭的。该遗址虽然不及庞贝古城有名，却更令人着迷。被烧过的密封卷轴极其脆弱，根本无法打开查看，但通过该技术，我们便可以从烧焦的莎草纸中提取文字。虽然目前的研究结果仅表明这样的设想可行，但专家充满信心，并认为在不久的将来便能借助该技术查阅整个文本。[21]

机器学习——前沿引领技术

多种异常先进的成像技术已经崭露头角，并为未来的发展做好了准备。与此同时，我们也越来越接近罗比所用的那种信息联通技术以及与该技术相关的可对遗址进行深入、精确调查的一切功能。它就是机器学习。

机器学习或者说计算机视觉是当今大多数计算机科学程序的重要组成部分。它是人脸识别程序背后的驱动力量。通过神经网络，计算机将新接收到的五官特征的像素，与已存储的成千上万的样本进行比对。

现在手机里的很多应用程序都是由这类软件驱动的。比如，你想知道你最喜欢的咖啡馆里播放的是什么歌，你刚刚拍摄的是一只什么鸟，通过这些应用程序一查便知。[22] 在某种形式上，机器学习代表的是一种增强现实：在数据日益庞杂的生活中，我们借助电脑从噪声中分辨出信号。

就机器学习而言，卫星影像可以说是一种完美的数据类型。通过大型卫星数据集，我们团队 3 人花了近 6 个月的时间才测绘出埃及所有的盗洞。试想一下，如果我们能够训练机器来探测潜在的盗洞区，并让机器把那些盗洞同已知的样本加以比对，那么我们的速度将会有多快。如此一来，我们的工作就是对盗洞进行确认，而不是亲自在数十万平方千米的区域内搜寻。就整个埃及而言，可能一个星期就够了。

利用机器学习在卫星数据中探测先前未知的考古遗址，是目前我们领域尖端的技术前沿。如果我们能够自动剔除无任何考古遗迹的区域，那么我们就可以把精力集中起来，专注于感兴趣的特定区域。这样一来，我们也不至于因眼睛过度疲劳而错失重点。数据科学家已经开发了机器学习算法来执行相关任务，比如搜寻希腊的卫星影像，来探查有钱人为逃税而隐藏的游泳池。[23]

时下，整个考古学领域就是建立在这样的迭代程序之上：我们对全球范围内的遗址进行调查和遥感探测，然后在结果中比对相似的遗迹，进而确定遗址中最有前景的发掘地点。我们是绕了一大圈来做这项工作的。机器学习可以极大地提升这一效率，而取土层样本和地震探测也会变得更有针对性。目前，我们在这方面能做的唯有期待。

其他应用程序在遗址发掘之后也可以为我们提供类似的帮助。在考古发掘季结束的时候，考古学家会花大量时间来查找其他已经探索过的遗址，并通过碰巧相同的遗迹和物件来证实或解释自己的发现。如果有机器能够代劳，自然再好不过了。

搜索引擎如谷歌 Ngram Viewer [24] 已经可以在收录数百万册图书的数据库中检索特定单词或特定使用模式的首个实例。采用类似搜索协议的反剽窃软件，有助于莎士比亚的业余爱好者寻找莎士比亚在撰写剧本时汲取重要创作灵感的某部作品。[25]

同样的软件原理也可以用于寻找任何"相像"的事物：从城市规划图、建筑物包括城墙到神秘的人工制品的碎片，不一而足。如果机器知道材质、形状、尺寸和工艺等参数，那么它就可以在数据库中轻松找出相应的物件。基于在其他遗址发掘的更完整的样本，这种速度超越想象的比对亦有助于我们对遗址或物件进行全面的三维重建。

明年生日，我想要一台发掘机器人作为礼物……

但说到实际的发掘……在罗比的故事中，那种兼具发掘和扫描功能的微型发掘机器人的问世，可能距离我们还有好几光年。然而，机器人和传感器已经成为我们日常生活中的一部分。如今，机器人技术的进展也在将我们曾经的想象变为现实。

比如，麻省理工学院的衍生公司波士顿动力公司制作了一系列被疯传的视频。在这些视频中，该公司研发的像动物一样的机器人不但负责开门，还爬楼梯，做后空翻等动作。不得不说，看到这些视频，你难免会想到那句经典台词——"我会回来的"，而在2017年的TED大会上，我发现这些机器人本身也引起了人们的广泛恐慌。[26]

目前来看，我们或许没有必要逃离我们的机器人霸主。在另外一段被疯传的视频中，家用扫地机器人Roomba把狗狗的大便弄得满屋子都是[27]，而这也表明有些电子设备还没有很好地执行任务。不过，它们很快就会了。

如果美国国防部高级研究计划局能够研发出像昆虫一样可穿梭于建筑物之间的微型机器人[28]，而且这些机器人可被用于探测埃及的

9 过去的未来

盗洞，比如中埃及地区遭严重盗掘的希贝赫遗址[29]，那么我可以预测，未来它们不仅能胜任真正的发掘工作，还能在不损坏古代遗存的情况下扫描地下遗迹。如果这听起来有点儿扯，那么我们不妨看一个事实：在博物馆和考古遗址，对物体和骨骼的三维高分辨率扫描已经变得越来越普遍。既然发掘机器人都已经能够入地了，那么让它们去采集化学检测样本和 DNA 样本自然也就在情理之中了。

DNA 分析是考古领域的另一个革命性工具，而且目前正飞速发展。有些人可能已经通过 23andMe、Ancestry.com 或美国国家地理学会的"基因地理计划"进行了 DNA 采样检测。这些公司和计划已经对成千上万人进行了 DNA 分析。你甚至可以用分析结果来追踪你们家族从非洲走向更广阔世界的路径。[30] 就我个人而言，我发现我有 3.7% 的基因来自尼安德特人和 0.9% 的基因来自丹尼索瓦人。想想看，这意味着我的曾的 N 次的祖父母是尼安德特人。这或许可以解释为什么我的眉毛很浓。

在位于开罗的埃及博物馆，考古学家对馆藏的王室木乃伊的 DNA 进行了比对。[31] 他们发现，在更短、更接近现代的时间尺度上，从早已死去的组织中提取的 DNA 可以帮助重建复杂的家族谱系。未来，随着古人和现代人的 DNA 检测样本的不断增多，我毫不怀疑，这样的努力将会打造一个可追溯数十万年之久的世系血统网络，而从事 DNA 采集和检测工作的机器人，或许就是罗比使用的那种黄色机器人。毕竟，我们都来自同一个大家族。对考古遗址出土的骨骼进行 DNA 采样检测，将有助于我们把那些族群同地点关联起来，进而和地区乃至国际的数据集关联起来。

在考古领域，DNA 检测已是非常先进的技术：通过提取古人的牙菌斑样本，便可分析他们罹患何种疾病。[32] 2018 年的进展还包括根据一万年前的骨骼遗存来确定死者的肤色。[33] 随着医学的飞速发展，我们将有可能通过 DNA 检测结果来确定古人的容貌和体格特征。

未来就在这里

在我们的故事中，罗比最后在电脑上细读了一份遗址分析报告。该报告高度还原了此处遗址的完整历史。这可能是你最难以接受的一个部分。要知道，考古学家需要数十年的时间来磨砺自己的考古和诠释技能，而到中年的时候，他们终于能够写出宏大的长篇论述了。（开玩笑的。我们在研究生阶段就开始写这类长篇报告了。）时下，发掘负责人要在一处遗址忙上 30 年或 40 年，才有可能写出一本关于该遗址的专著，但专著中的大多数理论，怕是在 10 年后就被他或她自己的学生推翻了。一切本应如此。

但如果你跟罗比一样拥有那些机器人搜集到的所有数据，我想没有道理不能立即汇总结果。但就当前标准的考古作业来看，要想拿到那些数据，需要花费数百年的时间，还要辅以相应的实验室工作。我们已经把数据输入电脑，以作统计使用。比如，我们可以据此知道某些东西是如何风行一时的，以及它们又是如何被废弃的。面对单一遗址的多个大型数据集，我们需要强大的计算能力，以便对数据做出全面分析。这其实在 5 年内就可以实现，根本不用 100 年的时间。如果你能够把一处遗址的所有数据都输入电脑，并能即时与其他任何类似的遗址加以比对，内容涵盖主要的建筑物、物品、骨骼和工艺，那么绘制该遗址的全貌一点儿也不费劲。

我，考古学家

在我们窥见未来的故事的结尾，我们发现罗比只是一个技师：通过机器人化身和触觉技术，他在虚拟空间中以触摸或打手势的方式进行操作。就目前的技术发展来看，这样的场景并不难实现。虚拟化身其实在电脑游戏里已经很老套了。再者，我们现在也已经在使用搭载相机的无人机去探查那些过于危险或难以抵达的地方，或者去观察那些过于危险或难以接触的事物，而在此过程中，我们只需要通过平板电脑或计算机来操作它们即可。想想看，电视视频游戏系统是如何捕捉你的动作的。

我曾经在一辆未来派十足的自动驾驶汽车里体验下一阶段的触觉技术：只要轻轻向左或向右动一下，就可以给车载电视换台。[34]该技术的原理是，传感器捕捉并解读你的动作，然后传送给电脑或其他机器。在钢铁侠系列影片以及更早的影片《少数派报告》中，用户在屏幕上滑动图像或在数英尺之外隔空设计或研究某物的电影特效，如今已基本成为现实。微软公司推出的体感外设 Kinect 也采用类似方式操作，允许外科医生利用身体动作而不是通过触摸电脑来操作磁共振成像和其他图像，确保手术室的无菌状态。[35]另外，基于该设备的模拟训练也可以让外科医生提前做好手术准备。[36]远程手术和远程考古发掘的实现，或许就在不远的未来。

20名技师以虚拟现实的方式操作机器人编队，在一天之内就可以全面探测100处乃至更多遗址。同样的工作量，若是换作一支20人的考古队，在大量当地劳工的协助下，也需要很多年才能完成。亲自上阵去发掘固然美妙和有趣，但让机器人化身代劳则更有效率。从当前机器人技术的进展来看，我们不用100年就可以实现这一梦想。

随着考古实践与其他科学领域的日趋融合，我们已经开始看到这种转变。从遗址的记录到摄影再到发现成果的分析，考古学家越来越重视跟计算机科学和工程领域的同事的合作。未来，我认为所有考古学家都很有可能兼具其他科学领域的主要专业技能。考虑到会有这种机会，学生们已经开始在选修课上下功夫，而具备强有力的科学和跨学科背景的研究生将会获得更大的就业机会。当前学术院系模式的性质和可持续性显然超越了本书论述的范畴，但我们还是要扪心自问，未来考古学是否会成为科学学科的子分支。

罗比看不起考古学的"老派做法"——人们从地下发掘和收集物品。现在，通过对物体包括化石的三维扫描，我们已经建立了全球性的数据库，任何人都可以通过相应的媒介来打印自己所需要的版本。[37] 如今，世界各地的考古学家在课堂上越来越重视3D打印的使用，因为这可以让学生们切身感受到那些通常存放在研究实验室里的珍藏品，比如早期人类祖先的头骨。[38]

在细节方面，3D打印的精确程度也在不断提升。麻省理工学院的科学家正在研究如何重现材料的颜色和质地[39]，而他们研发的3D打印机的打印速度也比标准的快10倍。[40] 这或许就是盗掘遗址活动的终结者，因为收藏者只想得到真正意义上的古代物品，然而只有靠功能强大的显微镜，他们才能区分真品和打印的仿品。

那边有人在吗?

伟大的科幻作家亚瑟·C. 克拉克曾经说："存在两种可能性：我们在宇宙中要么是孤独的，要么不是。这两种可能性同样令人惊惧。"[41] 如此一来，我们可能就会迎来一个巨大的惊喜：所有考古研究与我们这个在太空中遨游的家园并无太大关系，我们要做的是积极行动起来，去探索其他星球上可能存在的文明。借助功能强大的望远镜和先进的计算机技术，我们已经发现了数以千计的外行星。在撰写本章时，这些外行星中有两颗看起来"类似地球"，不过这还需要花几十年的时间来确认。[42]

我们姑且想象一下种种可能性。

天文学家弗兰克·德雷克于1961年提出"德雷克方程"[43]，用于探测其他星球上可能存在的足够先进且我们可以用电磁波探测到的智慧生命。随着技术的进步，探测到积极结果的可能性也大大增加。未来，我们无疑会发现更多的类似地球的行星以及数量可能无穷尽的外行星。或许有一天，我们会收到搜寻地外文明计划（SETI）所致力于寻找的那种无线电波[44]或者其他生命信号。这将激励我们开展前所未有的探索活动。

暂且抛开我们如何定义生命——确切来讲就是物质文化这个问题——我们必须问的是，对于我们原本一无所知的事物，我们该如何着手研究。假设我们发现了一颗存在生命的行星，甚至我们还能辨认出上面的"聚落"，但问题是我们没有相应的数据库，也就是可与之比对的、收录已知的古代器物的数据库。无论发现这些智慧星球的是卫星还是其他探测器，我们都需要一个合适的时间窗口，即当上面的聚落还没有消失在尘埃之中时。在探索和分析未知的物质文化及其创造者方面，航天员和NASA的工程师或许认为自己是最合适的人选，但实则不然，考古学家才是，而且是唯一完全合适的人选。我深以为然。

这对我来说真是太讽刺了。多年来，考古学家不得不与那些愚蠢的外星人理论做斗争，比如宣称外星人建造了金字塔，或者将任何地方的任何带有先进文化性质的事物都归功于外星人。[45] 这类观点实际上是带有种族主义色彩的，是顽固和盲从的，但不幸的是，对那些无法接受不同肤色的人能够创造屹立数千年不倒的纪念性建筑的人来说，它们还有着广泛的吸引力。

考古学家已经同这些观点进行了很多年的斗争。未来，他们还会成为外太空中的"外星人"，用其掌握的所有技能同完全的未知做斗争。此外，考古学家也了解地球的探索史以及不同文明之间的"第一次接触"，而且能够从几千年来发生的严重错误中吸取教训。幸运的话，未来的考古学家或是考古视觉组织等机构的员工，将会利用这种敏感性避开人类历史中的种种陷阱和恐怖经历。或许，我们也会酿成大错，成为后世谴责的对象。

回望过去的一丝机会

我一度很担心，NASA 的航天员计划会把所有非理工科背景的大学毕业生排除在外。这是因为我的第一学位是文学学士，若果真如此，那么即便我的专长是遥感技术，我也永远成不了一名航天员。但从埃隆·马斯克于 2018 年 2 月成功发射"猎鹰重型"运载火箭来看[46]，我认为我们未来的航天员其实有可能来自私营部门。（话虽这么说，但如果 NASA 的任何工作人员碰巧读到本书，还请联系我：我有空！）

通过罗比这个角色，我传递了自己的主要担忧。当我们远离尘土时，把我们同过去真正联系在一起的东西，那些需要我们亲自去发掘的、里面保存着先民的真正 DNA 的东西[47]，就会消失。在田野作业时，面对未知事物的那种巨大期待感，让我们脚踏实地，保持谦卑。在你的职业生涯中，你可能在每一个考古发掘季都很幸运，也可能在每一个考古发掘季都没有任何重大发现。还可能是你的想法错了。如果没了那种危险感和神秘感，如果只许成功不许失败，那么考古奇迹也会随之消失。

在我认识的考古学家中，大多数都有精彩的故事要讲，那种就要取得重大发现最终却功败垂成的精彩故事：要么是成功近在咫尺但时间上已来不及，要么是被同行抢得了先机。有时候他们知道下一个考古发掘季会揭开天大秘密，但需要政府再次发放许可。考古从来都是一项充满风险的事业，而这也是我们持续不断地掷骰子的原因。如果计算机可以包办考古学家的一切工作，那么我们就变成了在设定时间内按按钮的机器人，而计算机则成为探索者。如果我们自己无法得出一个令人满意的结论，或者建立在已有事实之上的有意义的结论，那么考古的乐趣也就不复存在了。

在未来的探索者看来，我们的技术可能很原始，我们的行为也可能很野蛮。我坚定认为，某些古文物收藏者应当受到这样的评判。但随着考古学的演变，我确实担心那种见证奇迹的感觉会消失。我参观吉萨金字塔已经几十次了，即便如此，每每站在它们面前，我依然感到震撼。未来，当游客戴着虚拟现实眼镜，被虚拟的古埃及书记员带着游览并体验加速版的金字塔建造过程时，他们是否也会有和我一样的感受？或者在他们眼里，这只是一个未来派的主题公园？

更糟糕的是，未来的考古可能会沦为一家规模庞大的公司创收计划的一部分，其程度远超当今考古领域的标准合同。一想到会这样，我就有一种如鲠在喉的感觉。今天的我们已经在努力争取政府赞助和私人捐助的每一分钱。我们知道我们的资源是有限的。有的人会说，任何额外的经费都是好的经费，但我们必须接受这样一个现实，那就是在未来的考古探索中，并不是一切都是美好的。我们现在必须考虑考古作为一个领域在未来发展中所有好的方面和所有不好的方面，并展开必要的讨论，进而确定可选的路径。

儿时梦想

在本章中，我们从科幻小说的天地一路走到科学世界。我在考古调查领域已经浸淫多年，非常了解自己的职业生涯的"保质期"，而这也常常让我揪心。我迟早会被时代淘汰，而我所有从事技术工作的同行也都有着相同的担忧。

但即便如此，某些有所发现的幸运时刻还是会眷顾我们，并帮助我们度过最艰难黑暗的日子。支撑我们走下去的，是儿时的梦想，也是未来的愿景。毕竟，我们最宝贵的财富并不是图坦卡蒙的面具，而是让我们回望过去并照亮我们前路的一丝机会。

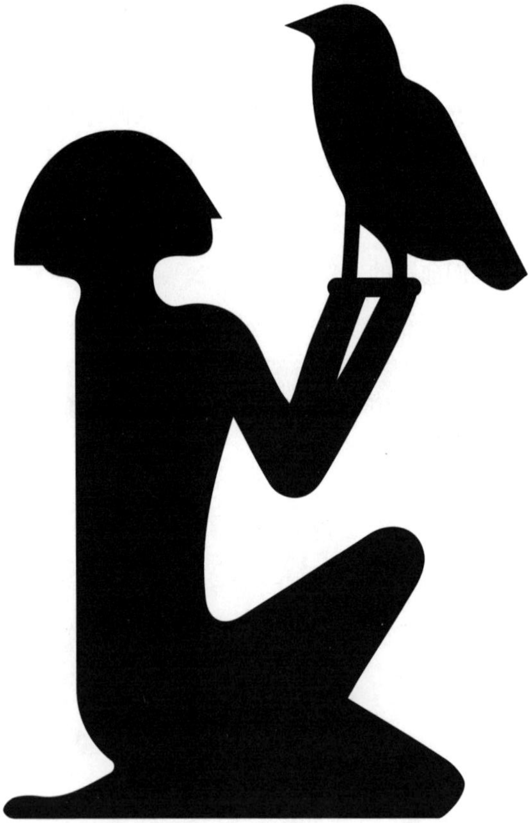

10

挑战

"吟游诗人"唱着早已被大地吸收的文化之歌。

回望历史，你会发现考古是有门槛的：富有、白人和男性。这个领域内的"大人物"，也就是你在考古入门课上看到的那些名字，符合这一界定特性：从 1822 年破解罗塞塔石碑上的埃及象形文字的让－弗朗索瓦·商博良[1]，到 19 世纪 40 年代中美洲地区玛雅文化的早期探险者弗雷德里克·卡瑟伍德[2]，再到 1911 年"发现"秘鲁马丘比丘的宾海姆[3]，不一而足。男性占主导地位，但女性也有一席之地。

考古领域里的女性

女性自一开始就参与了考古领域的探索活动。罗马皇帝君士坦丁的母亲圣海伦娜（公元 250—330 年）据说专门收集过真十字架的碎片以及其他圣物遗迹，由此她也成为第一位被人们熟知的女考古学家，而在基督教中，她也是考古学家的守护神。[4] 影片《沙漠女王》的原型格特鲁德·贝尔被称作"美索不达米亚考古之母",而位于巴格达的伊拉克国家博物馆的建立,也有她的重要功劳。贝尔讲一口流利的阿拉伯语,在一战期间提供了很多关于伊拉克政治的情报,而这些宝贵情报是很多英国官员从其他渠道无法获取的。[5]

凯瑟琳·凯尼恩是公认的20世纪最伟大的考古学家之一,她主持发掘了古代近东的第一座重要城市杰里科(埃里哈)。[6]加拿大著名的埃及古物学家唐纳德·雷德福便出自她的门下,而我首次参与的发掘项目又是唐纳德主持的门德斯项目,所以在我眼里,凯瑟琳就是我在考古学上的师祖。

其实,在一些非常有名的女性中,也有一些不为人知的考古学家,而证据就像列车上的杀人凶手一样近在眼前。是的,那趟列车,那位作家。

阿加莎·克里斯蒂嫁给了研究美索不达米亚的考古学家马克斯·马洛温,并陪同他去伊拉克开展发掘工作,而她自己也乐在其中。[7]在阿斯旺的老大瀑布酒店旅居过冬时,她创作了《尼罗河上的惨案》。顺便说一句,老大瀑布酒店是我推荐你必去的地方之一,因为那里可以让你领略历久弥新的东方神韵。阿加莎喜欢用微小的数字在陶器上做记号,这种工作很适合那些能够耐心地为复杂的悬疑情节增添细节的人。1946年,她发表了一首以考古为主题的诗——《墟丘上的对话》[8],而这也是有史以来关于该主题最伟大的诗作之一。整首诗以温和的嘲讽和深情的热爱来讲述考古学家的工作。单从生活方式来讲,那时与现在并没有多少差别。当然,阿加莎不必担心考古现场的无线网络连接问题。

20世纪40年代拍摄的那些考古发掘照片,看起来跟我们现在拍摄的并没有太大不同。如果仔细观察,你会发现团队成员中的专业人士，极少是来自遗址所在国的。幸运的是，这种情况现在正有所改变，只不过速度还不够快。2016年11月，我参加美国东方研究院的年会并发表演讲，当时往四周看去，在座的几乎全是白人。对此我深感震惊。我很荣幸能在美国多元化程度最高的大学之———亚拉巴马大学伯明翰分校任职，但说实话，从整体上讲，古代近东的埃及古物学和考古学还有很长的路要走。

我们要加强针对初高中生的宣传力度，要采取积极措施提升学生和教职人员的多元化程度，包括为研究生提供更多的支持和开放更多的博士后工作机会等。同时，我们还要加大对新进教职人员的培训和辅导力度。有一句话叫"所见即所得"，我有共鸣。我们要创造各种体验条件，不仅要让每一个人都能参与考古活动，还要让参与者了解彼此以及遗址所在地的人们。这样一来，他们就可以想象自己在一个可塑造的领域中的未来。

总而言之，我们需要再接再厉。在考古领域，更高程度的多元化意味着更多的视角、更多的路径和更多的想法，而这些都是深受欢迎的。20世纪70年代，随着越来越多的女性进入考古领域，性别考古学开始占据它应有的位置。如今，随着社会越来越认可女同性恋、男同性恋、双性恋、跨性别者和酷儿等（LGBTQ+）群体内的学者的贡献，我们对古代世界的性的细微差别也有了更好的了解。在考古领域，现在大多数研究生项目录取的女生人数多于男生，但即便如此，我还是看到太多女性最终不得不离开学术界，原因包括家庭问题、性骚扰、无法获得经费或难就业。

情况会改变，也必须改变。

在20世纪60年代之前，已经有许多女性拿到了考古学和古代史的博士学位，但她们很难在高校谋得教职，前途看起来黯淡无光。在那个时代的成功故事中，最励志的当数伟大作家、讲故事大师芭芭拉·默茨，其笔名为伊丽莎白·彼得斯。[9] 且不管你是不是她的书迷，我自己肯定是。围绕虚构的埃及古物学家、善于破获凶杀谜案的阿梅莉亚·皮博迪，她创作了一系列故事。

芭芭拉曾经告诉我，1947年她在芝加哥大学获得博士学位后，没有找到工作。男性埃及古物学家告诉她，读博士是浪费时间。正巧那个时候她很想写作，于是就动笔了。她写的不是学术文章，而是小说，并以埃及古物学进入全盛时代的19世纪晚期为背景，塑造了阿梅莉亚·皮博迪这样一个主要角色。另外，她还以那些厌恶女性的埃及古物学家为原型创造人物形象，并逐一为他们安排了死有余辜的结局。作为一位深受大众喜爱的埃及古物学领域的人物，身家百万的芭芭拉于2013年去世。她这一生都极度豁达洒脱，着实让我羡慕不已……

北美洲和欧洲的考古学界存在多元化不足的问题，这一点的确无可否认。但在中南美洲、亚洲和非洲，这个问题更为严重。在同其他国家的考古和文化遗产部门的工作人员开会时，我发现女性在考古学家中占的比例仅在5%~10%。这些国家的女性已经意识到了这个问题，而相关情况似乎也在朝着积极的方向发展，偶尔会在新闻报道中看到崭露头角的女考古学家的身影。[10] 让我们期待出现的女性身影越来越多。

知识就该免费吗？

无论男女，如果你不是中上阶层家庭或富裕家庭出身，那么你接受教育、看书和上网的机会就会减少，更不用说成功的职业生涯了。

如果你足够幸运地拥有一切，再加上适当的人脉，那么你才有可能受到成为考古学家所需的训练。但从攻读研究生学位时起，你就会开始碰壁。你会不断碰壁，即撞到各种"付费墙"。

对世界各地初出茅庐的科学家来说，开展学术研究的最大障碍之一就是内容资源的获取。仅仅是从在线期刊下载一篇文章，你就需要支付25美元的费用。要知道，除了大多数西方国家，这样一笔费用相当于很多人一周的薪水。爱思唯尔等出版巨头打包出售的期刊订阅费，更是高达数千美元，远不是那些经费不足的政府部门或大学负担得起的。在新兴的开放获取期刊的推动下，学术出版作为出版行业的一个分支有望发生改变。目前，我和我的同行更愿意在这类期刊上发表文章。

这种数据可获取性并不仅限于期刊文章，比如过去的很多考古遗址的发掘负责人还没来得及发表发掘成果报告就去世了。对遗址进行发掘却不公布发掘成果，这是不负责任的，也是不可接受的，但这些规则也只是近些年才制定的，而此前，考古学已经有200年的历史。撰写报告需要多年的潜心研究，同时还需要对田野笔记进行细致的整理。这项工作不仅无趣，而且通常情况下没有经费支持。期待人们如此不计报酬地辛劳工作，这在私人部门是不可想象的。

不过话说回来，早前那些未发表的发掘记录可能会成为考古研究的"金矿"。现在，研究生已经开始在博物馆的储藏室和大学的图书馆"淘金"，试图重建那些重要但又长期被遗忘的发掘活动。事实上，接下来要做的工作还有很多。我听一位朋友说，开罗的清真寺和博物馆的库房里堆满了埃及和欧洲考古学家100多年来未发表的发掘笔记和成果报告。那些资料中是否藏有重大发现，我们不得而知——或许里面就有遗漏的墓葬或新的王朝的线索。除非档案工作人员将那些用阿拉伯语或法语写下的原始笔记进行扫描，并交由专业人员翻译，否则更广大的考古界永远都不会知道里面藏着什么秘密。

最近也流传着一些恐怖故事，讲到在回程中，整个考古发掘季的资料不翼而飞，或者研究了 20 年的未发表的资料在搬家后突然不见了踪迹。今天的我们可以说非常幸运，比如可以用手机或平板电脑拍摄遗址发掘资料，然后按照发掘单元创建不同的 PDF 文档，并上传至云端。在发掘利什特遗址时，随队驻场的测绘天才蔡斯·蔡尔兹还开发了一套新系统，利用定制的数据输入程序在平板电脑上记录物品的登记信息。照片以及 GPS 定位数据自动上传，还可以接入我们项目的地理信息系统。如果你生活在 2018 年，生活在一个拥有强大技术实力和雄厚金融资源的国家，这当然是轻轻松松的事情。我们觉得一切都是理所当然的。

有钱好办事

但如果你是一个没有任何资源可依仗的考古系的穷学生，那会怎样呢？对大多数本科生来说，在校期间参与实地发掘项目的费用高昂。

一个不可否认的事实：很多学生都靠暑期打工来支付学费。若是参加美国大学主导的发掘项目，除了放弃暑期的打工收入之外，他们还需要承担机票费用、签证费用、行李托运费用、各项物资及设备费用、食宿费用，如果这类田野项目计学分，则还需要支付额外的指导费用。如此算下来，单是一个发掘季的费用就在 5 000~8 000 美元。要是再算上由此损失的暑期打工收入，则超过 10 000 美元。在美国，作为一名在校本科生，你除非拿到奖学金或家里非常有钱，否则根本负担不起参加国外发掘项目的费用。

就我个人而言，在校期间如果不是有奖学金覆盖所有花销，我不可能参加任何考古发掘项目，而对我之后的职业生涯来说，这无疑是非常大的缺失。从个人层面上讲，我也不可能遇见我丈夫。

即便你负担得起差旅费用，你也还需要有强健的体魄，才可以参加大多数发掘项目。如果你日常生活中需要坐轮椅，或者身体残疾或罹患某种疾病，那么你根本无法适应简陋的居住条件，也无法胜任高强度的体力劳动。再者，在地形复杂的遗址发掘区长途跋涉，对很多人来说也是重大挑战。幸运的是，美国和欧洲的很多发掘项目附近的路况都较好。当然也有例外，有些地方仅是交通一项，就是大问题。

雷克辛尼·胡梅尔是我们团队的陶器专家，健谈，风趣，和蔼可亲。在利什特开展项目期间，从下车地点到遗址所在地，每天的步行对她来说都异常艰难。82岁高龄的雷克辛尼在埃及古物学界可以说是封神级人物，同时也是我们发掘团队多年来的好朋友。现场的库伏特村村民提议为她打造一顶木制轿子。于是，我丈夫就设计了一顶，让她风风光光出行。每次她抵达或离开时，在场的每一个人都会自发地唱歌并为她鼓掌，将一天的开始或结束转变成快乐的游行典礼，可以说是真正意义上的苦中作乐。

发掘项目并不是每个人说去就去的，好在有些项目为公众提供了远程参与的机会。英国网络平台 DigVentures 为网友提供亲自参与发掘项目的机会，并可在线追踪考古学家的研究进程。[11] 此外，平台还通过举办捐赠活动和在线销售自有品牌产品为考古发掘募集资金，所售商品包括 T 恤衫和仿盎格鲁 - 撒克逊墓碑的巧克力。[12]

大多数人可能并没有意识到，即便是 5 美元也能让一个考古团队有所不同。如果有 50 个人，每人给几美元，那么整个团队就能维持好几天。这实际上扩大了社会参与面，有助于摆脱强调大额捐赠的传统考古资助模式。

规则，还是规则

世界各国在考古领域都设置了各自的优先任务事项，并制定了配套的指导方针，进而确定哪些人可以参与相关的工作。有些国家如英国，有着让当地志愿者参与遗址发掘的深厚传统。只要是到了能够安全使用泥铲的年龄（开玩笑的！没有人能安全地使用泥铲！），项目团队欢迎任何志愿者参与，而且年龄无上限。此类活动也被视为社区参与计划的一部分。在英国肯特郡，为参与利明奇遗址项目的发掘[13]，有些志愿者甚至还向单位请了很长的年假。值得一提的是，这个项目后来还获过奖。如果你恰好住在考古遗址附近，而发掘负责人又欢迎志愿者加入，那么请务必要求参加：对一个劳累过度、人手不足的团队来说，你的加入很可能就是雪中送炭。

不过，一般而言，谁有权利探索古遗址是一个非常复杂的问题。这里面涉及政治，而且在某些情况下，还牵涉殖民时期对其他国家历史遗产的野蛮发掘。

我们在埃及从事发掘工作，需要获得埃及文物部的许可。在考古工作领域，文物部有着非常严格的规章制度，并会对每一名团队成员的履历以及背景进行细致审查。这当然无可厚非，也是必要的程序。这样一来，你就很难参与当地的项目，除非你本人拥有特定的技能，比如你是陶器分析专家或专业测绘人士。除了欧洲和北美，其他国家或地区的考古学家很少组织探险队去境外开展发掘活动。比如，中国和印度的大多数考古学家都是在各自国家从事考古工作。不过，这种情况已经开始发生变化。2017年，中国首次派出考古队赴埃及进行考古发掘，地点是卡纳克神庙保护区。我相信在发掘期间，他们会受到埃及同行的热烈欢迎的。[14]

就国际考古而言，最令人振奋的一面就是它为不同的文化提供了一个分享专业知识、技术和观点的机会。然而，在埃及、印度或其他非母国地区开展考古发掘时，你会发现人们在接受训练和获取资源方面存在极大差异。

请注意，我说的不是技能、热情、工作投入或天赋。我想说的是，人们在异常艰苦的条件下，仅仅靠着最基本的资源开展发掘工作。从他们身上，我们其实可以学到很多。正是因为他们的努力，埃及文物部才会时不时地登上国际新闻头条：墓葬以及其他新的发现。比如在2017年，和我一起负责利什特遗址发掘项目的阿德尔·奥卡沙，在主持位于利什特以北的代赫舒尔遗址发掘项目期间，就新发现了一座金字塔。

在世界各国，围绕遗址发掘而进行的政治磋商，只是我们在了解古人及其文化的漫长旅程中迈出的第一步。

触摸过去

在造访古代废墟时，我们便可触摸肉眼无法看到的过去。我们的父母、祖父母和历代祖先所经历的创伤，甚至会在我们的细胞中留下深刻印记[15]，但令人欣慰的是，在母亲生下我们后，她们体内也会留下我们的细胞，这些细胞将伴随她们的余生。[16]我们的身体就是活生生的考古遗址，既关联着过去又关联着未来。

通往过去几千年乃至数十万年的桥梁，就包含在我们的 DNA 里，而我们的 DNA 至少还与其他两个种族的 DNA 有关，即尼安德特人和丹尼索瓦人。[17] 最近在肯尼亚新出土的、可追溯到 32 万年前的工具，成为古人开展黑曜石长途贸易的证据。此外，考古团队还发现了赭石。研究人员表示，赭石可以与油脂等混合搅拌，然后制成颜料。[18] 我们可能永远都不会知道古人把什么东西绘制得如此艳丽明亮，也许是人体、衣物或饰品，但在很久很久之前，这些都已化为尘土。这也表明，我们从最早的智人时代起就具备创新精神和创造力。无论这些色彩丰富的原料当初用于何处，都得益于当时东非的气候变化和环境变迁事件，而气候和环境方面的变动，也让来之不易的食物变得难以预测。[19] 面对这些挑战，与其他群体合作也就成了一项优良的生存策略——这一点值得今天的我们深思。[20]

考古遗址即时间机器

考古遗址中包含着我们的文化 DNA。置身其中，我们可以深思、比较和惊叹人类的多元化和创造力。我遇到过很多参观过柬埔寨巴戎寺或秘鲁马丘比丘的人，谈及那里的难以计数的人面雕塑或连栋房屋下方的壮阔山景时，他们都会先深吸一口气，再讲述他们用心感受而不是用眼看到的美。

这种感受是我所知道的唯一尚在运转的时间机器。它把我们带离原地，在时空中用一条纤细、苍白和游离的线把我们和我们的祖先勾连起来。刹那间，我们看到了过去和可能的未来，看到了它对我们人类的改变。当未来的人凝视我们的摩天大楼或艺术时，他们或许也会惊叹不已，但前提是它们那时候依然存在。

人类用头脑和双手塑造的那些不朽的考古奇迹，让我们不得不停下来去思考和想象。如果参观吉萨金字塔，你可以站在希腊历史学家希罗多德或法国将军拿破仑曾经站的地方，而他们两人相隔了2 200多年。更令人着迷的是，从时间上讲，我们与克娄巴特拉所处时代的距离，甚至还短于她与金字塔建造时代的距离。

在位于卢克索的贵族墓葬群，绘制在墙体上的种种场景可以让你看到洪泛区的色彩。你还可以看到男男女女在赶着牛犁地，收割成熟的庄稼。当你走出墓葬群时，墙体上的场景立即映入眼帘：附近农田中就上演着同样的场景。（请忽略那个正在用手机打电话的农夫。）虽然一切都已发生变化，但过去还是会以出其不意的方式出现在我们的生活中——我们失去的并没有我们想象中的那么多。

多元化定义了人类

在我们之前的所有文化、艺术包括语言、音乐和舞蹈，塑造了现在的我们。这种经岁月萃取的结晶，一直存于我们内心深处，只不过现在这一切都太容易被遗忘了。多元化非常重要，它决定了我们过去是谁，以及我们将来会成为谁。

不妨想想英语：它由法语、希腊语、拉丁语和日耳曼语等语言构成，还包括从波斯语、印地语、乌尔都语和波利尼西亚语等语言中借来的单词和惯用语。再来看食物。以一顿便餐为例——几个炒菜和米饭，外加一杯啤酒。就这样的食材，其最初来源地几乎涵盖每一个有人居住的大洲：大米来自亚洲，辣椒来自中南美洲，西红柿来自南美洲，洋葱来自中亚，茄子来自南亚，小麦来自非洲，啤酒花来自欧洲[21]，而其他香料可以说来自世界各地。[22] 至于正餐，则涉及数千年的植物选育、各种各样的贸易网络和日趋紧密的现代全球经济。

当各种文化交织融合，进而演变成一种新的兼容并包的多元文化时，人类社会就会繁荣兴盛。作为一个物种，我们因多元化而变得更优秀、更强大。让我们来看一下语言学上的异族通婚现象，即一个人同本种族以外的人通婚，这在哥伦比亚和巴西的亚马孙流域西北部地区较为普遍。[23] 我要说的是，虽然我和丈夫都说英语，但当他找不到冰箱里的蛋黄酱时，我们的交流一定是各用各的"方言"：

"亲爱的，在中间靠左的架子上。"

"哪里？"

"你左边那个，就是你现在正在看的那个。"

"没有啊。"

"就在你眼皮底下，你的手都碰到了。"

"我还是没看到。"没错，这会让人产生挫败感。但在某种程度上，这样的交流又会让我们的关系变得更加亲密。

当今世界，越来越多的人排斥经济移民，排斥难民，排斥与自己有着不同宗教信仰或文化传统的人，而在这样一个分裂的世界里，我们更要去了解为什么多元化对我们人类的生存至关重要。这是因为世界是分裂的，所以所到之处，我常常看不到希望，也常常会产生一种沉重的压抑感。

但事实上，我们所有人都有亲戚关系，可能是第20世的堂表亲。且不论隔了多少世，我们总归是堂表亲[24]，这一论断已经得到DNA测序和计算研究的支持。当你告诉别人这一点时，他们会感到惊讶。唯有研究过去，我们才能够理解我们彼此的关联性。当然，这不否认我们有时候是一个好争斗的物种。

"如果我们所有人都有亲戚关系,为什么还有争斗?"人们问。显然,他们从来都没有参加过家族的感恩节晚餐。

转变视角

作为一个物种,我们人类在地球的几乎任何一个角落都生活过,分布范围之广超出我们的想象。面对最严峻的挑战,比如政治动荡、战争和气候变化,我们有时候会成功渡过难关,而有时候则会被灾难吞噬。通过回望历史、检视内心,我们可以学习如何以更好的方式生存下去。所有的线索都在那里。我们只需要抵达距离地面400英里的太空,然后稍稍转变一下视角。

在考古学中,视角决定一切。就古遗址中的同一处遗迹而言,在地面看和从太空看,结果可能迥然相异;在不同的季节乃至同一天中的不同时间段看,结果也可能迥然相异。我们在本书中曾经提到,考古摄影师喜欢清晨的光线,而从太空观察古遗址,也需要特定的视角。凡此种种,都是我们窥视未来的线索。

现在我们需要做的,是彻底转变对这个世界的整体看法。回望过去,在赞叹我们人类所取得的一切成就的同时,我们也要反思过去所犯下的每一次错误以及错误背后的原因。我们不能天真地用过去文明的兴衰来为我们自己的行为辩护,来为我们对地球的破坏和无序开发辩护。我们也不能天真地认为,既然过去的文明都经受住了气候变化的考验和冲击,那么现在的我们就可以继续不负责任地行事。与当今地球上庞大的人口规模相比,史前时代的人口数量可以说是少之又少,相关预测结果显示在几百万到1 000万。自从以农业为基础的社会兴起之后,地球上的人口才增长到数亿人的规模。[25] 在大约一万年之前，我们不仅拥有储量丰富的资源，还有广袤的可用土地。

但那些日子已经一去不返了。

从过去中学习

在法律领域，律师会援引判决先例。在做出可能会影响数百万人命运的决策之前，我们也必须采用这样的行事方式。如果能够搭建一个关于过去文明的数据库，并将气候变化、经济和最佳建筑结构形式等主题的历史思想收录在内，那么当今世界的领导人一定会受益匪浅。如果我们能够让考古学成为现代社会结构的一部分，那么通过创新研究，通过参考无数祖先付出艰辛劳动而获得的海量信息，我们就可以吸取历史教训，进而做出明智的选择。

考古记录告诉我们，过去的许多东西仍在指引着我们前行。现代生活中的很多传统和习俗都已经存在了数千年之久。以回收再利用为例：我们大多数人都会回收易拉罐、玻璃、塑料和纸张，而且家中有些物品偶尔会被重复使用。如果你认为这源于20世纪60年代的绿色运动，那么我们来看看古代的世界。

在当下的城市里，我们可以看到原本被用于建造金字塔和神庙的石料被重复使用。旧开罗就是建在古埃及废墟之上的。少量的圆柱和门侧柱被重新用作过梁，为后期的建筑物增添了一种古怪之美。我最喜欢的地方是，建筑工人将石料刻有象形文字的那一面朝上而非朝下摆放，当然这可能是无意之作，但也正是这种无意之作，让我们今天还能看到那些铭文。即便是在利什特，阿蒙涅姆赫特一世在建城时也从古王国的金字塔挪用了数以百计的刻有象形文字的石板。[26] "有借、有蓝、有旧、有新",这句关于婚礼习俗的谚语显然也同样适用于古建筑。

过去永远存在

有时候,我们会在考古遗址现场看到这种集过去与现在于一身的发掘者。在尼罗河三角洲,我们聘请的女工通常都是把装有沙土的桶顶在头上运送的,这跟我们在特比拉台形遗址发现的那名古代女性运送东西的方式是一样的。我们的这些女工,头发略带红色,个个都有大大的绿色杏仁眼。她们成队大步走向弃土堆前,就如同优雅的希腊女神。

她们的丈夫都知道,全埃及最好看的女人就在他们自己村子里。这也是他们引以为傲的公开秘密。女人们穿着帝国时代风格的长袍——一种类似于睡衣的埃及传统服饰。我和格雷戈里曾经问一位朋友,她们的着装或相貌是否与13世纪法国国王路易九世领导的曼苏拉战役中的十字军相似。[27] "衣服,是的!"这位朋友笑着说,"但相貌嘛,不妨想想二战期间驻守在这里的苏格兰人。"

几年前发生的一件小事,让我对现代西方人所展现的体格变化有了新的认识。那是一个经年不忘的令人惭愧的时刻。故事从某个愉快的观光日说起,我和格雷戈里从卢克索乘坐渡船到尼罗河西岸。在船上,我们旁边坐着一位典型的小老太太,目测体重至多80磅。她穿着黑色套裙,戴着头巾,但依然能看出她满脸沧桑。她旁边放着一个竹笼,尺寸是标准手提箱的两倍,里面装着咯咯叫的小鸡。渡船抵达岸边。就在我们准备下船时,她打起了手势,一边指着竹笼,一边指着自己的头。

啊哈！原来这位颤颤巍巍的埃及老太太希望找一个"天天去健身房举铁、身强体健"的西方女性帮她把竹笼放到头顶。我一下子就膨胀起来。船上的乘客都盯着我看。我要做一件好事，而他们都将是见证者。

我面带微笑地弯下腰，抓起竹笼，然后用力举起，再举。我真的用了全身的力气，还是没能举起来。我决定再尝试最后一次，全身发力。这时围观的人也多了起来，大概是最初人数的两倍。他们忍不住笑出声来，而从他们讲的阿拉伯语中，我也没有听到赞誉之词。

那位小老太太只是看了我一眼，然后摇摇头，将我推到一旁。只见她一气呵成，利落地把竹笼顶在了头上，然后在围观人群的喝彩声中走下渡船。丢脸这事，真的只能怪我自己；其间我做的每一个假设，都是错误的。就在那一刻，我意识到那些每天都从事繁重体力劳动的人，身体是非常强壮的，全世界几千年来莫不是如此。我敢打赌，船上的那些人到现在都还在笑话我。

关于未来的洞见

就如同我在渡船上的经历一样，考古学也应当在同等程度上启发我们，并让我们学会谦卑，因为它提供了关于过去文化的所有洞见。很多考古学家认为，从 6 万多年前起，人类（现代智人）的一部分群体开始从东非迁徙到世界各地。靠着双腿和小船，人类披荆斩棘，最终占据了地球上几乎每一个适宜居住的角落。在此过程中，我们的祖先不断适应与其发源地完全不同的环境：严寒、酷暑、干旱和潮湿的气候条件。我在缅因州长大，但也已经在美国南方生活了 10 多年，并喜欢上了这里炎热的天气。是的，很喜欢。此外，我烤的饼干也棒极了。跟我们的祖先一样，我也在不断进化。

历史告诉我们，人类有着很强的适应能力，但同时也告诉我们，如果不迅速适应环境条件的变化，我们的聚落乃至特有的生活方式都可能会分崩离析。如今那些被埋藏于热带雨林之下的城市和文化，可能永远都不曾想到自己的消亡。文化的消亡绝不是简单的事，也绝不是由单一因素造成的，而是若干因素相互作用的结果。考古学可以为我们提供一个视角，让我们看到这些事件的复杂性，就如同我们在本书中探讨过的很多例子一样。

为了人类的生存，现在已经有人在推动殖民火星的倡议。[28] 我真心希望参与其中的人能够审慎地看一下人类在地球上的殖民史。如果将人类所做的10件最正确的大事排序，殖民根本排不上号。它甚至连前一万名都挤不进去。目前正在筹划火星之旅的多个集团，从未咨询过考古学家或人类学家的意见和建议。殖民火星的那句口号——我们"必须"离开地球才能生存下去[29]，在考古学家看来是极其可笑的。人类已经在地球上生活了超过20万年，而这样的成就还是很不错的。

我并不是说我们应该放弃前往火星的企图。但如何描述这一冒险行动，措辞很重要。地球是迄今为止人类唯一有所了解的世界，而如此不负责任地放弃我们的家园，在我们的祖先看来是难以理解的。要知道，大自然具有很强的韧性。在管理良好的保护区，鱼群规模是可以恢复的[30]，而森林也是可以再生的[31]。如果我们着力清理海洋中的塑料垃圾并停止生产塑料，那么海洋环境也会变得更好。

正如你在本书中所看到的，人类同样也具有很强的韧性。在20世纪40年代，又有谁会想到80年之后的德国会成为一座兼具多样性和包容性的灯塔，会成为欧洲一股正直的、团结的力量？要知道，在人类历史长河中，80年可算不上漫长。

从另一个角度来看，在不到一万年的时间里，我们手中的工具已经从最初的石器变成了现在的智能手机，而一万年在人类历史长河中也只不过是一个零头而已。作为一个物种，从人类取得的跳跃式发展成就来看，我们应当对未来充满希望。此外，只要释放人类的巨大潜能，我们仍有很大机会实现社会繁荣。

考古学家扮演着文化记忆囤积者的角色。他们是身着卡其工装的吟游诗人，唱着那些早已被大地吸收的文化之歌，希望人们能够驻足聆听。遗址发掘于我而言，是一种伟大的反叛行为，针对的是资本主义，是父权制，是你能想到的其他种种制度，因为我们考古学家秉承的核心理念是，过去的每一个人都值得去认识和了解——无论贵贱，也无论强弱。

考古研究与一个人的肤色无关，与一个人是不是移民或是不是在贫民窟长大无关，而与人类的故事有关。顺便说一句，考古学家都热爱"八卦"，善于捕风捉影；我们将碎片化的数据编织成宏大的爱情故事、争权夺利的故事或各种政治阴谋。对也好，错也罢，这都是我们为人类历史增添的注脚。

我们面临的主要挑战是，我们有可能会失去太多东西，而与此同时，还有更多的东西等着我们去发掘和保护。

特比拉台形遗址出土的青铜配件

资料来源:格雷戈里·芒福德。

斯卡加峡湾景观

资料来源:作者。

处理后的 WorldView-2 卫星影像：古代定居点塔尼斯的范围

资料来源：数字地球公司。

塔尼斯核心区的整体照片，
即卫星影像中显示的大半个城区的淤泥景观，表层什么也看不见

资料来源：作者。

处理后的 WorldView-2 卫星影像：帕帕斯图尔北屋遗迹

资料来源：数字地球公司。

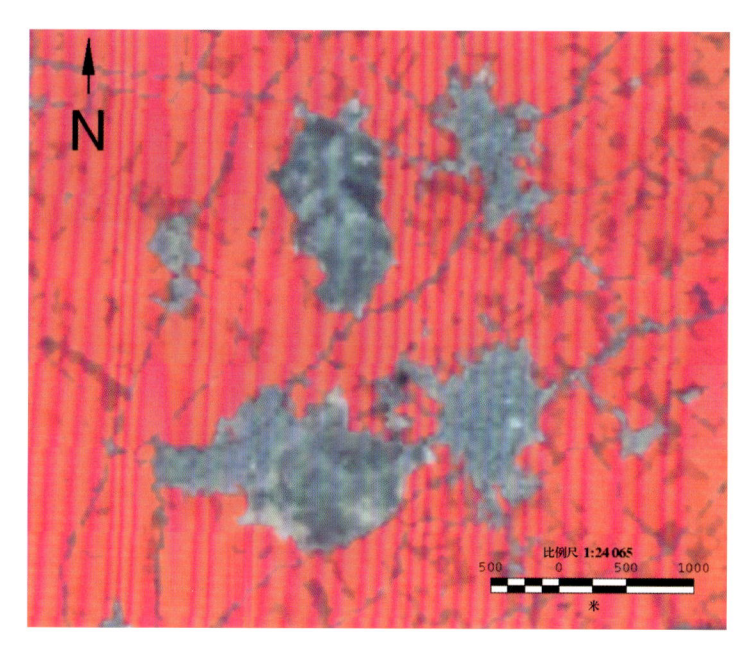

处理后的 Landsat-7 卫星影像，显示埃及一处遗址的多光谱分析结果

资料来源：NASA。

与扎格卢勒博士、邦伯里博士、贝德博士，以及 BBC 的路易斯·布雷在利什特分析土样

资料来源：作者。

在利什特发掘英泰夫墓葬

资料来源：作者。

利什特出土的古代面部雕像

资料来源：作者。

英泰夫的名字和头衔的铭文

资料来源:作者。

完成英泰夫墓葬的发掘

资料来源：作者。

谢塞普-阿蒙-泰耶斯-赫里特的棺椁，可能出土自阿布西尔马利克遗址

资料来源：丽贝卡·黑尔，美国国家地理创意机构。

从英泰夫墓葬出土的眼睛镶嵌装饰

资料来源:作者。

失窃的遗产

"盗墓贼,我们在看着你。"

II

想象一下，博物馆里陈列着一只漂亮的彩绘陶罐。沐浴在温暖的金色光线下，陶罐呈现出微妙的红蓝交相辉映的彩色图案。你禁不住赞赏起来，你想了解更多信息。陶罐的标签上写着："玛雅陶器；中美洲。亨利·史密斯藏品之一。编号 9.201.1993。"说实话，这样的信息对你来说毫无帮助。

策展人之所以把它归为玛雅文化一类，可能是因为它看起来跟馆内陈列的出土的其他容器较为相似。但该文物源于收藏家的遗赠，没有任何可供查阅的背景，没有任何与遗址相关的信息，也没有任何可与其他遗存关联起来的资料。这其实就是一件没有任何信息的孤品，因为它不是考古学家发掘出来的，而是盗墓贼盗掘的。

我们永远都不会知道它代表的是什么。它可能代表某种罕见容器类型，仅仅在王室举办加冕礼期间使用；或者它只是普通家庭中的珍藏品；又或者它是一种圣器，每年只在少数几个重要节日时才拿出来使用。这件古代文物已经被物化了，成了一个徒有漂亮外表的毫无生命力的东西，不再有任何的意义或用途。它在日常生活中所扮演的文化角色永远消失了。让人们了解一件物品的真正价值，是一项异常艰巨的任务。也许应该指责学者们，因为他们写了太多晦涩难懂的文章，将广大读者排除在外。也许应该怪罪电视台，因为它们轻轻松松就能把人们那种习惯于物化的眼光转到金光闪闪的东西上面。但说实话，要想让普罗大众认识到经济价值和文化价值之间的区别，是极其困难的。

即便是人们家中的一些寻常物品，其内在价值也高于它们的标价。比如，现在我们家餐厅的墙上就挂着一幅美丽的画，画中是一名戴着白色头巾的亚美尼亚少女。而此前，这幅画曾在外公外婆家的餐室的墙上挂了50多年。画中的人物看过外公外婆一家在家吃的每一顿饭，听过家庭成员之间的每一次交谈，守护家庭中每一个孩子长大且看着他们有了自己的孩子，还见证了一个外孙女最终成为母亲。在外婆去世时，这幅亚美尼亚少女画是唯一在房间里陪伴她的。这幅画的创作者从未成名，而这幅作品在市场上也没有什么价值，但对我们家尤其是对我来说，它是无价的。

坦白地讲，对古代物品进行估值是十分困难的，而且要说每一件古物都是无价之宝，可能就显得过于狂热了，或者至少是不现实的。同样，面对精致的东西，即便是见多识广的学者也难免会被吸引，并大加赞叹。比如，在前往埃及旅游的人中，国王图坦卡蒙的面具一定被列在他们的必看清单上。我当然也不例外，一到埃及就径直去参观，次次不落。珍贵材质可能是吸人眼球的原因，但它不仅是一副金光闪闪的面具，还是考古潜力的象征，让人联想到一切有待发掘的古物。

但在私人收藏市场，古物的"价值"概念有着不同的维度。有些私人收藏品可能是珍贵的传家宝，有些私人收藏者可能非常愿意在博物馆或特别展览中公开展出自己的藏品。不过，也有一些私人收藏者纯属觊觎无度、贪得无厌，他们只关心如何把古物搞到手，完全不在意在这个过程中会给什么人造成伤害。

曾经去收藏者家中参观私人藏品的朋友和同行告诉我，有些收藏者除了炫耀就是炫耀，还大言不惭地讲起藏品来源。这种获取古物的方式，就如同以超强火力配超低技能在狩猎场屠杀猎物，而收藏者展示藏品的方式，跟猎人摆拍令人厌恶的俗不可耐的照片或将动物头角当作战利品挂在墙上一样。有一些收藏者也许知道藏品的确切来源，但大多数情况下，他们只知道它们来自哪个国家或地区。说实话，这根本就不是他们所关心的。

从古遗址到易贝

如今，古物收藏的历史已经开启了新篇章。得益于易贝以及其他类似的网站，一个人只要花上几百美元，就可以购得一枚圣甲虫饰物。在易贝输入"antiquities"（古物）一词，就能找到 55 000 条结果。点击"Egyptian antiquities"（埃及古物），结果减少至 5 000 条。在第一页的 50 条结果中，有一半的卖家称其所售物品为"真品"，不过在我看来，真品可能也就两三件。有些是相似度非常高的仿品，看起来就像是工匠对着原作打造出来的，只不过在某些细节上搞砸了。专家当然可以甄别出赝品，但大多数持有信用卡的冤大头一无所知。

在与易贝团队就该问题进行交流之后，我心中可以说是五味杂陈。我问他们能否把"古物"品类从网站上移除，因为上面出售的任何真品都可能是盗墓贼盗掘所得。他们告诉我："我们可以这么做，很容易处理那些人。但你想抓的是那些真正的坏家伙，所以首先还得搞定他们。"

盗墓的历史源远流长。国王图坦卡蒙的丧葬祭礼人员就监守自盗，将罐子中的油膏据为己有，因为这种浓稠、芬芳的护肤膏不像其他物品一样刻着国王的名字，因此丢了也无从追查。图坦卡蒙墓葬的发现者、考古学家霍华德·卡特及其团队，就曾看到油膏容器里留有手勺的痕迹。[1]

每每从被严重盗掘的遗址走过时，我依然感到心碎。看着地上散落的人体遗骸、木乃伊裹尸布以及最近才被盗墓贼打碎的陶器，我就知道我们又永久地失去了人类历史的一部分（见图11-1）。木乃伊的每一个部位，都来自一个曾经活生生的人。他们曾经跟你我一样，会呼吸，会笑，心中也充满爱。如果你的至爱的长眠之地亦遭此亵渎，你会有何感受？

图 11-1　埃及吉萨附近遭盗掘的墓葬

资料来源：作者。

除了造成明显的物质破坏之外，盗墓贼还会给现代社会带来无法弥补的损失。在当今很多地方，人们依然认同甚至崇尚古代文化。他们信守已有数千年历史的宗教和文化传统，并为此感到自豪，而种种的盗掘和其他破坏遗址的行为，则会抹去那些不可替代的文化记忆。

如果数百处遗址齐齐被盗掘,那就好比那些肆意破坏文化遗产的古汪达尔人将关于该文化的所有图书馆都付之一炬。

其中有一些议题非常贴近我们的生活。在美国西南地区,盗掘活动与当地日趋严重的甲基苯丙胺(冰毒)和阿片类药物的滥用有关。美国的盗墓贼是高度组织化的,而且善于钻空子。2018年1月,美国政府宣布停摆,而仅仅几个小时之后,"金属探测"主题邮件就开始在电子邮件列表服务系统上传开,内容大致是"伙计们,开干吧,没有人值班了,我们一起去盗掘南北战争的遗址"。[2]

街区暴动

在"阿拉伯之春"系列事件发生之后,我的职业生涯找到了新的重点。半岛电视台英语频道的来自埃及的直播画面令人难以接受。如果宇宙中有一个熙熙攘攘、摩肩接踵、车水马龙、永不停歇的中心的话,那么摘得这一殊荣的一定是位于开罗市中心的解放广场。每次到那里,我总有一种回家的感觉。按顺时针方向看,广场周围分别坐落着埃及博物馆;深受考古学家偏爱的让人愉悦的廉价酒店;埃及美国研究中心,这是一家为美国研究团队提供大力支持的考古机构;尼罗河希尔顿酒店,即如今的丽思卡尔顿酒店,酒店内的美食区曾一度成为埃及古物学家休息日的总部。

2011年1月25日,数十万人涌入解放广场,他们举着旗帜,喊着口号,要求结束总统穆巴拉克长达30年的统治。在随后的几天里,我们一直都守在电脑前。周六醒来时,我们看到了埃及博物馆被洗劫的新闻报道。

我忍不住痛哭起来,同时也做了最坏的设想。2004年2月29日,我就是在那座博物馆里向我丈夫求的婚。要知道，这颗星球上最精美的埃及古物，都被收藏在那里。在令人难以忘怀的画面中，埃及人围成人墙，保护着他们的文化心脏。"这里不是巴格达！"他们大声喊道，很多人眼里都噙着泪水。

几个小时之后传来新闻：暴徒并没有给博物馆造成大面积的破坏。这是一起漫无目的的打砸抢事件。而在接下来的几天里，博物馆员不辞辛劳，找回了大多数被盗的藏品。

我如释重负，但这也只持续了短短24小时。接着，网络上有传言称，吉萨和萨卡拉遭到大规模洗劫。[3] 我加入了一个数百名考古学家参与的全球邮件系统，互通信息。大家对当时的埃及局势有着很多不同的看法。但毫无帮助的邮件越积越多，指责埃及同行的嗓门也越来越大，控诉他们做得不够，未能在"革命"时期阻止洗劫活动的发生。但实际上，在那段时间，这些埃及同行都在冒着生命危险，同全国各地的遗址洗劫者做斗争。

我随即写了一封邮件告诉每一个人，确定洗劫活动是否对遗址造成破坏的唯一方法就是查阅卫星影像，即对遗址遭洗劫前后的卫星影像进行比照。幸运的是，这次收到了比较令人满意的信息，回信人是时任《国家地理》杂志总编辑克里斯·约翰斯。

克里斯问我们是否可以从太空测绘洗劫活动。我说可以。在2003年美国入侵伊拉克之后，我的同行、纽约州立大学石溪分校的伊丽莎白·斯通就率先使用高分辨率卫星影像记录伊拉克南部地区的遗址遭洗劫情况。[4] 我告诉克里斯，我有2010年的卫星影像数据，可作为洗劫活动发生前的资料使用。

美国国家地理学会和地球之眼基金会帮助购买了萨卡拉地区的新数据——这些卫星影像是在埃及"革命"暴发仅两周之后拍摄的。在仔细对比洗劫活动发生前后的两组数据集时，我发现了种种骇人迹象：在左塞尔金字塔建筑综合体的东北部，存在明显的推土机车痕，而这无疑是该遗址在近期遭到野蛮盗掘的证据（见图11-2）。我把相关影像发给美国国家地理学会，由此也拉开了一个专注于埃及考古和文化遗产的合作项目的序幕。

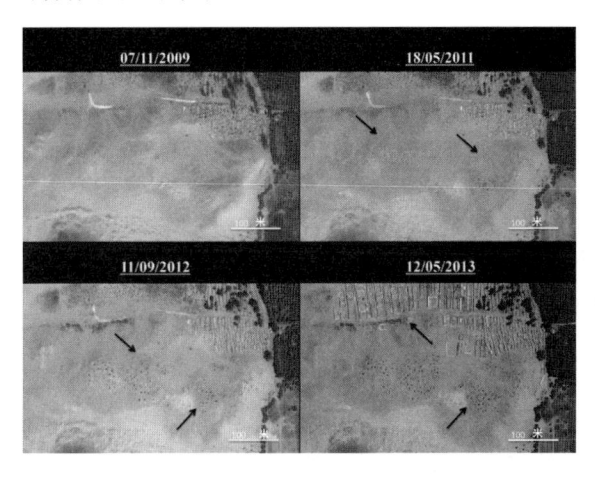

图11-2 萨卡拉一带遗址遭洗劫前后的高分辨率卫星影像对比

资料来源：数字地球公司。

2011年5月，美国古物联盟邀请我陪同一群前外交官和政府官员前往埃及考察，其中包括总统乔治·W.布什的一位新闻秘书。我提前准备了一份提交埃及政府的简报材料，并附上了最新的卫星影像。这些影像是在出发前几天拍摄的，从中可以看出萨卡拉和代赫舒尔等重要遗址遭到进一步破坏。

我们前往议会大厦，同埃及旅游、对外关系、文物和外交等部门的负责人举行会谈。走进会议室时，我不知所措了。天花板距离地面约有100英尺，室内华丽的帷幔如同悬垂的瀑布。媒体人员和埃及各部门负责人的随行人员挤在一旁。我没有任何外交经验，以为自己不会被安排在会议桌旁。

我们坐在埃及高级官员的正对面。我先前准备的材料，他们人手一份。美方代表团团长、古物联盟的负责人德博拉·莱尔在发言中先对与会人员表示了感谢，做了开场白……然后转向我说，"现在请萨拉谈一下她的卫星影像研究结果以及这些结果对埃及文化遗产的意义"。

我做了我唯一知道该如何做的事：当一名埃及古物学者。

在讲述埃及一些最知名遗址被盗掘的现状时，与会人员无一插话。卫星影像资料呈现的结果可谓触目惊心，事实无可争辩。他们对发生在自己国家的事情感到担忧和震惊，心情也越发沉重起来。他们听着，认真地听着。

当我尽自己所能，用阿拉伯语向在场的人表示感谢时，我看到他们扬起了眉毛，一时间有些不知所措。我在想我是不是违反了基本的国际外交礼仪。但随后，埃方随行人员满面笑容，纷纷竖起大拇指。一名女士补充说："你说话就像个土包子，不过我们都听懂了。"

这场会议改变了我的人生。我当然知道考古和历史在全球政治中所发挥的作用，但亲自参与其中，并塑造两者所扮演的角色，是另一回事。这让我跳出象牙塔，进入一个更开阔和更骇人的世界。

故事还在继续

美国国家地理学会随后加大了支持力度，为整个埃及的盗掘趋势提供研究资金。我聘请了一个团队来帮助处理相关数据。在一个面积超过 70 万平方千米的地区，面对成千上万处考古遗址的 12 年的数据，我别无他法，只能组建自己的"复仇者联盟"。在该项目中，我们主要利用的是谷歌地球的开放数据,因为若采用商业卫星数据,光是购买成本就超过4 000万美元。

在长达6个月的时间里,我们对2002—2013年的高分辨率卫星影像进行分析,测绘了超过20万个盗洞。[5]一旦你知道了你要找的是什么,那么工作就会变得容易起来:暗色正方形,周围有一圈土,形状类似于甜甜圈。这些土是盗墓贼在寻找有利可图的墓葬竖井时挖出来的,而有些竖井的深度甚至达到10米。盗洞的平均直径约为1米,这就意味着它们在卫星影像上很容易被识别出来。在分析的数千处遗址中,我们发现有279处遭到了盗掘或破坏,而且证据清晰。在处理数据的过程中,我和我的团队见证了一段又一段历史的消失,心头也越发沉重起来。

故事最精彩的部分出现在2008年之后的数据中。2002—2008年,遗址遭盗掘事件的发生率一直维持在一个相对固定的水平上。按照我们的预计,2011年之后会大幅上升。但科学总有办法颠覆那些想当然的、易于得出的结论。在全球经济出现衰退后,遗址遭盗掘事件在2009年呈急剧增长趋势。没错,2011年是出现了大幅上升,但这个上升趋势早在2009年就已经拉开了序幕,推动这一进程的不是当地的掌权者,而是全球经济。

我们对数据做了全面处理,并试图确定未来的趋势。我们的结论是,如果不采取任何行动,那么到2040年埃及的所有遗址都会遭到盗掘。[6]

我们的全球文化遗产面临着一个严峻问题,而这个问题的解决只能靠周密、审慎的长期规划。如果考古学家和其他专家不去解决这些问题,那么在接下来的20年到25年里,中东地区的大部分古遗址将会消失殆尽。[7]

希望或绝望

此前，你已经看到了很多关于考古发现和历史重述的故事。如果你在意未来考古发现的价值，那么本章的内容会让你痛心，因为你现在非常清楚地知道这些损失的利害关系了。抱歉扰乱你的心绪，但我依然会这么做。要知道，面对每一处遗址，我和我的团队都会问我们已经失去了什么，以及接下来我们可能还会失去什么。

有时候光明会出现在隧道的尽头。参与遭盗掘遗址的测绘工作的同行在出席美国国会和国务院举行的听证会时，通过卫星影像展示了恐怖分子和其他国际犯罪分子正在进行的遗址破坏活动。遥感领域的"神奇女侠"、史密森尼学会下设的博物馆保护研究所的研究员凯瑟琳·汉森[8]，在此过程中也贡献了自己的专业力量。由此，美国2015—2016年国会通过了《国际文化遗产保护和保全法案》（HR 1493）。该法案倡导成立一个文化遗产协调委员会，并对来自叙利亚的考古材料实施进口限制。

2014年，我和6名同行在美国国务院举行的听证会上做证，支持对埃及古物实施进口限制。此次听证会上，我分享了遗址遭盗掘的相关数据，而其他人则谈了盗掘活动对特定遗址的影响。在此基础上，2016年美国与中东和北非地区的某个国家签署了首份双边文化遗产保护备忘录。[9]

2017年秋，一桩非法走私古文物案登上新闻头条。[10]涉事企业是在美国随处可见的手工艺品连锁店好必来，年营业额超过30亿美元。为证明《圣经》所载内容的真实性，好必来的所有者格林家族开始收集古物，进而斥资5 000万美元在华盛顿哥伦比亚特区成立圣经博物馆，其展品中包括数以千计的中东物件。

几年前,格林家族与专门研究非法走私古文物的专家会面,其中就包括德保罗大学的法学家帕蒂·格斯滕布里斯(Patty Gerstenblith)。在文化遗产和法律领域,格斯滕布里斯是大神级人物,专门撰写过该题材的教科书。[11] 格林家族原本考虑购买来自伊拉克的滚筒印章,但心中颇多顾虑,因为他们怀疑那些印章可能是在伊拉克战争后非法外流的文物。格斯滕布里斯及其同事对此表示认同,建议格林家族放弃购买。传递的信息非常明确:购买那些印章可能是违法行为,并会产生严重后果。

但格林家族最终还是选择了购买,并以"屋顶瓦片"的名目进口到美国,随即被当局查获。这次人赃并获的行动,不仅让外界对圣经博物馆的藏品来源的合法性产生了怀疑,而且导致博物馆被罚了300万美元。[12] 对亿万富豪来说,这样一笔罚金在财务上可以说是九牛一毛,但执法人员并未收手,而是继续展开针对格林家族的调查。截至2018年冬,博物馆的另外数百件藏品也受到了严格审查。

防止类似案子发生,绝非易事。对执法部门来说,最大的挑战之一就是为古物走私确立"相当理由",即为指控或逮捕提供合理依据。一旦有了相当理由,检方将案子提交法庭就会简单很多。不过,海关和移民部门官员在搜集证据方面仍面临巨大障碍。当他们怀疑某个人非法购买古物时,他们必须在排除合理怀疑的前提下,证明古物是盗墓贼盗掘的。此外,他们还必须准确指出盗掘时间。

盗墓贼,我们在看着你

卫星影像等技术不仅可以帮助政府确认某一物品是否为盗掘所得,还可以帮助考古学家找到该物品的确切来源,从而获得与之相关的宝贵背景。[13]你可能会对此嗤之以鼻,我理解你的怀疑心态。在本书中,我一直都在讲卫星可以为考古做什么以及不能做什么。没错,我们无法从太空将镜头拉近来看清每一件物品。即便我们能够看清,捕捉盗墓贼把木乃伊从地下盗掘出来的瞬间场景也可能比中彩票还难。由于缺乏物品盗掘地的照片证据(盗墓贼通常不会在现场摆拍),我们可能无法支持相当理由的认定。

暂且再相信我一次。如果你可以确定一件物品的来源,那么其中就有很大的寓意。各国政府会有更充分的理由要求返还它们的文化遗产,而原住民社区也可能会提出同样的要求,将物品收回并在当地博物馆展出。就一件物品而言,即便我们无法准确掌握它在考古学上的来龙去脉,但只要知道出土它的遗址,我们仍可以从中获取新的考古知识。最后,证明物品是否为盗掘所得,是检方起诉前的首要一步,而只有证明了这一点,我们才能将那些毁坏全球文化遗产的不法分子绳之以法。相信我,这个梦想一定会实现的。

木乃伊诅咒行动

在《国家地理》关于埃及遗址遭盗掘事件的专题报道中,我收集了特定案例的信息。[14]2014年冬,我和专题作者汤姆·米勒在纽约碰面,决定共同调查相关的犯罪事实。汤姆一头鬈发,脾气火暴。对于我搜集整理的埃及遗址遭盗掘的资料,他已经非常熟悉。不过,他还想了解一下这个产业链的下游,即那些被盗的古物流入西方市场后的情况。

在美国联邦移民海关执法局(ICE)的邀请下,汤姆和我获得了访问许可,可实地探访一个秘密据点。该据点位于布鲁克林,是一栋气势恢宏的轻质砖砌建筑物，墙上装有假窗，后门配有一个装卸平台。这是一个储藏设施，专门用来存放被没收的艺术品，即纽约富豪名流收集的非法藏品。在安检口接受了例行检查之后，我们被带到楼上，映入眼帘的是形状、尺寸各异的箱子，从地面一直堆积到天花板，就像《夺宝奇兵》片尾的场景一样。（是的，我每一层都仔细看过，想找到约柜形状的箱子，但运气不好，一无所获。）

随后，和我们联络的探员又领着我们到了楼下，进入一间光线明亮的房间，里面陈列着在木乃伊诅咒行动中查获的古物。[15]顺便说一句，"木乃伊诅咒行动"是官方行动代号，可不是我随口杜撰的。2009年，美国联邦移民海关执法局根据可疑的进口单证，对知名的埃及古物收藏者约瑟夫·刘易斯三世的车库进行了突击检查，查获了一口被切成两半的由美国邮政系统运送的埃及棺椁。

刘易斯是从一个名叫穆萨·扈利（外号"莫里斯"）的交易商手中买的那口棺椁以及其他文物。特别探员布伦特·伊斯特此前就从扈利那里查获了一尊来自伊拉克的雕塑头像，但他怀疑这只是这个从事肮脏勾当的家伙的第一次失手而已。在扈利公司的网站"温莎古物"上，伊斯特发现了若干宣称来自阿拉伯联合酋长国的埃及文物。[16]

扈利最终承认它们来自埃及，也就是说这违反了埃及的《国家失窃财产法案》。[17]按照该法案，埃及的古物是被禁止运送到国外的。在伊斯特开展的突袭行动中，共查获价值250万美元的古物。扈利仅被判居家监禁6个月和社区服务以及一年的缓刑。刘易斯辩称他不知道自己收到的是赃物。在2014年该案再审时，他被撤销所有指控，但美国国土安全部全部没收了查扣的若干文物。[18]

汤姆后来告诉我，他真希望当初有人能够拍下我走进那间存放找回的古物的房间时的表情：震惊、憎恶和完全不可思议。在那一刻，我这名埃及古物学者一句话也说不出来，因为一个古老的幻象飘浮在我的面前，轻飘飘地进入记忆的苍穹，可以让我在临终时重温。红色、白色、淡黄色、黑色——仿佛一块完美的调色板被画在了一口有着 2 400 年历史的棺椁上，而这是我先前从未见过的。棺椁装饰还包括一张优美的雕刻面孔，这或许是死者的肖像。

我强忍着泪水，在《国家地理》团队拍摄专题报道照片时，转身去看其他非法入境的文物。从中王国时代的船只模型到公元前 1800 年左右的木质雕像，再到那些可能与棺椁配套的灵柩，都是美国联邦移民海关执法局查获的。随行探员解释说，我的考古学家同行已经将那口棺椁上的铭文做了翻译[19]，具体年代可追溯到后期埃及和托勒密王朝时期之间，或许就是阿尔塔薛西斯三世率军进攻特比拉时期。

这些棺椁上的铭文让我想起了一个人的名字：谢塞普－阿蒙－泰耶斯－赫里特女士（Shesep-Amun-Tayes-Herit）。美国联邦移民海关执法局知道她的棺椁是被非法走私到美国的，对出土地点却一无所知。我建议用她来做一个测试案例，看看我们花大量时间搭建的卫星影像数据库是否有帮助。当年夏天，她就会被运回埃及，所以这项研究值得一试。

穷家难舍

假设这位女士来自某一墓区，而不是崖墓，那么卫星有可能——只是说有可能——记录下这一特定的盗掘事件。要知道，早在 2 500 年前，开凿于山崖或岩层中的墓葬是非常普遍的，而这类墓葬很难被卫星捕捉，所以还是先让我们祈祷吧。

我首先从数据库已收录的 279 处被盗掘的遗址查起，并依据先前的发掘和调查数据，列出每一处遗址所属的年代。探员传来棺椁的放射性碳测年结果,进一步确认所属年代介于后期埃及和托勒密王朝时期之间,即公元前664—前30年。第一步,在这279处被盗掘的遗址中,看是否存在年代相符的墓区。仅此一步,就将符合条件的遗址数量骤减至33处。

当我转头望向那名女士的脸庞时,她的眼睛一下子吸引了我的目光。我看到她眼角处有微小的闪光点,再仔细看,原来是遗留下来的细碎沙粒。谢天谢地,还好盗墓贼的木料清理功夫太差。沙粒的存在意味着出土地为沙漠地带,而极佳的保存状态也表明这个地方较为干燥。

第二步,依照沙漠边缘存在墓区的标准,进一步缩减遗址的范围。此外,我们还设定了另外一个条件,即遗址靠近市中心,因为我们的这位女士代表了最精湛的艺术形式,是由达·芬奇式的高级作坊打造的。在古代,这样的作坊通常都在大城市。

如此筛选下来,符合上述条件的遗址只有10处。幸运的是,我们掌握了这位女士被运抵美国本土的时间。一般来说,一件文物从出土到走私到国外市场,需要一年乃至更长时间。该批文物是在2009年9月到11月查获的,因而盗掘活动可能发生在2005年至2009年年初。

卫星影像记录的遗址遭盗掘事件大都是在2009年及以后,也就是在全球经济衰退之后发生的。在我们筛选出来的10处遗址中,有5处是在2009年之前被盗掘的。其中,只有一处遗址在2005年至2009年出现了数以千计的盗洞,而它就是阿布西尔马利克遗址。

在古埃及,家族中往往沿用同样的名字,而谢塞普-阿蒙-泰耶斯-赫里特并不是一个日常生活中常见的名字。在美国佛罗里达州的坦帕艺术博物馆[20],恰好有一口棺椁的主人,跟我们这位女士同名，所属时期也对得上。这对我们来说无疑是一条关键线索。博物馆里的那口木制棺椁同样色彩艳丽，但艺术性不是很高，出土地点为阿布西尔马利克遗址。一切似乎太过巧合了。此外，我还发现了一尊来自"萨卡拉地区"的书记员雕塑，而该地区也是阿布西尔马利克遗址的所在地。这尊雕塑上面刻着谢塞普–阿蒙–泰耶斯–赫里特，是书记员的母亲的名字。[21]

由于长期遭受盗掘活动侵害，阿布西尔马利克遗址如今已经变得坑坑洼洼，看起来就跟月球表面一样（见图11-3）。遗址处可见成千上万的新旧盗洞，而时至今日，各种盗掘活动依然猖獗。人类遗存散落各地，就和秋天树下的落叶一样。有同行曾经拜访该处遗址，回来后看得出大为震惊。综合各方面证据来看，这处遗址极有可能就是这位女士的故乡所在地。

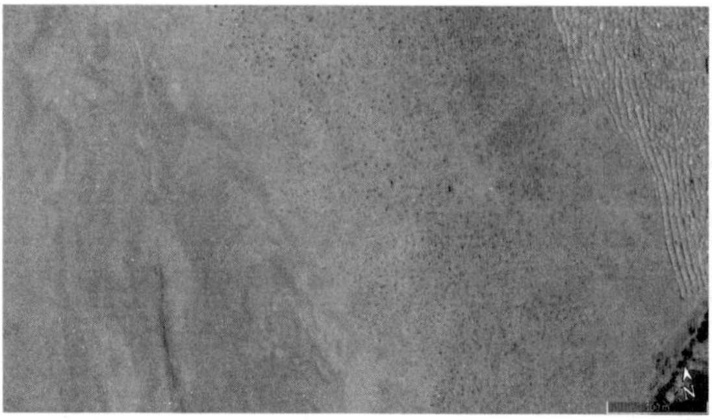

图11-3 埃及阿布西尔马利克遗址。注意看该处遗址数以千计的盗洞

资料来源：谷歌地球。

大约2 500年前，她长眠于当地的一个豪华墓区，而那时的尼罗河沿岸坐落着一座繁华的城市。从棺椁上描述的头衔——"阿蒙神的吟唱者"来看，她是在神庙工作的，而这也是一般女性公民所能担任的最高的职位之一。她的住所很可能是一栋多层楼房，配置相当奢华，

而且她深受家人的爱重。他们费心费力，聘请城中的顶级匠师为她打造棺椁并绘制图案，而在她的随葬品中，自然也少不了各种雕塑、随葬俑、珠宝以及所有能想到的华丽服饰。这位女士的家人付给祭司丰厚的报酬，供奉祭拜她。这个家族可能连续几代人都是这么做的。如今，她的名字已经被世人铭记。虽然盗墓贼偷走了她的随葬品，破坏了她的遗骸，但讽刺的是，在他们的"帮助"下，她被载入史册，并实现了永世不朽的梦想。

杯水车薪

找到棺椁可能的出土地只是工作的第一步。一旦考古学家掌握了遭盗掘遗址的数据，他们就可以列出可能遭劫掠的物品的清单，而这样的清单将有助于斩断从盗墓贼到市场的整个非法链条。

但更关键的是，要了解整个黑市交易背后的机制。货币贬值、失业、游客数量的减少和物价的上涨，都会引发遗址遭盗掘事件。目前来看，大型考古遗址的安保措施已经大大提升，但就一些偏远地区的遗址而言，盗掘活动可能会愈演愈烈，因而这些遗址亟须加强保护。面对21世纪最严重的"隐患"之一，我们有必要采取创新的解决方案。隐患，异常危险的隐患。

部分专家表示，在利比亚、伊拉克和叙利亚等地，盗掘活动与恐怖主义有着根深蒂固的联系。[22] 在其他一些地方，盗掘活动跟毒品交易和人口贩卖存在千丝万缕的联系。虽然这些犯罪网络还有待进一步调查研究，但它们之间很可能是联通的。

据传，贩卖古物的利润非常可观，传言中的金额从一年数百万美元到数十亿美元不等。同其他任何黑市交易一样，具体的利润规模无从得知。目前来看，我们需要采取更多的措施，斩断非法链条，同时弄清楚古物是如何从埃及等地流入欧洲、亚洲和美洲的。各政府和联合国教科文组织等机构的愤慨声明很容易被忽视。问题的解决需要全球行动，而唯有如此，才能粉碎古物的非法交易网络。

我们不能说所有的盗墓贼都是恐怖分子。事情没有那么简单。我们需要弄清楚的是，哪个阶层的人会从盗掘活动中获利，以及一般的盗墓贼处于何种生活状态。这些都有助于我们厘清危机的真正本质。

在埃及的盗墓圈子，据说村民会集体瓜分盗掘古物所得的小额收益。当地的盗墓贼多半是孩子，获取酬劳的方式有二：一是按照盗掘的文物计费，二是按照夜间工时计费，风险当然自担。隧道坍塌。在黑夜中，开放式墓井无异于陷阱。有时候，在墓井深处作业的盗墓贼会被安保人员抓个正着，即便这些安保人员没有配备武器，但身边有的是大石头。一名安保人员曾经跟我说："盗墓贼是给自己挖墓。我轻轻松松就送他们一程。"这种憎恶是可以理解的，因为遗址的安保人员一般都是成年男子或家中的父亲，经常遭到有组织的盗墓团伙的枪击，甚至被射杀。[23]

盗墓是一种完全不要命的犯罪活动。当地人可能会把盗掘的古物卖给犯罪分子，但他们这么做是为了养家糊口。据我听到的描述，即便是那些把盗墓当成副业的人，往往也是为了能让一大家子人吃上饭、过上更好的生活，或者是为手术筹集资金。虽然谈不上完全绝望，但这也绝不是那种所谓的第一世界问题。如果我们能够抱持同理心去看待这场危机，那么我们还是有机会拿出有效的解决方案的。

富人也会参与盗掘活动或充当古物的掮客，而这才是真正能发大财的环节。职业犯罪分子也会参与盗掘活动，但这并不是他们的主要收入来源；古物非法交易、军火走私和强迫卖淫等地下网络，本质上都是一样的，即通过买卖来获取利润。

赚大钱的是最后的卖家，交易可能通过大型拍卖机构或私人掮客，尽管我们无从得知在这个转手过程中古物的价格被抬高了多少。让泥铲铲入沙土的真正的背后力量，是西方和远东的买家——从在网络上竞拍标价 100 美元的圣甲虫雕饰的小买家，到斥资数百万美元在高端拍卖会上竞拍雕塑的大买家，无一不是幕后推手。没错，推动市场的就是他们。

如果没有需求，那么盗掘活动就不会出现今天这种情况。这才是我们首先需要对抗的。同理，对濒危动物的身体部位以及对外来宠物的文化需求，也必须通过全面的再教育和严厉的惩戒措施来应对和解决，否则无数的物种就会永远消失。无论是野生动物的交易还是古物的交易，都不能把责任转嫁到链条的下游，链条顶端的消费者才是罪魁祸首。即便这意味着要审视我们自己的文化，我们也不应退缩。

解决方案……或许吧

就遗址保护而言，卫星影像只是起了辅助地面行动的作用。在当地推动培训和教育计划至关重要，而且这些计划在遗址保护方面已经产生了巨大影响。目前，全球范围内正在开展的培训和教育计划有数百项之多。它们已经跳出了很多非政府组织和非营利组织兜售的所谓穷情影像的窠臼，成为真正帮助当地人从他们的文化遗产中寻找合法的可持续的有经济价值的计划。

与考古遗址周边社区的关键利益相关方建立合作关系，进而了解他们的需求和技能，是开展遗址保护的强有力的方式之一。当那些城镇和村庄的居民看到自己的经济状况有所改善时，他们就会知道他们的未来是与过去关联的。此外，与年轻人保持接触也非常重要。我们可以向他们展示，他们是当地文化宝藏的真正守护者，而且发展旅游业，可以为他们创造更多的就业和提高生活水平的机会。

我们来看一个例子。在约旦，考古学家莫拉格·克塞尔与佩特拉国家信托基金合作，携手开展佩特拉少年游骑兵和佩特拉青年参与计划等项目。她帮助创建了一个教育模块，为100多名年龄为12~17岁的女孩提供培训，着重讲述考古、博物馆和保护遗址的重要性。之后，参加者又被要求去采访佩特拉的游客以及当地的摊主，问一些与古物销售相关的问题。这类工作坊为年轻人赋能，让她们成为保护当地历史的利益相关方。[24] 克塞尔还率先使用无人机对约旦境内遗址遭盗掘的情况进行测绘，并将其作为她的"跟着陶罐走"计划的一部分。在我心目中，她是当今在中东工作的最酷的女性之一。[25]

只要当地人参与进来，那么全世界的情况都会大有改善。以卢克索为例。相比埃及其他地区，从卫星影像上看，这个地区可以说基本没有发生盗掘遗址活动。零星的盗掘活动当然还是存在的，但要知道，卢克索有数百处遗址，鉴于如此规模的考古景观，这已经是相当了不起的成就了。在卢克索的经济活动中，近乎百分之百都与前来参观古代奇迹的游客有关。

由于2011年埃及政局出现动荡，很多游客放弃了出行计划，进而导致卢克索地区的人陷入困顿之中。这不仅包括导游和酒店员工，还包括那些为在酒店厨房工作的表亲供应西红柿等食材的人。即便如此，当地依然高度重视古埃及文化遗产的价值。请亲自来卢克索走一趟：酒店便宜，食物美味，人们热情好客，更重要的是，你将为打击盗掘遗址活动贡献自己的力量。

然而，并不是所有的遗址都能变成旅游景点。发展观光旅游业不仅需要投入大量资金和时间，还需要有足够的游客。但是，这个世界上有待发掘的地方实在是太多了，只有"死硬派"游客才会去参观那些小型遗址或偏僻冷门的遗址。

尽管如此，解决方案还是可以找到的，那就是为考古遗址周边的人提供新的经济发展和教育机会。通过举办技能培训活动，鼓励当地人制作仿古代风格的手工艺品，然后通过大城市的合作社或在线平台销售，当然也可以拿到当地集市上售卖。从事遗址考察工作的考古学家也可以参与当地的社区活动。在考古发掘季，我的很多同行都会邀请当地学校师生和社区居民参观遗址，并为他们提供相关解说。

有时候我们的工作会在无意间产生积极效果。在特比拉台形遗址，附近村庄一个名叫阿比拉的少女用篮子帮我们运送发掘出来的碎石。她对考古工作非常感兴趣，而且她的英语水平远胜我们的阿拉伯语水平。在她的高中考试成绩出来的时候，她的叔叔买了一整箱汽水请我们团队喝：她考了全班第一名。我们所有人都为她感到骄傲。阿比拉后来考取了开罗大学，专业是考古学。她后来告诉我，之所以选择考古学，就是因为受到了我们这些女考古学家的启发和激励。

就遗址保护而言，如果有一个全球性的可以实时追踪的遗址数据库，任何遗址只要受到盗掘、土地开发或气候变化的威胁，就会成为全球热点，那会怎么样？在影片《盟军夺宝队》中，那些勇敢的男男女女在二战期间的欧洲，从纳粹手中夺回了众多无价之宝。想象一下 21 世纪也存在这样的夺宝队。我们所有人都可以成为夺宝队成员：一支覆盖全球、涵盖不同年龄段的数百万人的队伍，群策群力，分析高分辨率卫星影像，寻找遗址，识别盗掘活动，并同政府和考古学家分享相关数据。这样的成效将是何等惊人。

那么，现在我们怎样才能动员如此庞大的力量呢？

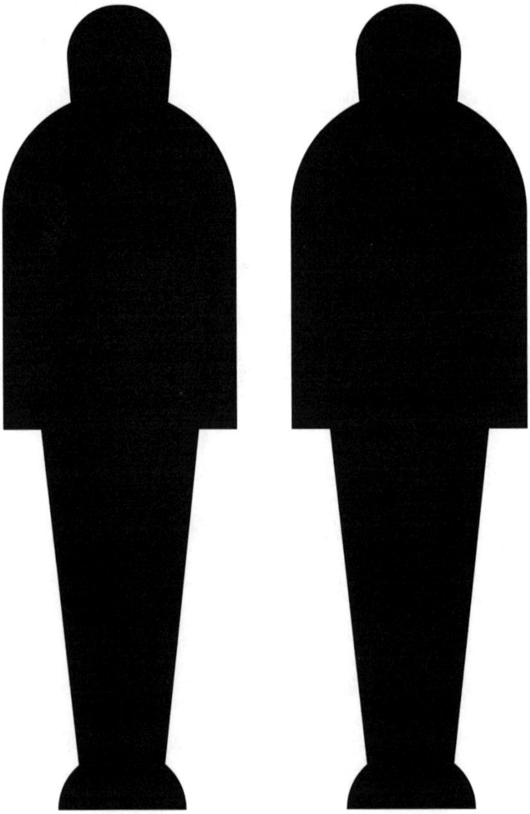

面向大众的太空考古学

当凝视的时间够长,你便会重拾儿时的好奇心。

12

鉴于遗址所遭受破坏的严重程度，我们似乎并无胜算。尽管面临极其严峻的现实，但在科技发展日新月异的今天，许多考古学家已经变得更乐观了。不过话又说回来，即便有了先进技术的加持，一个残酷的事实也依然不可否认：我们保护历史遗迹的速度远赶不上遗迹被破坏的速度。

我们需要以更快的速度和更明智的方式行动起来。我们需要更多人手。我们需要一场考古革命来颠覆传统的方法，并推动人们更广泛地参与。我们需要足够多的考古学家来处理积压的工作。很多人在5岁时就立志成为一名考古学家，如今他们应该可以实现自己的梦想了，因为我们有太多工作等着专业人士来做。就考古学而言，最让人感兴趣的新的可能性之一，就是寻求大众的帮助。

我们还需要问历史是为谁而写的，以及谁会通过新的考古发现来为我们人类共同的故事添砖加瓦。目前，尽管有很多人已经在使用遥感等先进技术，但考古学上最伟大的发现时代可能就在前方，而不是此刻。尽管如此,这样一个时代即将到来,当人人都能为考古贡献自己的力量时,它就会到来。在看了很多科学发现相关的故事之后,你可能不相信我说的话,认为这不可能。没关系,让我们拭目以待。

众人的力量

你可能听说过"众包"。其实,我们每个人都有参与过的经历,只不过可能没有意识到而已。当你在社交媒体平台推特或脸书上寻求建议时,比如你问有没有可推荐的水管工、餐厅或最好用的纸尿裤,这其实就是一种众包行为,即寻求大众的智慧。或许有人会认为,与科学研究相关的任何事情都不能指望大众的帮助,实则不然。在这个问题上,答案掷地有声:大众值得信赖。

历史上第一个重要的众包科研项目叫"星系动物园"[1],而这个项目也让全世界看到了普罗大众为科学家提供的巨大帮助。该项目以牛津大学为基地,旨在对斯隆数字巡天计划拍摄的上百万张星系图像进行分组归类,但科学家发现这个工作量实在是太过庞大了。于是,作为一项实验,科学家创建了一个在线分类平台,为参与者提供了三个选项:旋涡星系、并合星系或椭圆星系。在他们看来,这项需要大众参与的工作可能会持续多年的时间,但事实上,在项目开始后的第一年里,15万名参与者就完成了5 000万组数据分类。

由于无数人会对同样的图片进行反复确认,所以参与者的分类精确度堪比科学家。如今,这项实验已经演化成一个名为"Zooniverse"(星系动物园科学联盟)的网站,涵盖数十个众包项目——从识别鸟的羽毛到誊写一战时期的日志,不一而足。我自己也去尝试了一下,看到有这样的叙述:"晴朗的夜晚,寂静无声,部队里人挤人。"我抑制住了上网检索的冲动,暗自希望100年前在欧洲大陆作战的英国皇家来复枪团("绿老虎团")第九营的官兵一切安好。

我可以听到你在说,好吧,不就是按照形状和颜色进行挑选分类,或者阅读潦草的笔记吗……欢迎来到幼儿园!这可不是给大脑动手术的难事。

啊哈!让我们来看看大脑超级聪明的科学家埃米·罗宾逊主持的"眼线"(Eyewire)。[2] "眼线"允许世界各地的人通过线上游戏来帮助绘制大脑神经元的三维图。游戏充满趣味、易于使用,而且设计精美,常在线的用户人数有数十万之多。"眼线"和"星系动物园科学联盟"让我看到了让网民参与项目的潜力,而我并不是唯一意识到这一点的考古学家。近年来,众包在考古领域进展神速。

黎凡特陶器项目[3]的众包对象是地中海地区的学者。通过该项目平台,他们分享了自新石器时代至奥斯曼帝国时期的7 000多年的陶器数据资料。2018年年初,该项目拥有大约250名专业贡献者,已经上传了超过6 000件陶器的资料。相关数据会按照器皿的形状、所属时期、出土遗址名称、国别和地区等进行分类。如此一来,专家在田野调查期间就可以对出土古物进行比对,以便及时解读。现在,我们不妨展望一下未来:专家创建一个类似的数据库,收录了所有的考古物品类型,而通过这样一个平台,考古学家在物品出土几个小时内就可以对它们做出解读。只是想一想,就让人兴奋不已。

依赖于普罗大众的众包有一个巨大优势,那就是它可以为项目带来许多新的视角。就我自己从事的卫星影像而言,这项工作不仅耗时、费钱,还需要高度专注。在开始一个项目之前,我很清楚自己在屏幕上要找的东西的类型和范围,但有时候还是会遗漏很多,对于那些我非常了解的地方,比如埃及,更是如此。正如我们在前面的章节中所看到的，在面对过于熟悉的事物时，先入之见会严重妨碍我们的研究工作。

一位埃及古物学家同行告诉我，有一次他带朋友家 8 岁的女儿去参观帝王谷。在拉美西斯六世的陵墓中，有一个复杂的阴世场景困扰了他几个月。参观期间，这名小女孩指出了他遗漏的一个小细节，于是他终于明白了整个场景的含义。对于这个故事，我原本不以为意，直到 2017 年夏格雷戈里和我带着当时 4 岁的儿子去埃及参观时，我才深有体会。因为他个子小，为了给他讲解，我们不得不蹲下身来，而这也是我们第一次抬着头看"风景"。我们两人在埃及的工作时间加起来也有 50 年了，但在这次旅程中，我们发现了我们先前从未注意到的事物。

如果未经训练的人可以帮助考古学家开展研究工作，那么你可能会问，是否有必要学习如何分析和解读卫星影像。学术界的很多工作需要多年的高强度训练，而获得这些专业知识对更细致入微的分析至关重要。我之所以想让更多的人参与进来，享受其中的乐趣，与我自己的成长经历也有关。我在缅因州长大，而儿时梦想中的金字塔、骆驼以及其他有着异域风采的事物，与我相隔 5 000 英里。那时的我，从未想到将来我会拥有这样一项事业。时至今日，那个小女孩依然在我的心里，提醒我每个人都应当有机会去探索和发现美妙的事物。

有的人缺乏受教育的机会，有的人缺乏资源，有的人缺乏进入学术领域的行动能力……就这些人而言，我们需要想办法让考古学走出象牙塔，原因很简单：我们在与时间赛跑，而且已经处于下风。

对于那些不需要进行大量卫星影像处理的区域，一个接受过专业训练的人一天可以搜寻 100 平方千米。但我们要探索的是整个地球，其总表面积约为 5.1 亿平方千米，即便减去 3.6 亿平方千米的海洋表面积，仍有近 1.5 亿平方千米的表面积等着我们去分析。若把这项工作交给一名影像处理专家，那么他或她需要花 4 000 多年才能完成。

全球探索者的故事

我个人是在 2015 年投入众包领域的。那一年，我出乎意料地获得 TED 大奖提名，奖金数额为 100 万美元。该奖项采取的并不是申请制，和奥斯卡奖也不一样：它奖励的是你未来会为这个世界做什么，而不是你已经为这个世界做了什么。我必须有一个宏大的、激励人心的、可以改变世界的愿望。听起来倒是不难。对了，在推介这个愿望时，最多只能用 50 个单词。

在准备推介的过程中，我得到了很多帮助，也进行了深入思考。我的好朋友、才华横溢的印度艺术家拉加瓦·K. K. 告诉我，如果在这个过程中我没有产生近乎崩溃的感觉，那就说明我没有做对。是的，我的确快崩溃了。我感到沮丧和无助——我所做的，与我脑海里根深蒂固的关于考古学上的所有权的学术理念完全背道而驰。我差点儿选择放弃。但格雷戈里劝我坚持下去，所以我继续煎熬，并最终决定让渡我职业生涯中所取得的一切研究成果。以下是推介词。

"我希望我们能够发现全球数以百万计的未知的考古遗址。通过建立一个在线的公民科学平台和培训 21 世纪的全球探索者大军，我们就会找到进而保护这个世界上失落的遗产，这些遗产包含着关于人类集体韧性和创造力的线索。"

我们可以彻底颠覆考古学，让各行各业的普通人都能参与探索的过程。尽管赢得大奖的机会渺茫，但这并不重要。我要做的就是让那些想去远方探索的孩子都能实现自己的梦想。我认为我的付出是值得的。

当 TED 的负责人克里斯·安德森在电话中告诉我最终获奖的消息时，我一时竟不知道该说些什么。此后，重担就落在了我的肩上。我将倡导和捍卫一个远超个人想象的、更宏大的愿景。2016 年 2 月，在加拿大温哥华召开的 TED 年度大会上，我分享了这个疯狂的想法。

2015 年秋，也就是在 TED 大奖遴选程序刚刚启动的时候，我对如何设计在线平台一无所知，对在线游戏的了解更是少之又少，就是偶尔玩一玩纸牌接龙游戏。如果你问我什么是 UX 和 UI，我会让你赶紧去医院查一查。（如果你也不知道 UX 和 UI 是什么意思，那么我在这里告诉你，它们分别是"用户体验"和"用户界面"的英文首字母缩略词。）

幸运的是，我可以向 TED 团队以及埃米·罗宾逊等众包领域的行家请教。在打造"眼线"网站的过程中，埃米收获了宝贵的洞见。我非常感谢她的慷慨，感谢她付出的时间和提出的建议。探索众包就如同探索美国西部的荒野，而在此过程中，我们也一步步组建了团队。那是一个伟大的实验时代，并一直延续至今。

我们想要打造一个能够吸引人广泛参与且人人愿意体验的在线平台，同时要对参与者的付出给予奖励。当然，最重要的是确保平台的正常运转。当时我们都不知道自己该做什么，甚至在平台上线前连一点儿头绪都没有。

我们给平台取名为"全球探索者"，简称"GX"。自设计阶段起，我们就定下了调子：GX 既要功能齐全，又要简单易用，并能吸引精通计算机技术的人。在长达 6 个月的时间里，我们深入研究了我们的目标用户，也就是那些最有可能使用 GX 的人。

在一个理想的世界里，我们要打造的是一个人人都想用的平台。但在现实中，没有一个平台是人人都喜欢的。经过多轮辩论和筛选，我们精选了四种我们尽可能广泛吸引的目标用户：正在攻读考古学硕士学位且想要改变考古界的在校生；精通技术、酷爱电子设备和喜欢探索世界的三十出头的人，但他们的空余时间不是很多；有一定自由支配时间的、喜欢旅行的退休专业人士，但在技术方面，他们可能需要一些帮助；赋闲在家、身体有残疾的祖父母辈的人，他们对技术可能存在恐惧心理，却有大把培养新的兴趣和爱好的时间。

我们团队的合作方是设在美国科罗拉多州的著名平台设计公司蒙多机器人（Mondo Robot）。我们先提出我们的细目清单以及想要实现的各种功能，然后在此基础上进行删减。但是，其中有一点是不会妥协的，那就是让参与者有一种即时的群体归属感，仿佛置身于考古发掘现场一般。另一个要点是开发一款游戏，对参与者付出的努力给予奖励，并以有趣的方式对遗址所在国的情况做介绍。

经过一年的不懈努力，我们团队终于推出了在线平台 GX。这既是一个公民科学平台，也是一个众包的卫星影像平台。对于这个世界上任何有兴趣寻找和保护古遗址的人——无论是 5 岁的孩童还是 105 岁的老人，平台都持欢迎态度。我们把重点放在秘鲁，原因如下：首先，秘鲁的马丘比丘遗址世界闻名；其次，秘鲁的考古遗址很难通过卫星影像发现，因为它们的建筑材料主要是石块或泥砖；最后，秘鲁政府一向支持创新的考古工作。此前，秘鲁文化部已经开始了一个以无人机为主的测绘项目。单就这一点而言，它就比其他国家超前了很多。

我们还找到了一个很棒且非常务实的合作伙伴——可持续保护倡议组织。该组织的使命之一是为生活在古遗址附近的当地妇女赋能，帮助她们生产和销售手工艺品，从而实现经济上的独立。

GX 平台的最终目标是为全世界的人赋能，让他们成为考古学家，并以考古学家的视角看待这个世界。我们想为用户提供其所需要的工具，让他们去想象过去以及那些生活在过去的人，同时也致力于让用户成为历史如何被书写的利益相关方。

开始游戏

一开始，用户会看到第一关的简短教程：盗掘侦测。内容包括秘鲁境内被盗掘的遗址的地貌（包括远景和特写），以及这些遗址在不同景观环境下的地貌。完成教程之后，用户就可以开始他们的探索之旅了。面积为 300 平方米的卫星影像被分割成更小的影像，然后像发扑克牌一样随机提供。

在处理卫星影像时，我们通常也是放那么大，所以这是非常真实的体验。用户可以通过自己的评估结果，在两个类别选项中做出选择："被盗掘"或"未被盗掘"（见图 12-1）。选好之后，继续评估下一张影像。

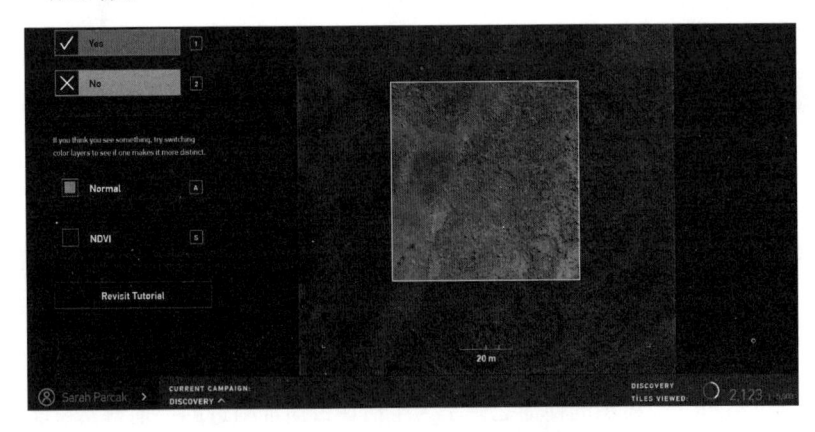

图 12-1 globalxplorer.org 平台的探索页面

资料来源：全球探索者网站。

在此声明一点，我们平台的探索页面中不包括任何GPS数据点或地图信息，因而也就不会让那些心怀鬼胎的盗墓贼得逞。这些影像无法识别、不可追踪，可能来自秘鲁茂密雨林之外的任何一个地方（见图12-2）。

图12-2　秘鲁遭盗掘的某处遗址的卫星影像

资料来源：全球探索者网站、数字地球公司。

在评估完100张影像后，用户进入第二关：识别考古遗址上的非法建筑物。这可能会令人困惑，所以我们后来将这一关移除了。而在此过程中，我也看到了平台回应用户反馈的重要性。

最后一关是"遗址发现"。对我们的公民科学家来说，这也是最难的一关。事实证明，我们很难从太空发现考古遗址……而现在我终于明白读博士的意义了！我们在"遗址发现"阶段的教程中放入了很多实例，用户只要肯花时间多练习，就有可能识别出古代的遗迹。这同样是一种非常真实的体验。

为提升参与者的乐趣，我们总共设计了10个级别，每个级别对应一枚印有古秘鲁文物图像的徽章。用户评估的影像越多，其在游戏中的等级就越高。他们首先从"探路者"的身份开始，然后是"寻路者"，直至最高级别的"太空考古学家"。惊喜连连！

在为期三个月的正式开放运营过程中，用户每周都可以解锁由美国国家地理学会提供的关于秘鲁考古和秘鲁历史的新内容。通过的关卡越多，用户得到的奖励就越多，比如与谷歌环聊和脸书直播相关的权益，以及我们团队发送的私信。目前这个板块仍在 GX 网站上，而美国国家地理学会提供的内容也依然可以访问。请点进去看一看，我保证你一定会喜欢。通过不断学习和练习，用户越来越善于发现秘鲁的遗址。在此过程中，他们不仅掌握了更多的知识，看到了更多已知的遗址，也发现了更多的新遗址。

我们在后台设置了相关程序，以便随时掌握用户发现的遗迹。如果有6名及以上用户确认某影像中存在遗迹，那么我们就会进一步评估。此外，为了让用户了解自己的绩效和表现，我们还提供一种"共识得分"，以此来表明不同用户之间的共识度。所有用户都是从50%开始的，当然我自己也包括在内。公平第一。

2017年1月30日，GX 平台正式对公众开放，但接下来会发生什么，我们当时无从得知。比如，它可能会宕机。再比如，用户可能会有更高的期望，而这种期望却是我们的预算无法达成的；100万美元听起来是一个不小的金额，但在复杂的技术工作面前，花起来也非常快。事实是人们的反应远远超出了我们的想象。在一周之内，用户就评估了超过100万张影像，我们也开始收到参与者发来的电子邮件。

一个人只要有一台电脑或一部手机，就可以为考古遗迹的发现贡献力量。这一理念让人们兴奋不已。

在撰写本章时，我们的 GX 平台已经上线一年多了。在这一年多的时间里，平台吸引了来自阿富汗、也门和美属萨摩亚等全球 100 多个国家和地区的超过 8 万名用户。虽然这里面没有来自格陵兰岛的用户，但你如果在阅读本书时就住在格陵兰岛，那么也不妨试一试。我们的用户评估了超过 10 万平方千米的卫星数据，也就是说，到目前为止，已经评估超过 1 500 万张影像。

考虑到要打造一个全球性社区，我们创建了脸书专页，便于分享图片和评论。此外，我们还列出了常见问答，并成立了一个电子邮件团队来处理网友的各种问询或问题。有一天，轮到我在谷歌环聊会议中回答社群问题时，我们遭遇了一场互联网灾难：连线断了。于是，我们不得不改成聊天室。我想这可能会出现非常糟糕的情况，毕竟这是在网络上，而且面对的是 50 个随机的陌生人。我做了最坏的打算。

然而……考古学展现了巨大的团结力量。在接下来的一个小时里，我们每个人都忙着给彼此发送和回复信息。真是神奇。在关于平台、考古遗址的发现以及该项目的未来潜力等问题上，网友踊跃发言，令人振奋。他们问的都是很有见地的好问题，彼此相互支持和鼓励，同时也对平台的改进提出了建设性意见。这次交流让我重拾了对人性的信心，即便是在互联网上。

只提及用户数量，并不足以传达我们收到的众多参与者发来的个人故事，而这些参与者也的确跨越了各个年龄段——他们中既有几岁的小孩子，也有 90 多岁的老年人。一名来自荷兰的女性写信给我们说，GX 帮她度过了一个悲伤期，因为她家中的一名年轻成员去世了。每当深夜感到绝望的时候，她就会登录 GX，玩几个小时的游戏。

在她看来，这是在做一件有意义的事情。她告诉我们，正是靠着GX，她才慢慢恢复了正常的生活。听到这些，我甚至都不知道该怎么用语言来表达感动和谦卑的心情。

来自印度的马哈告诉我们，他一直都想成为一名考古学家，但父母给他施压，让他学医，因为医生是"实用"的职业。他依了父母的心愿，但总觉得人生有遗憾。现在，他可以和7岁的小侄子在我们的GX平台上一起探索古遗址。没有哪个案例比这更能概括我们所要实现的目标了：他说他不知道自己的小侄子日后会不会成为一名考古学家，但他想要做的就是告诉小侄子，无论在什么情况下，都要坚持追求自己的梦想。

我最喜欢的故事来自多里斯·梅·琼斯，她也是我现在最喜欢的人之一。还记得我们在平台设计之初确定的四种目标用户之一——身体有残疾的祖父母辈的人吗？对，多里斯就是该用户群体的代表。91岁的她生活在俄亥俄州的克利夫兰，平时坐轮椅，基本足不出户。她一向喜欢探索世界，对地质学充满热情。在我们的平台上线之初，她就注册了，并一步步升级为最高级别的用户——太空考古学家。她是我们最忠实的超级用户之一。有一次，我通过讯佳普跟她通话，一时间竟搞不清我们两个人谁更兴奋。她的真诚、热情和敏锐，让我觉得我们真的是在做一件正确的事。

空谈不如实干

GX平台让我们的受众获益匪浅，而我们的影响甚至超出了我们早前的预期。但是，我们还是无法判断这个平台能否真的起作用，也就是用户能否发现考古学家所不知道的真正意义上的考古遗址。在遗址识别方面，他们是会变得更得心应手，还是会在不经意间将一大堆现代农场标记为古代遗迹？要知道我们可都是过来人！

我们评估了数以千计的潜在遗迹，发现用户在识别具有真正考古属性的事物方面，成功率约为90%。在他们发现的遗址中，有超过700处被我们标记为"第一等级"，即这些遗址尚未出现在秘鲁文化部的考古遗址数据库中，而该数据库收录了超过14 000处遗址。令人振奋的结果！我们将标记为"第一等级"的遗址直接移交专家，以便做进一步评估。

具体来看，用户所发现遗址的规模大小不一：小型的如动物围场，大型的如建在山坡上的聚落，长度至少有1 000米。基于GX平台用户的发现，我们建立了一个详细的数据库。有的遗址包括建在小山顶上的防御性的石砌结构，还有一些遗址看起来像是大规模的聚落（见图12-3）。在对这些遗址进行分类之后，我们便可以将它们与

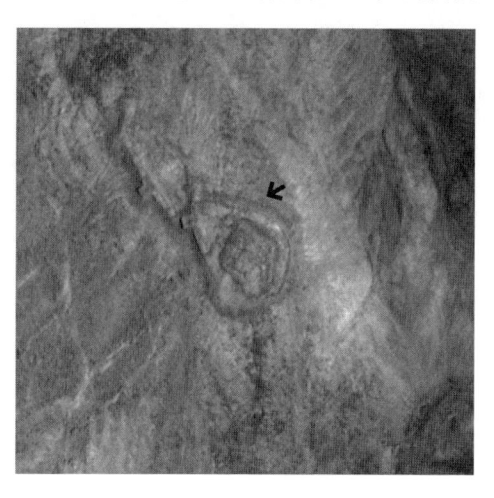

图12-3 globalxplorer.org平台呈现的秘鲁一处重要的聚落遗迹

资料来源：全球探索者网站、数字地球公司。

已知的遗址进行比对。在这个过程中，当然也需要专家的指导，以便确定遗址所属的类型。截至目前，我们的用户已经发现了超过19 000处先前从未被收录的考古遗址。[4]

先前调查过卫星影像覆盖区域的专业人士，开始全面评估平台用户的发现，而这也进一步确认了他们的成功率，尤其是在难以涉足的多山区域。针对这些新遗址，考古学家路易斯·热姆·卡斯蒂略利用无人机拍摄了大量影像资料。在此基础上，他开发了新的技术，用于测绘山坡一带的遗址。这是因为这类遗址通常很难通过卫星影像来识别。路易斯和秘鲁文化部的考古学家约翰尼·伊斯拉合作，在平台用户找出的近40处遗址附近发现了超过50组新的纳斯卡线条（见图12-4）。不用说，这自然成为新闻头条。[5]

图 12-4 无人机拍下的纳斯卡线条

资料来源：路易斯·热姆·卡斯蒂略。

此外，考古学家还计划对马丘比丘附近那些可能的新遗迹展开调查。对于这处全球闻名的皇家遗址的精英阶层住宅，专家已经有了相当的研究，但对于服务这些精英阶层的普通人的聚落，他们知之甚少。我们的平台用户的发现，正是他们所需要的。要知道，找到这些遗址，是所有考古学家的梦想。

通过与可持续保护倡议组织的合作，我们开设了新的培训课程，并在秘鲁首都利马附近的著名景点帕查卡马克开发了自行车观光路线。这些路线的开通，有助于当地人以一种新的方式为游客提供导游服务，而这也为附近社区居民提供了新的就业机会，进而提高了他们的收入水平。GX平台的推出，不仅是为了寻找古遗址，也是为了利用新旧技术，将当地社区、游客和数字世界连在一起，确保遗址得到长久保护。

亲身体验秘鲁

秘鲁的考古值得我们拼尽全力，为之创造一个最好的未来。我很荣幸能有机会数次访问秘鲁，并与这个国家的政府官员以及我们在当地的合作伙伴面对面会谈。来到赤道以南，我感觉整个人都不好了，语言不通，而且对当地考古缺乏最基本的了解。就连吃的也让我惊讶不已。每个人都跟我说，一定要尝一尝豚鼠，这可是秘鲁的一道美味。一时间，我突然感到反胃。其实，大多数肉我吃起来都跟鸡肉差不多。但我压根儿没有想到我的晚餐竟然会和考古工作扯上关系。

为了让我体验秘鲁的考古，拉里·科本邀请我跟他一起，到卡涅特河谷搞一天考古发掘。拉里是我认识多年的同行，同时也是可持续保护倡议组织的负责人。他个子很高，为人和蔼可亲。我们要去的那处遗址叫坎查里（Canchari），距离利马约有两个小时的车程，到时还要横穿田野和运河，然后爬一道极其陡峭的山坡。在埃及考古，我们是有发掘工人的，但秘鲁不同，这里的大多数体力劳动都需要我们自己去干。

　　沿着大型泥砖墙,我满怀热情地开挖,泥土很松也很软。说实话,这里跟埃及差不多;上层淤泥几乎一模一样,泥砖也颇为相似,只不过这里没有陶器。当我们不得不离开时,我让拉里保证,以后一定要告诉我这个谜一般的发掘单元的后续情况。他后来果真照做了,在电子邮件中告诉我,我们挖的那个地方是古代的一个豚鼠围场(见图12-5)。通常来说,我吃什么并不预示我会找到什么,若是如此,能找到这个世界上规模最大的古代巧克力工厂的人,绝对非我莫属,但我到现在都还没有找到。

图 12-5 位于坎查里遗址的古代豚鼠围场

资料来源:拉里·科本。

第一步，立足秘鲁；下一步，放眼全球！通过 GX 这个平台，我们看到了巨大的潜力，但我们还有很长的路要走。上面我所描述的只是一种想法的验证，现在我们需要的是扩大规模。2019 年，在完成平台重建之后，我们将进入下一个国家：印度。广泛的参与者会告诉我们什么行得通以及什么行不通，在我撰写本章时，我们正在对平台进行全面改版。比如，在首次使用该平台时，一个虚拟的沙盒会为你提供指导，并会对你评估的前 20 张卫星影像给出即时反馈。然后，它会告诉你是否成功标出了一处遗址，以及你可能辨识错误的原因。

作为世界三大河流域文明之一的印度河流域文明的一部分，印度相比埃及和美索不达米亚，几乎没有被现代考古学家探索过。在这个国家，未被测绘的遗址数量可能有数万乃至数十万处之多。我们不仅着眼于遗址的发现，也希望与当地重要的文化机构建立合作关系，为印度数百万的学童赋能，让他们成为塑造自己历史的中坚力量。

女超人（男超人，小超人，人人都是超人）

我喜欢考古学，是因为它让我深入了解了人类之所以为人的意义。在这个行业里，我可以触摸实实在在的、发人深思的实物证据。未来，我们希望使用众包数据的考古学家会记录下他们第一次造访相关遗址时的过程。我们想把那些影像资料放到我们的平台上，让用户也能体验，而这正是对他们所付出的时间和精力的最好回报。广大用户将宝贵的时间奉献给了我们，而作为考古学家，我能想到的回报他们的最棒的礼物就是：好奇心。

在这个千头万绪的时代，我们必须问好奇心到底能带来什么。它可以转化为现实世界的行动，比如加入当地的博物馆，参观历史遗址或参加考古学讲座。它可能还会敦促人们不要在网上购买古物。我希望它能让数百万人更关心人类是如何一路走来的。我也希望人们能够为自己的文化身份感到骄傲，并致力于保护自己的家乡。

我们这个平台项目最重要的宗旨，就是要全力拓展考古探索的边界，进而揭示人类共同的历史。这是一项伟大的实验。如果一位来自美国腹地的 91 岁的老奶奶也能成为无声的考古英雄，那么这个世界上就有一支等待被动员的太空考古大军。

我们的宏大目标是在未来 10 年里测绘完整个世界。目前，全球有数以百万计的考古遗址尚未被发现，还有数以万计的已知遗址面临被盗掘的危险，而保护它们的第一步，就是要知道它们都在哪里。未来，人工智能的自动搜索有可能派上用场，而广大参与者则可以利用人工智能对自动搜索到的遗址进行确认，这将大大加快发现遗址的过程。要测绘 10 万平方千米的区域，目前需要 4 个月的时间。假以时日，我相信我们可以在一周甚至几天之内就测绘完一个国家。

但即便我们有了这个世界上所有地表可见的遗址的分布图，而且广大参与者能够辨识盗掘活动猖獗的区域，我们也依然有大量的工作要做。

在遗址保护方面，每一个国家都有自己的内部程序和法律，而及早发现盗掘活动，也就意味着各国的执法机构能够及早介入，进而减弱遗址被破坏的程度。有了新的探测系统，我们或许可以说服各国加大执法力度，严厉打击盗掘所得古物的买卖。

随着新数据的不断增加，我们需要拿出创新方法，让更多的人加入考古大军。在当局允许使用无人机的国家，我们可以请参与者拍摄新发现的遗址，进而提供给我们无法通过卫星影像获取的详细信息。GX 等平台可以转型，将组织的使命从遗址探测转为遗址归类，并提供方便易用的小工具，用以绘制可见的遗址结构或提供其他信息。用户可以帮助整理先前的发掘和调查报告，或帮助寻找被发现的遗迹的相似之处。只要有探索的意愿，有电子设备屏幕，再加上一点点耐心，任何人都能成为探索者。

遥望星空

从数百英里外的太空寻找历史线索，会给人一种特别不同的感觉。或许是因为卫星影像可以让考古学家看到一个没有边界的世界，而这样的一个世界，不仅充满各种可能性，还涵盖了人类的过去、现在和未来。国际空间站的航天员谈到他们每天会绕地球飞行16圈，而这种经历也改变了他们的人生视角，让他们看到地球多么脆弱，又多么奇妙。[6]正是因为这样的经历，很多航天员后来成了保护地球的卫士和布道者。[7]

我相信同样的事情会发生在我身上，也会发生在那些花了足够时间从太空凝视地球的人身上。我无法准确告诉你，我们到底要花多少时间才能重拾儿时的好奇心，再将这种好奇心同成年人的愿望结合起来，为我们的下一代创造更好的环境。我保证，只要你凝视的时间足够长，就一定会重拾好奇心。

这一切都要从缅因州的外公说起。在我小时候，我们会一起盯着他获取的航摄像片看。像片中是一片片的森林。真正启发我的可能并不是看像片，而是长辈将自己的非凡智慧传递给孩子的用心。这种隔代的亲情和爱让我跳进了古老的兔子洞，进入了外太空。我的工作就是引领我穿越时光之桥的一条线。有时候，当我在电脑前工作到深夜时，我能够感觉到外公就在一旁陪着我。他一直在教导我，说我从事的这项工作充满无限的可能性。

没错，考古工作的根本要义就在于可能性。我们希望从地表之下找到人类所有重大问题的答案，但更多时候，我们找到的不是答案，而是更多的问题。现在全世界都有机会参与讲述人类共同的历史，书写全新的篇章，并加上注脚。我们都是未来的说书人。我们的未来取决于我们从天上和地下开展搜索的能力，所以我们可以像我们的祖先一样遥望星空乃至更辽阔的宇宙。

致谢

本书的最终出版,与很多非凡人士和卓越机构的大力支持是分不开的。在我需要帮助或不知道该如何开口寻求帮助的时候,很多人伸出了援助之手,我感激万分。这篇致谢绝不是详尽无遗的,如果有人被我遗漏,那么就让我再欠你一次。撰写本书期间,正值美国出现动荡,而这也给了我新的视角和思路。我希望本书多少也能够给读者带去新的审视世界的视角。

首先感谢艾布拉姆斯艺术家机构(Abrams Artists Agency):若不是非常了不起的马克·特纳告诉我"到时候了",那么本书永远都不会有进展。他把我介绍给史蒂夫·罗斯。在我看来,史蒂夫是一个作家所能找到的最优秀的经纪人兼朋友。他自始至终都看好本书的出版,也看好我的写作,并提供了无尽的鼓励。感谢你慷慨的建议和付出的时间。

感谢亨利·霍尔特出版公司的编辑迈克尔·西尼奥雷利,是你让我从一名科学家变成了一名称职的作家。从相见的那一刻起,我们就注定是一个完美的组合。感谢你的爱之深、责之切，感谢你阅读那些含有拙劣笑话的早期草稿。那些笑话应该被埋进坟墓。愿它们永不见天日。

特别感谢马德琳·琼斯，是她的努力让本书变得更加出彩。感谢负责本书宣传的卡罗琳·奥基夫以及负责市场营销的杰茜卡·韦纳和贾森·利布曼。感谢设计师梅里尔·莱瓦维、封面设计师妮克莱特·塞贝克、版权编辑简·哈克斯比和卡罗尔·鲁坦、制作编辑汉娜·坎贝尔、责任编辑肯·鲁塞尔、总编辑吉莉恩·布莱克，以及负责市场营销和宣传的副总裁玛吉·理查兹。

沙基拉·克里斯托杜卢，你的笔胜于剑。感谢你敏锐的编辑眼光，感谢你教我如何成为一名优秀的作家，也特别感谢你让书中梅莉特的故事变得鲜活。

感谢安·威廉斯，你的考古写作智慧让一切都变得更好。感谢海伦·麦克里里，感谢你对事实的认真核查和对细节的高度关注。感谢罗杰·卢因，你高水平的编辑眼光可真是帮了大忙。

由衷感谢埃及文物部，感谢你们在利什特联合项目中给予的指导和支持。特别感谢埃及文物部前部长扎希·哈瓦斯、文物部部长哈立德·阿纳尼、穆斯塔法·瓦齐里、艾曼·埃什马维、阿拉·沙哈特、马哈茂德·阿菲菲、穆斯塔法·阿明、穆罕默德·巴迪亚、穆罕默德·伊斯梅尔、哈尼·阿布·阿泽姆、阿德尔·奥卡沙、亚西尔·哈桑·阿布德·法塔赫和穆罕默德·优素福·阿里。感谢马格迪·拉什迪及和谐旅行社的全体人员，你们每年都为我们创造奇迹。亚·奥马尔：爱你，爱你的家人。感谢利什特发掘团队，感谢你们来和我一起工作，永远感谢你们：雷克辛尼·胡梅尔、贝蒂娜·贝德、里达·伊斯马特、克里斯汀·李、基拉、蔡斯和格雷戈里。感谢利什特和特比拉台形遗址的工作人员，没有你们的专业发掘，我们根本无法在埃及开展工作。

感谢考古学界的所有同行：你们几乎每周都有惊人的发现和洞见，让我惊叹不已。如果在本书出版之后你们还有新的研究成果，我保证会写进下一本书里。感谢你们所有人，感谢你们拓展考古学的边界，感谢你们质疑长期存在的假定，也感谢你们对我个人工作的大力支持。我说过，遥感专家是考古领域里的一群大好人，而弗朗西斯科·埃斯特拉达-贝利、达米安·埃文斯、戴维·汤普森和法鲁克·巴兹更是好人中的好人。你们真的很棒，请再接再厉。感谢文化遗产领域的专家，特别是唐娜·耶茨、布赖恩·丹尼尔斯、科里·韦格纳、莫拉格·克塞尔、帕蒂·格斯滕布里斯、劳里·拉什和理查德·库林：非常感谢你们的支持和指导，也非常感谢你们鼓励我不断开拓视野。

在全球探索者平台，我有幸和这个世界上最优秀的一群人共事。感谢蔡斯·蔡尔兹、黑利·汉德、珍妮弗·沃尔夫、夏恩·哈尼、丽贝卡·多布林斯基、尼克·马卢夫和什里雅·斯里纳特，你们的热情、才华以及对工作的投入，让我惊叹不已。因为熬夜写作和编辑文稿，我常常睡眼惺忪地来到办公室，感谢你们给予的大力支持和友善对待。你们也都看过本书各章节的草稿，非常感谢你们的真诚反馈。

自 2012 年起，我成为美国国家地理学会的探险家成员。这是我的另一个家。在过去的几年里，虽然你们中的一些人已经转向了其他探险领域，但我还是要在这里对你们所有人表示感谢：亚历克斯·莫恩、加里·内尔、吉恩·凯斯、特里·加西亚、马特·皮希泰利、谢里尔·祖克、丽贝卡·马丁、布鲁克·朗内特、阿纳斯塔西娅·克罗宁和卡西·科卡罗，感谢你们对我的欢迎以及一直以来给我的帮助和鼓励。本书中所谈到的很多工作，都得益于美国国家地理学会的慷慨资助。在这里，我要特别感谢我的好朋友克里斯·桑顿。在过去的几年里，我们一起做了很多事情，感谢你给予的勇气，让我敢于直面内心的恶魔，也感谢你一直以来的陪伴。

感谢美国国家地理学会的探险家成员：李·伯杰、昂里克·萨拉、西尔维亚·厄尔、利基一家，以及2012年度的新兴探险家（永恒的代表）。每当在电视或航班的杂志上看到你们时，我都会在心里为你们呐喊助威。你们让我感到骄傲，也期待你们在各自的探险领域勇攀高峰，百尺竿头更进一步。

感谢讲座组织"星期二媒介"（Tuesday Agency）：非常感谢特里妮蒂·蕾以及极具亲和力的机构成员。

感谢TED团队成员：我要给你们所有人无数次的拥抱。感谢你们一直以来对我以及对我的研究工作的鼎力支持，未来我会把你们的善意传递下去。一切的缘起，始于2011年夏我在办公室收到的一段意想不到的电话留言。洛根·麦克卢尔在电话留言中邀请我申请TED研究员项目。汤姆·里利和埃梅卡·奥卡福尔对我做了访谈，而接下来的事情，前面都已经讲过了。感谢克里斯·安德森，你改变了我的人生，也改变了我的研究领域，我将永远心存感激。感谢朱丽叶·布莱克，你总是那么亲切友好地鼓励我，同时也感谢你举办的全世界最棒的晚宴。感谢我的好朋友安娜·韦尔盖塞，感谢你当我的参谋、啦啦队长和头号粉丝。感谢TED大奖项目［现为"无畏项目"（Audacious Project）］的团队成员以及其他工作人员：丹妮尔·汤普森、哈希巴·哈克、凯特·梅、考特尼·马丁和约翰·卡里——承蒙你们抬爱，感谢你们的鼓励，感谢你们对我的愿景的塑造。感谢埃琳·埃尔维斯，你是最棒的专业公关人士和时尚达人，同时也是考古学家梦寐以求的支持者。由衷感谢吉娜·巴尼特，感谢你让我发出了自己的声音。在这里还要特别提到我的好朋友汤姆：怀念我们一起讲笑话的日子，也感谢你的帮助，让我成了更好的自己。

感谢 TED 研究员项目的全体成员：我想一一对你们表示感谢，但这将需要一套百科全书的篇幅。我们之间结下的友谊，你们在我真正需要的时候给予的爱与支持，以及你们在我讲那些蹩脚的笑话（特别是那次脱口秀表演）时给予的笑声和掌声，让我的生命充满活力。你们激励我去做更多的事情，激励我成为一个更优秀的人，你们让我对未来充满希望。感谢 TED 研究员项目团队的汤姆·里利、肖厄姆·阿拉德、帕特里克·达西、勒妮·弗里德曼、萨曼莎·凯利……你们真是太棒了。还要感谢苏珊·齐默尔曼、凯利·施特策尔、海伦·沃尔特斯、戴夫·伊赛、拉杰·潘贾比、吉尔·塔特、德鲁·柯蒂斯、亚当·萨维奇、西蒙·西内克、卢克·杜波依斯、胡安·恩里克斯、戴安娜·恩里克·施奈德、莫妮卡·莱温斯基、阿曼达·帕尔默和尼尔·盖曼，感谢你们的友谊、爱和支持。

在我执教的亚拉巴马大学伯明翰分校，系主任道格·弗赖伊也在同一时间赶自己的书稿——感谢他与我并肩作战。本书最初是在我们的前院长坦南特·麦克威廉斯的支持下开始的，感谢他多年来的情谊。感谢迪克·马蔡斯和盖尔·安德鲁斯，你们都是超级棒的朋友，感谢你们对我以及我家人的支持。

在伯明翰，我所到之处都能感受到朋友和支持者无与伦比的关爱——你们是一个非常了不起的群体，是你们给予了我前行的力量，让我在这里开心愉快地度过每一天：马特和埃米·汉密尔顿夫妇以及你们家两个可爱的孩子、我们当地的"老爹老妈"吉姆和利兹·里德夫妇、维多利亚·霍利斯、卢和蒂娜·德尼恩夫妇、罗斯一家（阿米、凯尼恩、杰克逊、凯蒂和伊兹）、迪伦·费尔纳尼、奥斯汀·森斯曼（我的"航空管家"）、罗西·奥贝恩及其家人、乔希·卡彭特、德翁·戈登、桑贾伊·辛格、伯明翰市区扶轮社的成员、创新仓库，以及每周末在动物园和麦克韦恩科学中心接待我们的那些友善可爱的人。感谢挚友迪伊的鼎力相助，也感谢你像对待自己的家人一样对待我的家人。

我有幸和全球各地的优秀人士共事。在印度，感谢纳库尔·萨兰、什洛卡·纳特和阿妮卡·曼，感谢你们对我们团队使命的坚信以及为我们提供的非凡帮助。你们让我对未来充满期待。在秘鲁，特别感谢文化部和可持续保护倡议组织。感谢拉里·科本和路易斯·热姆·卡斯蒂略，你们一直都是我超级棒的朋友和同事。感谢你们。

莫妮卡·伯恩，感谢你在这段旅程中的陪伴。埃里克·克莱因，你的鼓励和友谊，我十分珍视。

全球探索者平台拥有超级棒的使命支持者。布赖恩和贝丝·埃琳·麦克伦登、托德·帕克和华莱士·马洛尼，感谢你们的慷慨和指导。本书中的卫星影像皆出自数字地球公司，谨向谢伊·哈尔－诺伊、南希·科尔曼、杰里米·黑尔、凯特琳·米尔顿、瑞安·赫尔曼、各团队成员以及卢克·巴林顿由衷表示感谢。此外，诚挚感谢给予女科学家鼎力支持的莱达·希尔及其团队成员妮科尔·斯莫尔和玛格丽特·布莱克。感谢我们平台的合作伙伴蒙多机器人，这是一家非凡的公司。特别感谢该公司创始人克里斯·赫斯。在经费资助方面，特别感谢美国国家科学基金会及加拿大社会科学和人文科学研究理事会。

在英国，感谢好友丹·斯诺及其美好的家人。感谢弗洛拉·施皮格尔、托尼·米勒、柯蒂斯和鲁思，你们待我们如同家人，让我们有宾至如归的感受。感谢声誉卓著的剑桥大学考古学系，我将永远铭记那些一如既往给予支持和友善对待我的老师。感谢BBC团队的路易斯·布雷、哈维·利利、达拉斯·坎贝尔、利斯·邦宁和内森·威廉斯，正是你们的帮助让很多研究成为可能。同时还要感谢奥克尼考古研究中心的里克·巴顿，感谢瓦尔·特纳博士，感谢帕帕斯图尔岛的周末志愿者团队。

在加拿大，感谢纽芬兰和拉布拉多省考古办公室的玛莎·德雷克及其团队，感谢杰拉尔德·彭尼合伙公司的杰拉尔德·彭尼及其团队，特别是布莱尔·坦普尔。同时还要感谢我们的纽芬兰团队的卡伦·米莱克博士、奥斯卡·斯温布亚纳森和达维德·佐里博士。感谢弗雷德·施瓦茨博士、霍基·盖尔及其家人，以及纽芬兰热情、可爱的人们。我怀念那里的"吉格餐"和美妙的音乐。

感谢DRK基金会（德雷珀-理查德-卡普兰基金会）的吉姆·比尔德纳、斯蒂芬妮·库拉纳以及整个团队，感谢全球青年领袖团队。能够成为这些齐聚英才的卓越组织的一分子，我非常幸运。同时还要特别感谢行业领先的美国考古研究所和美国东方研究学会。

致我在班戈大学、耶鲁大学和剑桥大学的所有朋友：感谢你们每一个人。我保证在完成本书之后会跟你们多多联络。

阿比盖尔·沃什伯恩、贝拉·弗莱克、朱诺再加一个小家伙：爱你们。一起观看日食的经历是点亮本书写作的神奇火花。

感谢我亲爱的家人：妈妈、爸爸、阿伦、凯特、戴维、珍妮特、本、艾米莉、史蒂夫和迈克，我人生旅程中的每一步，都有你们的陪伴。你们的爱给了我不断成长的力量。

致我至爱的丈夫格雷戈里：感谢你永无止境的耐心，也感谢你在本书撰写过程中一贯秉持的好脾气。没有你，就不会有现在的我；没有你的智慧和支持，本书中的很多研究成果就无法取得。如果有"千禧年最佳丈夫奖"，我一定要送你一座镶钻的奖杯。我的小宝贝加布里埃尔，妈妈因为写这本书而没有抽出太多时间陪你玩。之后很长的一段日子里，我会努力为你补上。等本书出版后，你就可以读了，而对我来说，这也证明了你的毅力。我为你感到无比骄傲。你给爸爸妈妈带来了新的生活体验，对我们来说，这是再美好不过的事情。此外，也要感谢我们家的猫，感谢你们提供的无尽的慰藉。

最后，谨以此书献给我的姨妈苏珊·扬。在我和弟弟成长的过程中，她就像母亲一样照顾我们。感谢你教了我很多人生道理，让我知道了什么是希望、爱和耐心，让我知道了如何克服困难和走出逆境。感谢你给予我们的无条件的爱，以及无微不至的关怀和照顾。你让我相信，总有一天，这个世界会变得更加美好。

注释

前言

1. 关于立体镜的实物样品及使用方法,参见: Thomas R. Lyons and Thomas Eugene Avery, *Remote Sensing: A Handbook for Archeologists and Cultural Resource Managers* (Washington, DC: Cultural Resources Management Division, National Park Service, US Department of the Interior, 1977)。
2. TED(技术、娱乐和设计),"传播一切值得传播的创意"。
3. Jonas Gregorio de Souza et al., "Pre-Columbian Earth-Builders Settled Along the Entire Southern Rim of the Amazon," *Nature Communications*, vol. 9, no. 1125 (2018), https://doi.org/10.1038/s41467-018-03510-7.

1 时间胶囊

1. 关于考古遗址的构成,至今学界仍存在争议。在这方面,不同的国家或地区有着不同的定义。在我看来,过去任何有人类活动的地方都可以称为遗址:从散落的石器堆到恢宏的神庙,不一而足。
2. Kareem Shaheen and Ian Black, "Beheaded Syrian Scholar Refused to Lead ISIS to Hidden Syrian Antiquities," *Guardian*, 19 August 2015, https://www.theguardian.com/world/2015/aug/18/isis-beheads-archaeologist-syria, accessed 14 February 2018.
3. 巴尔米拉于 1980 年被联合国教科文组织列为世界文化遗产。关于该遗址的保护和保存工作,参见: "Site of Palmyra," UNESCO, https://whc.unesco.org/en/list/23, accessed 14 February 2018。
4. *John R. Clarke, Looking at Lovemaking: Constructions of Sexuality in Roman Art, 100*

B.C.–A.D. 250 (Berkeley: University of California Press, 1998).
5. Leonard Lesko, ed., *Pharaoh's Workers: The Villagers of Deir el Medina* (Ithaca, NY: Cornell University Press, 1994).
6. Gregorio Oxilia et al., "Earliest Evidence of Dental Caries Manipulation in the Late Upper Palaeolithic," *Nature: Scientific Reports*, vol. 5, no. 12150 (2015), https://doi.org/10.1038/srep12150.
7. Gregory Mumford, "The University of Toronto Tell Tebilla Project (Eastern Delta)," *The American Research Center in Egypt Annual Report, 2001* (Atlanta: Emory University West Campus, 2001), 26–27.
8. Dorothea Arnold, "Statues in Their Settings: Encountering the Divine," *Ancient Egypt Transformed: The Middle Kingdom*, ed. Adela Oppenheim et al. (New York: Metropolitan Museum of Art, 2015), 19.
9. Adel Allam et al., "Computed Tomographic Assessment of Atherosclerosis in Ancient Egyptian Mummies," *Journal of the American Medical Association*, vol. 302, no. 19 (2009): 2091–94, https://doi.org/10.1001/jama.2009.1641.
10. "The Two Brothers: Together in Life and Death," Manchester Museum: Collections: Gallery Picks, http://www.thestudymcr.com/collections/pick/the-two-brothers/, accessed 15 February 2018.
11. Konstantina Drosou et al., "The Kinship of Two 12th Dynasty Mummies Revealed by Ancient DNA Sequencing," *Journal of Archaeological Science: Reports*, vol. 17 (2018): 793–97, https://doi.org/10.1016/j.jasrep.2017.12.025.
12. Robert Ascher, "Experimental Archeology," *American Anthropologist*, vol. 63, no. 4 (1961): 793–816, https://doi.org/10.1525/aa.1961.63.4.02a00070. 关于实验考古学的前瞻性研究方法，参见：Michael Brian Schiffer et al., "New Perspectives on Experimental Archaeology: Surface Treatments and Thermal Response of the Clay Cooking Pot," *American Antiquity*, vol. 59, no. 2 (1994): 197–217, https://doi.org/10.2307/281927。
13. Neil Peterson, "Kicking Ash, Viking Glass Bead Making," *Experimental Archaeology* (April 2017), https://exarc.net/issue-2017-4/ea/kicking-ash, accessed 17 February 2017.
14. Kumar Akhilesh and Shanti Pappu, "Bits and Pieces: Lithic Waste Products as Indicators of Acheulean Behaviour at Attirampakkam, India," *Journal of Archaeological Science: Reports*, vol.4 (December 2015): 226–41, https://doi.org/10.1016/j.jasrep.2015.08.045.
15. Wendy Marston, "Making a Modern Mummy," *Discover Magazine*, March 2000, http://discovermagazine.com/2000/mar/featmaking, accessed 17 February 2017.
16. Nicholas David and Carol Kramer, *Ethnoarchaeology in Action* (Cambridge: Cambridge University Press, 2001), https://doi.org/10.1017/CBO9781316036488.
17. Colin Hope, *Egyptian Pottery*, Shire Egyptology (London: Bloomsbury, 2008).
18. 关于认知考古学的神奇应用，参见：Nathan Schlanger, "Understanding Levallois: Lithic Technology and Cognitive Archaeology," *Cambridge Archaeological Journal*,

vol. 6. no. 2 (1996): 231–54, https://doi.org/10.1017/S0959774300001724。

19. P. Oxy, "Letter of Heras to Theon and Sarapous," *The Oxyrhynchus Papyri* (London: Egypt Exploration Society, 2011), 76; Bernard Pyne Grenfell and Arthur Surridge Hunt, *Oxyrhynchus Papyri I* (London: Egypt Exploration Fund, 1898), 185–86.
20. David Kennedy, "'Gates': A New Archaeological Site Type in Saudi Arabia," *Arabian Archaeology and Epigraphy*, vol. 28, no. 2 (2017): 153–74, https://doi.org/10.1111/aae.12100.
21. Gregory Mumford, "A Late Period Riverine and Maritime Port Town and Cult Center at Tell Tebilla (Ro-nefer)," *Journal of Ancient Egyptian Interconnections*, vol. 5, no. 1 (2013): 38–67, https://doi.org/10.2458/azu_jaei_v05i1_mumford.
22. Mohammed Effendi Chaban, "Monuments recueillis pendant mes inspections," *Annales du Service des Antiquités de l'Egypte*, vol. 1 (1910): 28–30.
23. Gregory Mumford, "Concerning the 2001 Season at Tell Tebilla (Mendesian Nome)," *The Akhenaten Temple Project Newsletter*, 2002, 1–4.
24. John Taylor, "The Third Intermediate Period (1069–664 BC)," *The Oxford History of Ancient Egypt*, ed. Ian Shaw (Oxford: Oxford University Press, 2004), 330–68.
25. Aidan Dodson, *Afterglow of Empire: Egypt from the Fall of the New Kingdom to the Saite Renaissance* (Cairo: American University in Cairo Press, 2012), 167–73.
26. Alan B. Lloyd, "The Late Period (664–332 BC)," in Shaw, *Oxford History of Ancient Egypt*, 369–94.
27. Lloyd, "The Late Period (664–332 BC)," in Shaw, *Oxford History of Ancient Egypt*, 383–85.
28. Stephen Ruzicka, *Trouble in the West: Egypt and the Persian Empire, 525–332 BCE*, Oxford Studies in Early Empire (Oxford: Oxford University Press, 2012).
29. Ruzicka, *Trouble in the West*, 182–84.
30. Sarah Parcak et al., "Using Open Access Satellite Data Alongside Ground Based Remote Sensing: An Assessment, with Case Studies from Egypt's Delta," *Geosciences*, vol. 7, no. 4 (2017), https://doi.org/10.3390/geosciences7040094.
31. Larry A. Pavlish, "Archaeometry at Mendes: 1990–2002," *Egypt, Israel, and the Ancient Mediterranean World: Studies in Honor of Donald B. Redford*, ed. Gary N. Knoppers and Antoine Hirsch (Leiden: Brill, 2004), 61–112.
32. Karl W. Butzer, *Early Hydraulic Civilization in Egypt: A Study in Cultural Ecology*, Prehistoric Archeology and Ecology (Chicago: University of Chicago Press, 1976).

2 太空考古学

1. Donald B. Redford, "Mendes," *The Oxford Encyclopedia of Ancient Egypt*, ed. Donald B. Redford, vol. 2 (Oxford: Oxford University Press, 2001), 376–77.
2. Donald B. Redford, *City of the Ram-Man: The Story of Ancient Mendes* (Princeton, NJ:

Princeton University Press, 2010).
3. Redford, *City of the Ram-Man*.
4. Matthew J. Adams, "An Interim Report on the Naqada III—First Intermediate Period Stratification at Mendes," *Delta Reports (Research in Lower Egypt)*, ed. Donald Redford, vol. 1 (Oxford and Oakville: Pennsylvania State University, 2009), 121–206.
5. Ann Macy Roth, "Funerary Ritual," *The Oxford Encyclopedia of Ancient Egypt*, ed. Donald B. Redford, vol. 1 (Oxford: Oxford University Press, 2001), 575–80.
6. Anthony J. Spalinger, "Festivals," in Redford, *Oxford Encyclopedia of Ancient Egypt*, vol. 1, 521–25.
7. Donald B. Redford, "Mendes," in Redford, *Oxford Encyclopedia of Ancient Egypt*, vol. 2, 376–77.
8. Jennifer Houser Wegner, "Shu," in Redford, *Oxford Encyclopedia of Ancient Egypt*, vol. 3, 285–86.
9. "Catacombs of Kom Ash Shuqqafa," *Lonely Planet: Egypt* (2017), https://www.lonelyplanet.com/egypt/alexandria/attractions/catacombs-of-kom-ash-shuqqafa/a/poi-sig/437604/355232, accessed 4 February 2018; "Catacombs of Kom El-Shouqafa," Egyptian Tourism Authority, http://www.egypt.travel/attractions/catacombs-of-kom-el-shouqafa/, accessed 4 February 2018.
10. *Reference Guide to the International Space Station: Utilization Edition* (Houston: National Aeronautics and Space Administration, 2015), https://www.nasa.gov/sites/default/files/atoms/files/np-2015-05-022-jsc-iss-guide-2015-update-111015-508c.pdf, accessed 4 February 2018.
11. Marco J. Giardino, "A History of NASA Remote Sensing Contributions to Archaeology," *Journal of Archaeological Science*, vol. 38, no. 9 (2011): 2003–9, https://doi.org/10.1016/j.jas.2010.09.017.
12. See Section 3 in Thomas R. Lyons and Thomas Eugene Avery, *Remote Sensing: A Handbook for Archeologists and Cultural Resource Managers* (Washington, DC: Cultural Resources Management Division, National Park Service, US Department of the Interior, 1977).
13. Marco Giardino and Bryan S. Haley, "Airborne Remote Sensing and Geospatial Analysis," *Remote Sensing in Archaeology*, ed. Jay K. Johnson (Tuscaloosa: University of Alabama Press, 2006), 47–77.
14. Markus Immitzer et al., "Tree Species Classification with Random Forest Using Very High Spatial Resolution 8-Band Worldview-2 Satellite Data," *Remote Sensing*, vol. 4, no. 9 (2012): 2661–93, https://doi.org/10.3390/rs4092661.
15. Alok Tripathi, *Remote Sensing and Archaeology* (New Delhi: Sundeep Prakashan, 2005); Charles F. Withington, "Erts-1 Mss False-Color Composites," *Erts-1: A New Window on Our Planet*, Geological Survey Professional Paper 929, ed. Richard

S. Williams Jr. and William Douglas Carter (Washington, DC: U.S. Government Printing Office, 1976), 3–11.
16. Thomas Martin Lillesand et al., *Remote Sensing and Image Interpretation*, 7th ed. (New York: John Wiley and Sons, 2015).
17. "UCS Satellite Database," Union of Concerned Scientists, 2017, www.ucsusa.org/nuclear-weapons/space-weapons/satellite-database#WnyaZpOFhHR, accessed 8 February 2018; David Yanofsky and Tim Fernholz, "This Is Every Active Satellite Orbiting Earth," *Quartz*, 2015, qz.com/296941/interactive-graphic-every-active-satellite-orbiting-earth/, accessed 8 February 2018.
18. Giardino, "A History of NASA Remote Sensing Contributions to Archaeology."
19. Arlen F. Chase et al., "The Use of LiDAR in Understanding the Ancient Maya Landscape: Caracol and Western Belize," *Advances in Archaeological Practice*, vol. 2, no. 3 (2014): 208–21, https://doi.org/10.7183/2326-3768.2.3.208.
20. Arlen F. Chase and Diane Z. Chase, *Investigations at the Classic Maya City of Caracol, Belize: 1985–1987*, Monograph 3 (San Francisco: Pre-Columbian Art Research Institute, 1987).
21. 约翰·魏沙姆佩尔，个人通信，2008年。
22. Arlen F. Chase et al., "Ancient Maya Regional Settlement and Inter-Site Analysis: The 2013 West-Central Belize LiDAR Survey," *Remote Sensing*, vol. 6, no. 9 (2014): 8671–95, https://doi.org/10.3390/rs6098671; Chase et al., "The Use of LiDAR in Understanding the Ancient Maya Landscape"; Chase et al., "Geospatial Revolution and Remote Sensing LiDAR in Mesoamerican Archaeology," *Proceedings of the National Academy of Sciences*, vol. 109, no. 32 (2012): 12916–21, https://doi.org/10.1073/pnas.1205198109; Arlen F. Chase et al., "Airborne LiDAR, Archaeology, and the Ancient Maya Landscape at Caracol, Belize," *Journal of Archaeological Science*, vol. 38, no. 2 (2011): 387–98, https://doi.org/10.1016/j.jas.2010.09.018.
23. D. R. Wilson, ed., *Aerial Reconnaissance for Archaeology*, Research Report No. 12 (London: Council for British Archaeology, 1975).
24. Timothy Darvill et al., "Stonehenge Remodelled," *Antiquity*, vol. 86, no. 334 (2012): 1021–40, https://doi.org/10.1017/S0003598X00048225; "History of Stonehenge," English Heritage, 2017, www.english-heritage.org.uk/visit/places/stonehenge/history/, accessed 2 February 2018.
25. J. E. Capper, "XXIII.—Photographs of Stonehenge, as Seen from a War Balloon," *Archaeologia*, vol. 60, no. 2 (1907): 571, https://doi.org/10.1017/S0261340900005208.
26. Steven Cable, "Aerial Photography and the First World War," *National Archives* (blog), National Archives, UK, 2015, https://blog.nationalarchives.gov.uk/blog/aerial-photography-first-world-war/, accessed 4 February 2018.
27. Birger Stichelbaut et al., eds., *Images of Conflict: Military Aerial Photography and*

Archaeology (Newcastle upon Tyne, Cambridge Scholars Publishing, 2009); "First World War Aerial Photographs Collection," Imperial War Museum, https://www.iwm.org.uk/collections/, accessed 5 February 2018.

28. Antoine Poidebard, "La trace de Rome dans le désert de Syrie," *Syria*, vol. 15, no. 4 (Paris: Paul Guenther, 1934); Giuseppe Ceraudo, "Aerial Photography in Archaeology," *Good Practice in Archaeological Diagnostics: Non-Invasive Survey of Complex Archaeological Sites*, ed. Cristina Corsi et al., Natural Science in Archaeology (Switzerland: Springer International Publishing, 2013), 11–30.
29. O. G. S. Crawford, "A Century of Air-Photography," *Antiquity*, vol. 28, no. 112 (1954): 206–10, https://doi.org/10.1017/S0003598X0002161X.
30. Kitty Hauser, *Shadow Sites: Photography, Archaeology, and the British Landscape 1927–1955*, Oxford Historical Monographs (New York: Oxford University Press, 2007).
31. O. G. S. Crawford, *Man and His Past* (London: Oxford University Press, 1921); Kitty Hauser, *Bloody Old Britain: O. G. S. Crawford and the Archaeology of Modern Life* (London: Granta Books, 2008).
32. Hauser, *Bloody Old Britain*.
33. O. G. S. Crawford and Alexander Keiller, *Wessex from the Air* (Oxford: Clarendon Press, 1928); O. G. S. Crawford, "Durrington Walls," *Antiquity*, vol. 3, no. 9 (1929): 49–59, https://doi.org/10.1017/S0003598X00002970; O. G. S. Crawford, "Woodbury. Two Marvellous Air-Photographs," *Antiquity*, vol. 3, no. 12 (1929): 452–55, https://doi.org/10.1017/S0003598X00003793; "Britain from Above," Historic Environment Scotland, Archives and Research, https://www.historicenvironment.scot/archives-and-research/archives-and-collections/britain-from-above/, accessed 4 February 2018.
34. Anonymous, "Crawford, Osbert Guy Stanhope (1886–1957), Archaeologist," National Archives, UK, https://discovery.nationalarchives.gov.uk/details/c/F40530, accessed 4 February 2018.
35. D. R. Wilson, *Air Photo Interpretation for Archaeologists*, 2nd ed. (Stroud, Gloucestershire, UK: Tempus, 2000).
36. Geert Julien Verhoeven, "Near-Infrared Aerial Crop Mark Archaeology: From Its Historical Use to Current Digital Implementations," *Journal of Archaeological Method and Theory*, vol. 19, no. 1 (2012): 132–60, https://doi.org/10.1007/s10816-011-9104-5.
37. Crawford and Keiller, *Wessex from the Air*.
38. "Internet Maps Reveal Roman Villa," BBC News, 21 September 2005, http://news.bbc.co.uk/1/hi/world/europe/4267238.stm, accessed 8 February 2018.
39. Harold E. Young, "Photogrammetry in Forestry," *Maine Forester, Annual Edition*, ed. Steve Orach (Orono, Forestry Club, University of Maine, 1950), 49–51.

40. "The 7 Best 3D Scanning Apps for Smartphones in 2018," ANIWAA, http://www.aniwaa.com/best-3d-scanning-apps-smartphones/, accessed 6 February 2018; Izak Van Heerden, "4 Ways to Turn Your Cell Phone into a Thermal Camera: FLIR vs Seek vs Therm-App vs CAT," TectoGizmo, 2017, https://tectogizmo.com/4-ways-to-turn-your-cell-phone-into-a-thermal-camera/, accessed 6 February 2018.
41. "St Joseph, (John) Kenneth Sinclair (1912–1994), Geologist, Archaeologist, and Aerial Photographer," *Oxford Dictionary of National Biography*, http://oxfordindex.oup.com/view/10.1093/oi/authority.20110803100533580, accessed 10 November 2018.
42. Irwin Scollar, "International Colloquium on Air Archaeology," *Antiquity*, vol. 37, no. 148 (1963): 296–97, https://doi.org/10.1017/S0003598X00105356.
43. J. K. S. St. Joseph, ed., *The Uses of Air Photography: Nature and Man in a New Perspective* (London: John Baker, 1966); Nicholas Thomas, "The Uses of Air Photography, Review," *Proceedings of the Prehistoric Society*, vol. 35 (1970): 376–77, https://doi.org/10.1017/S0079497X00013682.
44. Kevin C. Ruffner, ed., *Corona: America's First Satellite Program*, CIA Cold War Records Series (Washington, DC: Center for the Study of Intelligence, Central Intelligence Agency, 1995).
45. "Corona," National Reconnaissance Office, www.nro.gov/history/csnr/corona/index.html, accessed 7 February 2018.
46. "EarthExplorer," US Geological Survey, https://earthexplorer.usgs.gov/, accessed 7 February 2018.
47. Tony J. Wilkinson et al., "The Geoarchaeology of Route Systems in Northern Syria," *Geoarchaeology*, vol. 25, no. 6 (2010): 745–71, https://doi.org/10.1002/gea.2033.
48. "Tiros 1," NASA Space Science Data Coordinated Archive, https://nssdc.gsfc.nasa.gov/nmc/spacecraftDisplay.do?id=1960-002B, accessed 7 February 2018.
49. "Tiros," NASA Science, 2016, https://science.nasa.gov/missions/tiros/, accessed 7 February 2018.
50. Williams and Carter, eds., *Erts-1: A New Window on Our Planet*.
51. "Landsat Looks and Sees," NASA, 19 July 2012, https://www.nasa.gov/mission_pages/landsat/news/landsat-history.html, accessed 10 November 2018.
52. J. C. Fletcher, "ERTS-1—Toward Global Monitoring," *Astronautics and Aeronautics*, vol. 11 (1973): 32–35, https://ntrs.nasa.gov/search.jsp?R=19730056718, accessed 30 January 2018; "Landsat Missions," US Geological Survey, https://landsat.usgs.gov/, accessed 7 February 2018.
53. Williams and Carter, eds., *Erts-1: A New Window on Our Planet*.
54. Williams and Carter, eds., *Erts-1: A New Window on Our Planet*.
55. "EarthExplorer," US Geological Survey, https://earthexplorer.usgs.gov/, accessed 6 February 2018.

56. Charles F. Withington, "Erts-1 Mss False-Color Composites," in Williams and Carter, *Erts-1: A New Window on Our Planet*, 3–11.
57. Williams and Carter, eds., *Erts-1: A New Window on Our Planet*.
58. Laura Rocchio, "Landsat 1," NASA, https://landsat.gsfc.nasa.gov/landsat-1/, accessed 7 February 2018.
59. Rocchio, "Landsat 1."
60. Rocchio, "Landsat 1."
61. Samuel N. Goward et al., eds., *Landsat's Enduring Legacy: Pioneering Global Land Observations from Space* (Bethesda, MD: American Society for Photogrammetry and Remote Sensing, 2017).
62. Mary Marguerite Scalera, *Aerial Archaeology in the Space Age*, unpublished NASA report, 1970.
63. Giardino, "A History of NASA Remote Sensing Contributions to Archaeology."
64. Richard E. W. Adams, "Ancient Maya Canals: Grids and Lattices in the Maya Jungle," *Archaeology*, vol. 35, no. 6 (1982): 28–35; R. E. Adams et al., "Radar Mapping, Archeology, and Ancient Maya Land Use," *Science*, vol. 213, no. 4515 (1981): 1457–68, https://doi.org/10.1126/science.213.4515.1457.
65. John Noble Wilford, "Spacecraft Detects Sahara's Buried Past," *New York Times*, 26 November 1982, https://www.nytimes.com/1982/11/26/us/spacecraft-detects-sahara-s-buried-past.html, accessed 7 February 2018.
66. J. F. McCauley et al., "Subsurface Valleys and Geoarcheology of the Eastern Sahara Revealed by Shuttle Radar," *Science*, vol. 218, no. 4576 (1982): 1004–20.
67. Boyce Rensberger, "Did Stone Age Hunters Know a Wet Sahara?" *Washington Post*, 30 April 1988, https://www.washingtonpost.com/archive/politics/1988/04/30/did-stone-age-hunters-know-a-wet-sahara/7904219b-96e6-413f-8872-a8e40475f6d7/?utm_term=.9cbfeb978ab7, accessed 10 November 2018.
68. Thomas L. Sever, *Feasibility Study to Determine the Utility of Advanced Remote Sensing Technology in Archeological Investigations*, Report No. 227 (Mississippi: NASA, 1983); Giardino, "A History of NASA Remote Sensing Contributions to Archaeology."
69. Thomas L. Sever and James Wiseman, *Conference on Remote Sensing: Potential for the Future* (Mississippi: NASA, 1985); Giardino, "A History of NASA Remote Sensing Contributions to Archaeology."
70. Sever and Wiseman, *Conference on Remote Sensing*.
71. Thomas L. Sever and David W. Wagner, "Analysis of Prehistoric Roadways in Chaco Canyon Using Remotely Sensed Digital Data," *Ancient Road Networks and Settlement Hierarchies in the New World*, ed. Charles D. Trombold (Cambridge: Cambridge University Press, 1991), 42–52.

72. Payson D. Sheets and Brian R. McKee, eds., *Archaeology, Volcanism, and Remote Sensing in the Arenal Region, Costa Rica* (Austin: University of Texas Press, 1994).
73. Pamela Sands Showalter, "A Thematic Mapper Analysis of the Prehistoric Hohokam Canal System, Phoenix, Arizona," *Journal of Field Archaeology*, vol. 20, no. 1 (1993): 77–90, https://doi.org/10.2307/530355.
74. "Spot," CNES Projects Library, Centre national d'études spatiales, https://spot.cnes.fr/en/SPOT/index.htm, accessed 7 February 2018.
75. Thomas L. Sever and Daniel E. Irwin, "Landscape Archaeology: Remote-Sensing Investigation of the Ancient Maya in the Peten Rainforest of Northern Guatemala," *Ancient Mesoamerica*, vol. 14, no. 1 (2003): 113–22, https://doi.org/10.1017/S0956536103141041.
76. "Declassified Satellite Imagery-1," US Geological Survey, https://lta.cr.usgs.gov/declass_1, accessed 7 February 2018.
77. Ronald G. Blom et al., "Southern Arabian Desert Trade Routes, Frankincense, Myrrh, and the Ubar Legend," *Remote Sensing in Archaeology*, Interdisciplinary Contributions to Archaeology, ed. James Wiseman and Farouk El-Baz (New York: Springer, 2007), 71–88; Thomas H. Maugh II, "Ubar, Fabled Lost City, Found by L.A. Team: Archeology: NASA Aided in Finding the Ancient Arab Town, Once the Center of Frankincense Trade," *Los Angeles Times*, 5 February 1992, http://articles.latimes.com/1992-02-05/news/mn-1192_1_lost-city, accessed 7 February 2018.
78. Payson Sheets and Thomas L. Sever, "Creating and Perpetuating Social Memory Across the Ancient Costa Rican Landscape," in Wiseman and El-Baz, *Remote Sensing in Archaeology*, 161–84.
79. Kasper Hanus and Damian Evans, "Imaging the Waters of Angkor: A Method for Semi-Automated Pond Extraction from LiDAR Data," *Archaeological Prospection*, vol. 23, no. 2 (2016): 87–94, https://doi.org/10.1002/arp.1530.
80. Damian H. Evans et al., "Uncovering Archaeological Landscapes at Angkor Using LiDAR," *Proceedings of the National Academy of Sciences*, vol. 110, no. 31 (2013): 12595–600, https://doi.org/10.1073/pnas.1306539110.
81. Damian Evans et al., "A Comprehensive Archaeological Map of the World's Largest Preindustrial Settlement Complex at Angkor, Cambodia," *Proceedings of the National Academy of Sciences*, vol. 104, no. 36 (2007): 14277–82, https://doi.org/10.1073/pnas.0702525104.
82. Niamh McIntyre, "Lost City in Iraq Founded by Alexander the Great Discovered by Archaeologists," *Independent*, 25 September 2017, http://www.independent.co.uk/news/world/asia/lost-city-iraq-alexander-great-founded-discover-archaeologists-qalatga-darband-a7965651.html, accessed 7 February 2018; "The Darband-I Rania Archaeological Project," British Museum, http://www.britishmuseum.org/about_us/museum_acti

vity/middle_east/iraq_scheme/darband-i_rania_project.aspx, accessed 5 February 2018.
83. Jack Malvern, "Lost City of Alexander the Great Found in Iraq," *Times*, 25 September 2017, https://www.thetimes.co.uk/article/lost-city-of-alexander-the-great-found-in-iraq-pw6g2dtvj, accessed 5 February 2018.
84. Jayphen Simpson, "Here's a Map with Up-to-Date Drone Laws for Every Country," Petapixel, 20 September 2017, https://petapixel.com/2017/09/20/heres-map-date-drone-laws-every-country/, accessed 5 February 2018.

3　太空考古学前景

1. Stephen Ruzicka, *Trouble in the West: Egypt and the Persian Empire, 525–332 BCE*, Oxford Studies in Early Empires (New York: Oxford University Press, 2012).
2. Giovanni Di Bernardo et al., "Ancient DNA and Family Relationships in a Pompeian House," *Annals of Human Genetics*, vol. 73, no. 4 (2009): 429–37, https://doi.org/10.1111/j.1469-1809.2009.00520.x; Jim Shelton, "Creating a Malaria Test for Ancient Human Remains," YaleNews, 17 March 2015, https://news.yale.edu/2015/03/17/creating-malaria-test-ancient-human-remains, accessed 25 March 2018.
3. Julie Dunne et al., "Organic Residue Analysis and Archaeology: Guidance for Good Practice," Historic England, 2017, https://content.historicengland.org.uk/images-books/publications/organic-residue-analysis-and-archaeology/heag058a-organic-residue-analysis-and-archaeology-guidance.pdf/, accessed 5 March 2018.
4. "Scientific Dating," Historic England, 2018, https://historicengland.org.uk/advice/technical-advice/archaeological-science/scientific-dating/, accessed 2 March 2018.
5. Eric H. Cline, *1177 B.C.: The Year Civilization Collapsed*, Turning Points in Ancient History (Princeton, NJ: Princeton University Press, 2014).
6. "Magical Figure," Metropolitan Museum of Art, https://www.metmuseum.org/art/collection/search/546350?sortBy=Relevance&ft=lisht&offset=0&rpp=100&pos=56, accessed 15 January 2018.
7. Timothy Darvill, *Concise Oxford Dictionary of Archaeology*, 2nd ed. (New York: Oxford University Press, 2008); "Archaeology 101," Lesson Plans, Archaeological Institute of America Education Department, https://www.archaeological.org/pdfs/education/Arch101.2.pdf, accessed 3 March 2018; "Introduction to Archaeology: Glossary," Archaeological Institute of America, 2018, https://www.archaeological.org/education/glossary, accessed 2 March 2018.
8. 在美国（美国公共电视网）和英国（第四频道）播出的《时间团队》（*Time Team*）是一档展现考古工作的优秀电视节目，其中最精彩的一集当数《真实的维京人：时间团队特别节目》(The Real Vikings: A Time Team Special)。蒂姆·泰勒是该系列节目的创作者和制片人，菲利普·克拉克（2010年）是执行制片人。
9. Anna Wodzińska, *A Manual of Egyptian Pottery. Naqada III—Middle Kingdom*

(Boston: Ancient Egypt Research Associates, 2010), http://www.aeraweb.org/wp-content/uploads/2010/02/egyptian-pottery-v2.pdf, accessed 30 January 2018.
10. Ralph Blumenthal, "NASA Adds to Evidence of Mysterious Ancient Earthworks," *New York Times*, 30 October 2015, https://www.nytimes.com/2015/11/03/science/nasa-adds-to-evidence-of-mysterious-ancient-earthworks.html, accessed 30 January 2018.
11. Orri Vésteinsson and Thomas H. McGovern, "The Peopling of Iceland," *Norwegian Archaeological Review*, vol. 45, no. 2 (2012): 206–18, https://doi.org/10.1080/0029365 2.2012.721792.
12. Vésteinsson and McGovern, "The Peopling of Iceland."
13. Thomas Ellwood, *The Book of the Settlement of Iceland: Translated from the Original Icelandic of Ari the Learned* (Kendal, Cumbria, UK: T. Wilson, 1898); Orri Vésteinsson et al., "The Settlement Exhibition—the Settlement of Iceland," Reykjavik City Museum, http://reykjavik871.is/, accessed 8 March 2018; John Steinberg et al., "The Viking Age Settlement Pattern of Langholt, North Iceland: Results of the Skagafjörður Archaeological Settlement Survey," *Journal of Field Archaeology*, vol. 41, no. 4 (2016): 389–412, https://doi.org/10.1080/00934690.2016.1203210.
14. See "English Summary," https://www.islendingabok.is/English.jsp, accessed 7 March 2018.
15. "Kissing Cousins? Icelandic App Warns If Your Date Is a Relative," Associated Press,18 April 2013, www.cbc.ca/news/business/kissing-cousins-icelandic-app-warns-if-your-date-is-a-relative-1.1390256, accessed 5 March 2018.
16. Rosé Eveleth, "Icelanders Protest a Road That Would Disturb Fairies," *Smithsonian Smart-News*, 15 January 2014, www.smithsonianmag.com/smart-news/icelanders-protest-road-would-disturb-fairies-180949359/, accessed 5 March 2018.
17. "The Vikings Uncovered," executive producers Eamon Hardy and Cameron Balbirnie, BBC One (UK) and PBS America (US), 2016.
18. Brian N. Damiata et al., "Subsurface Imaging a Viking-Age Churchyard Using GPR with TDR: Direct Comparison to the Archaeological Record from an Excavated Site in Northern Iceland," *Journal of Archaeological Science: Reports*, vol. 12 (2017): 244–56, https://doi.org/10.1016/j.jasrep.2017.01.004.
19. Sveinbjörn Þórðarson, "The Icelandic Saga Database," http://sagadb.org/, accessed 5 March 2018.
20. "The Settlement Exhibition," Reykjavik City Museum, http://borgarsogusafn.is/en/the-settlement-exhibition/about, accessed 4 March 2018.
21. 在公元900年左右，受重大环境变化影响，草地取代了桦树林。参见：Orri Vésteinsson and Thomas H. McGovern, "The Peopling of Iceland," *Norwegian Archaeological Review*, vol. 45, no. 2 (2012): 206–18, https://doi.org/10.1080/0029365 2.2012.721792。

22. Orri Vésteinsson et al., "The Settlement Exhibition—Aðalstræti: The Longhouse," Reykjavik City Museum, http://reykjavik871.is/, accessed 8 March 2018.
23. Steinberg et al., "Viking Age Settlement Pattern of Langholt, North Iceland."
24. 冰岛国内考古数据库的名称叫"ísleif"。
25. Steinberg et al., "Viking Age Settlement Pattern of Langholt, North Iceland."
26. Jeroen De Reu et al., "From Low Cost UAV Survey to High Resolution Topographic Data: Developing Our Understanding of a Medieval Outport of Bruges," *Archaeological Prospection*, vol. 23, no. 4 (2016): 335–46, https://doi.org/10.1002/arp.1547.
27. 高差位移。参见: Thomas R. Lyons and Thomas Eugene Avery, *Remote Sensing: A Handbook for Archeologists and Cultural Resource Managers* (Washington, DC: Cultural Resources Management Division, National Park Service, US Department of the Interior, 1977)。
28. Barbara E. Crawford and Beverley Ballin Smith, *The Biggings, Papa Stour, Shetland: The History and Excavation of a Royal Norwegian Farm*, Monograph Series, ed. Alexandra Shepard (Edinburgh: Society of Antiquaries of Scotland and Det Norske Videnskaps-Akademi, 1999).
29. Anna Ritchie, "Great Sites: Jarlshof," *British Archaeology*, vol. 69 (2003); "Jarlshof Prehistoric and Norse Settlement: History," Historic Environment Scotland (2018), www.historicenvironment.scot/visit-a-place/places/jarlshof-prehistoric-and-norse-settlement/history/, accessed 10 March 2018.
30. Athos Agapiou et al., "Optimum Temporal and Spectral Window for Monitoring Crop Marks over Archaeological Remains in the Mediterranean Region," *Journal of Archaeological Science*, vol. 40, no. 3 (2013): 1479–92, https://doi.org/10.1016/j.jas.2012.10.036.
31. Christina Petty, *Warp Weighted Looms: Then and Now—Anglo-Saxon and Viking Archaeological Evidence and Modern Practitioners* (PhD diss., University of Manchester, 2014).
32. Barbara Crawford, *A Progress Report of the First Season's Excavation at "Da Biggins," Papa Stour, Shetland* (Edinburgh: Scottish Society for Northern Studies, 1978).
33. Paul Nicholson and Ian Shaw, *Ancient Egyptian Materials and Technology* (Cambridge: Cambridge University Press, 2009).
34. Anna Linderholm et al., "Diet and Status in Birka: Stable Isotopes and Grave Goods Compared," *Antiquity*, vol. 82, no. 316 (2008): 446–61, https://doi.org/10.1017/S0003598X00096939.
35. Crawford, *Progress Report of the First Season's Excavation at "Da Biggins"*; Barbara Crawford, *A Progress Report on Excavations at "Da Biggins," Papa Stour, Shetland, 1978* (Edinburgh:Scottish Society for Northern Studies, 1979); Jon A. Hjaltalin and Gilbert Goudie, *The Orkneyinga Saga: Translated from the Icelandic*

(Edinburgh: Edmonston and Douglas, 1873). A translation of the document can be seen in Crawford and Smith, *The Biggings*, 48.
36. Crawford, *Progress Report on Excavations at "Da Biggins."*
37. Simon Keay et al., "The Canal System and Tiber Delta at Portus. Assessing the Nature of Man-Made Waterways and Their Relationship with the Natural Environment," *Water History*, vol. 6, no.1 (2014): 11–30, https://doi.org/10.1007/s12685-013-0094-y.
38. Keay, "Canal System and Tiber Delta at Portus."
39. Simon Keay et al., *Portus: An Archaeological Survey of the Port of Imperial Rome*, Archaeological Monographs of the British School at Rome (London: British School at Rome, 2006).
40. Simon Keay et al., "Archaeological Fieldwork Reports: The Portus Project," *Papers of the British School at Rome*, vol. 76 (2008), 331–32, https://doi.org/10.1017/S0068246200003767; "Portus Project," University of Southampton, http://www.portusproject.org/, accessed 11 March 2018; Simon Keay et al., "The Role of Integrated Geophysical Survey Methods in the Assessment of Archaeological Landscapes: The Case of Portus," *Archaeological Prospection*, vol. 16, no. 3 (2009): 154–66, https://doi.org/10.1002/arp.358.
41. Shen-En Qian, "Enhancing Space-Based Signal-to-Noise Ratios Without Redesigning the Satellite," SPIE Newsroom, 2011, http://spie.org/newsroom/3421-enhancing-space-based-signal-to-noise-ratios-without-redesigning-the-satellite?SSO=1, accessed 3 March 2018.
42. 据历史气象资料，8月或9月的罗马滴雨未下。参见：www.timeanddate.com/weather/italy/rome/historic?month=9&year=2011。
43. Rosa Lasaponara and Nicola Masini, "Detection of Archaeological Crop Marks by Using Satellite QuickBird Multispectral Imagery," *Journal of Archaeological Science*, vol. 34, no. 2 (2007): 214–21, https://doi.org/10.1016/j.jas.2006.04.014.
44. Simon Keay et al., "High Resolution Space and Ground-Based Remote Sensing and Implications for Landscape Archaeology: The Case from Portus, Italy," *Journal of Archaeological Science*, vol. 52 (2014): 277–92, https://doi.org/10.1016/j.jas.2014.08.010.
45. Keay, "High Resolution Space and Ground-Based Remote Sensing."

4 高风险行业

1. Kent V. Flannery, "The Golden Marshalltown: A Parable for the Archaeology of the 1980s," *American Anthropologist*, n.s., vol. 84, no. 2 (1982): 265–78.
2. Kenneth L. Feder, *Frauds, Myths, and Mysteries: Science and Pseudoscience in Archaeology* (New York: Oxford University Press, 2017).
3. Steven L. Cox, "A Norse Penny from Maine," *Vikings: The North Atlantic Saga*, ed.

William W. Fitzhugh and Elisabeth I. Ward (Washington, DC: Smithsonian Institution Press, 2000), 206–7; Erik Wahlgren, *The Vikings and America* (London: Thames and Hudson, 1986), 146.
4. William Fitzhugh, "Vikings in America: Runestone, Relics, and Revisionism," *Minerva: The International Magazine of Art and Archaeology*, vol. 11 (July/August 2000): 8–12.
5. Jesse L. Byock, *Viking Age Iceland* (New York: Penguin, 2001).
6. "Eirik the Red's Saga," trans. Keneva Kunz, *The Sagas of Icelanders*, ed. Örnólfur Thorsson and Bernard Scudder (New York: Penguin Books, 2001).
7. William Fitzhugh, "Vikings: The North Atlantic Saga," *AnthroNotes: Museum of Natural History Publication for Educators* (Smithsonian Museum of Natural History), vol. 22, no. 1 (2000): 1–9.
8. Wahlgren, *Vikings and America*, 91; Peter Schledermann, "A.D. 1000: East Meets West," in Fitzhugh and Ward, *Vikings: The North Atlantic Saga*, 189; Magnus Rafnsson, "Archaeological Excavations at Qassiarsuk, 2005–2006 (field report)," NV nr, 03–07: Náttúrustofa Vestfjarða, NABO, Grønlands Nationalmuseum & Arkiv. 2007, https://doi.org/10.6067/XCV86H4FRS.
9. Wahlgren, *Vikings and America*, 26, n. 21.
10. Eli Kintisch, "Why Did Greenland's Vikings Disappear?" *Science*, 10 November 2016, http://www.sciencemag.org/news/2016/11/why-did-greenland-s-vikings-disappear, accessed 10 March 2018.
11. Robert Kellogg, *The Sagas of the Icelanders* (New York: Penguin Books, 2001).
12. Wahlgren, *Vikings and America*, 90–91.
13. Kellogg, *Sagas of the Icelanders*.
14. Birgitta Wallace, "The Norse in Newfoundland: L'Anse aux Meadows and Vinland," *Newfoundland Studies*, vol. 19, no. 1 (2003): 5–43.
15. Wahlgren, *Vikings and America*, 92.
16. Mats G. Larsson, "The Vinland Sagas and the Actual Characteristics of Eastern Canada: Some Comparisons with Special Attention to the Accounts of the Later Explorers," *Vinland Revisited: The Norse World at the Turn of the First Millennium. Selected Papers from the Viking Millennium International Symposium, 15–24 September 2000, Newfoundland and Labrador*, ed. Shannon Lewis-Simpson (St. John's, NL: Historic Sites Association of Newfoundland and Labrador, 2003), 396, fig. 5, and 398.
17. Magnus Magnusson, "Vinland: The Ultimate Outpost," in Lewis-Simpson, *Vinland Revisited*, 94.
18. Anne Stine Ingstad, *The Norse Discovery of America, Volume One: Excavations of a Norse Settlement at l'Anse aux Meadows, Newfoundland 1961–1968*, trans. Elizabeth S. Seeberg (Oslo: Norwegian University Press [via Oxford University Press], 1985); Wahlgren, *Vikings and America*, 93.

19. Ingstad, *Norse Discovery of America, Volume One*.
20. Charles S. Lindsay, "A Preliminary Report on the 1974 Excavations of Norse Buildings D and E at L'Anse aux Meadows" (unpublished report on file, Provincial Archaeology Office, Confederation Building, St. John's, NL, 1975).
21. Helge Ingstad, *The Norse Discovery of America, Volume Two: The Historical Background and the Evidence of the Norse Settlement Discovered in Newfoundland*, trans. Elizabeth S. Seeberg (Oslo: Norwegian University Press [via Oxford University Press], 1985).
22. Janet E. Kay, *Norse in Newfoundland: A Critical Examination of Archaeological Research at the Norse Site at L'Anse aux Meadows, Newfoundland*, British Archaeological Reports International Series 2339 (Oxford: Archaeopress, 2012), 44–45, figs. 3.1–5.
23. Davide Zori, "Nails, Rivets and Clench Bolts: A Case for Typological Clarity," *Archaeologia Islandica*, vol. 6 (2007): 32–47.
24. Kay, *Norse in Newfoundland*, 44–45, figs. 3.1–5; Birgitta L. Wallace, *Westward Vikings: The Saga of l'Anse aux Meadows*, rev. ed. (St. John's, NL: Historic Sites Association of Newfoundland and Labrador, 2012).
25. Kay, *Norse in Newfoundland*, 44–45, figs. 3.1–5.
26. Kay, *Norse in Newfoundland*, 59.
27. Kay, *Norse in Newfoundland*, 45.
28. Wallace, *Westward Vikings*.
29. Birgitta L. Wallace, "The Later Excavations at L'Anse aux Meadows," in Lewis-Simpson, *Vinland Revisited*, 165–80.
30. Donald H. Holly Jr., *History in the Making: The Archaeology of the Eastern Subarctic*, Issues in Eastern Woodlands Archaeology (Lanham, MD: AltaMira Press, 2013), 114; Birgitta L. Wallace, "The Viking Settlement at L'Anse aux Meadows," in Fitzhugh and Ward, *Vikings: The North Atlantic Saga*, 216, fig. 14.21.
31. Holly, *History in the Making*, 113–14 and 115, fig. 5.2; Kay, *Norse in Newfoundland*, 66; Birgitta Wallace, "The Norse in Newfoundland: L'Anse aux Meadows and Vinland," *Newfoundland Studies*, vol. 19, no. 1 (2003): 5–43.
32. Kay, *Norse in Newfoundland*, 66; Holly, *History in the Making*, 113–14.
33. Urve Linnamae, *The Dorset Culture: A Comparative Study in Newfoundland and the Arctic*, Technical Papers of the Newfoundland Museum, no. 1 (St. John's, NL: Newfoundland Museum, 1975); Lisa Mae Fogt, *The Excavation and Analysis of a Dorset Palaeoeskimo Dwelling at Cape Ray, Newfoundland* (master's thesis, Department of Anthropology, Memorial University, St. John's, NL, 1998).
34. James P. Howley, *The Beothucks or Red Indians, The Aboriginal Inhabitants of Newfoundland* (Cambridge: Cambridge University Press, 1915; repr. Toronto: Prospero

Books, 2000), 162.
35. Ralph T. Pastore, *Shanawdithit's People: The Archaeology of the Beothuks* (St. John's, NL: Atlantic Archaeology, 1992).
36. M. A. P. Renouf and Trevor Bell, "Maritime Archaic Site Locations on the Island of Newfoundland," *The Archaic of the Far Northeast*, ed. David Sanger and M. A. P. Renouf (Orono: University of Maine Press, 2006), 1–46; Trevor Bell and M. A. P. Renouf, "Prehistoric Cultures, Reconstructed Coasts: Maritime Archaic Indian Site Distribution," *World Archaeology*, vol. 35, no. 3 (2004): 350–70, https://doi.org/10.1080/0043824042000185766.
37. K. L. Kvamme, "Magnetometry: Nature's Gift to Archaeology," *Remote Sensing in Archaeology: An Explicitly North American Perspective*, ed. Jay K. Johnson (Tuscaloosa: University of Alabama Press, 2006), 205–33.
38. John J. Mannion, "Settlers and Traders in Western Newfoundland," *The Peopling of Newfoundland: Essays in Historical Geography*, ed. John J. Mannion (St. John's, NL: Institute of Social and Economic Research, Memorial University of Newfoundland, 1977).
39. Peter E. Pope, "Newfoundland and Labrador, 1497–1697," *A Short History of Newfoundland and Labrador*, Newfoundland Historical Society (Portugal Cove–St. Philip's, NL: Boulder Publications, 2008), 23–48.
40. "100 Years of Geodetic Survey in Canada," *Natural Resources Canada*, http://www.nrcan.gc.ca/earth-sciences/geomatics/geodetic-reference-systems/canadian-spatial-reference-system/9110, accessed 7 May 2018.
41. Martin Appelt et al., "Late Dorset," *The Oxford Handbook of the Prehistoric Arctic*, ed. T. Max Friesen and Owen K. Mason (Oxford: Oxford University Press, 2016), 783–805.
42. Edward Chappell, *Voyage of His Majesty's Ship Rosamond to Newfoundland and the Southern Coast of Labrador, of which Countries no account has been published by any British traveler since the Reign of Queen Elizabeth* (London: J. Mawman, 1818).
43. Grant Head, *Eighteenth Century Newfoundland: A Geographer's Perspective*, Carlton Library Series no. 99 (Toronto: McClelland and Stewart, 1976).
44. Birgitta Wallace, "St. Paul's Inlet—the Norse Hóp Site?" (report on file, Historic Resources Division, St. John's, NL, 2003); Donald Wieman, "32 Clues Point to Barachois, Newfoundland as The Vinland Sagas' Settlement of 'Hop,'" *Lavalhallalujah* (blog), 20 October 2015, https://lavalhallalujah.wordpress.com/2015/10/20/32-clues-point-to-barachois-as-hop/, accessed 2 May 2017.
45. Head, *Eighteenth Century Newfoundland*.
46. 斯科特·布兰德，个人通信，2016年11月。
47. "What Is OSL Dating?" Baylor University, Department of Geosciences, https://www.baylor.edu/geology/index.php?id=868084, accessed 5 May 2018.

5 "挖错地方了"

1. Federico Poole, "Tanis (San el Hagar)," *Encyclopedia of the Archaeology of Ancient Egypt,* ed. Kathryn Bard (London: Routledge, 1999), 755–77.
2. Poole, "Tanis (San el Hagar)."
3. John Taylor, "The Third Intermediate Period," *The Oxford History of Ancient Egypt*, ed. Ian Shaw (Oxford: Oxford University Press, 2004), 330–68.
4. 关于第三中间期的详细综述，参见：Kenneth A. Kitchen, *The Third Intermediate Period in Egypt (1100–650 BC)* (Warminster, UK: Aris and Phillips, 1995)。
5. Aidan Dodson, *Afterglow of Empire: Egypt from the Fall of the New Kingdom to the Rise of the Saite Renaissance* (Cairo: American University in Cairo Press, 2012), 3–23.
6. Poole, "Tanis (San el Hagar)," 755–77.
7. Poole, "Tanis (San el Hagar).
8. 这与马尔卡塔（Malkata）的宫殿非常相似，参见：Peter Lacovara, *The New Kingdom Royal City* (New York: Kegan Paul International, 1997), 26。此外，卡纳克神庙的一堵墙也提供了舍顺克于公元前925年远征埃及的证据，而此次远征的目的是重振古埃及帝国的统治。舍顺克的部队洗劫了耶路撒冷的主神殿和王宫，这意味着在塔尼斯的宝藏中，部分熔铸的黄金制品可能来自犹大王国。不过，目前还没有这方面的确凿证据。参见：Yigal Levin, "Did Pharaoh Sheshonq Attack Jerusalem?" *Biblical Archaeology Review*, vol. 38, no 4 (July/August 2012): 43–52, 66–67。
9. Taylor, "The Third Intermediate Period," 330–68.
10. Pierre Montet, *La nécropole royale de Tanis: Fouilles de Tanis, dirigées par Pierre Montet*, 3 vols. (Paris, 1947–1960).
11. Henri Stierlin and Christiane Ziegler, *Tanis: Trésors des Pharaons* (Paris: Seuil, 1987).
12. Jean Yoyotte, "The Treasure of Tanis," *The Treasures of the Egyptian Museum*, ed. Francesco Tiradritti (Cairo: American University in Cairo Press, 1999), 302–33.
13. Stierlin and Ziegler, *Tanis: Trésors des Pharaons*; Pierre Montet, *Les énigmes de Tanis* (Paris: Payot, 1952).
14. 这些聚落考古学家包括戴维·奥康纳、巴里·肯普和曼弗雷德·比埃塔克（Manfred Bietak）。
15. "What is Pan-sharpening and how can I create a pan-sharpened image?" US Geological Survey, https://landsat.usgs.gov/what-pan-sharpening-and-how-can-i-create-pan-sharpened-image, accessed 2 April 2018.
16. Thomas M. Lillesand et al., *Remote Sensing and Image Interpretation* (Wiley, 2007).
17. Philippe Brissaud, ed., *Cahiers de Tanis I*, Mémoire 75 (Paris: Editions Recherche sur les civilisations, 1987).
18. 与阿玛尔纳类似，参见：Barry Kemp, *The City of Akhenaten and Nefertiti: Amarna and Its People* (London: Thames and Hudson, 2012)。

19. 关于王宫水道和巨石运输的综述，参见：Angus Graham and Kristian Strutt, "Ancient Theban Temple and Palace Landscapes," *Egyptian Archaeology*, vol. 43 (Autumn 2013): 5–7; Angus Graham et al., "Theban Harbours and Waterscapes Survey, 2012," *Journal of Egyptian Archaeology*, vol. 98 (2012): 27–42。
20. Norman de Garis Davies, *Two Ramesside Tombs at Thebes* (New York: Metropolitan Museum of Art, 1927), plate XXX.
21. John H. Taylor, *Unwrapping a Mummy: The Life, Death, and Embalming of Horemkenesi* (London: British Museum Press, 1995), 47.
22. 关于古埃及宗教习俗的详细综述，参见：Donald B. Redford, ed., *The Ancient Gods Speak: A Guide to Ancient Egyptian Religion* (Oxford: Oxford University Press, 2002)。
23. 关于完整发掘一处新王国时代房屋遗址的讨论，参见：Barry J. Kemp and Anna Stevens, *Busy Lives at Amarna: Excavations in the Main City (Grid 12 and the House of Ranefer, N49.18)*, vol. 1, *The Excavations, Architecture and Environmental Remains*, EES Excavation Memoir 90 (London: Egypt Exploration Society and Amarna Trust, 2010)。
24. Janine Bourriau and Jacke Phillips, eds., *Invention and Innovation: The Social Context of Technological Change 2, Egypt, the Aegean and the Near East, 1650–1150 B.C.* (Oxford: Oxbow Books, 2016), 85–90.
25. 关于这类房屋的详细描述，参加：Kate Spence, "Ancient Egyptian Houses: Architecture, Conceptualization and Interpretation," *Household Studies in Complex Societies: (Micro) Archaeological and Textual Approaches*, ed. Miriam Müller, Oriental Institute Seminars 10 (Chicago: University of Chicago, 2015), 83–99; Kemp, *The City of Akhenaten and Nefertiti*; Barry J. Kemp and Salvatore Garfi, *A Survey of the Ancient City of El-'Amarna*, Occasional Publications, vol. 9 (London: Egypt Exploration Society, 1993); Leonard Lesko and Barbara Lesko, eds., *Pharaoh's Workers: The Villagers of Deir el Medina* (Ithaca, NY: Cornell University Press, 1994)。
26. 新王国时代马尔卡卡（Malkaka）遗址有类似的王宫平面图，参见：Lacovara, *New Kingdom Royal City*。
27. 关于阿玛尔纳出土的各式各样的艺术品的讨论（这些艺术品同塔尼斯出土的艺术品颇为相似）参见：Paul T. Nicholson, *Brilliant Things for Akhenaten: The Production of Glass, Vitreous Materials and Pottery at Amarna Site O45.1*, EES Excavation Memoir 80 (London: Egypt Exploration Society, 2007); Alan J. Shortland, *Vitreous Materials at Amarna. The Production of Glass and Faience in 18th Dynasty Egypt*, British Archaeological Reports International Series 827 (Oxford: Archaeopress, 2000); Kristen Thompson, "Amarna Statuary Project," *Journal of Egyptian Archaeology*, vol. 89 (2003): 17–19。
28. Hilary Wilson, *Egyptian Food and Drink*, Book 9, Shire Egyptology (London: Bloomsbury, 2008).

29. Lacovara, *New Kingdom Royal City*, 26.
30. Kitchen, *Third Intermediate Period in Egypt*.
31. 关于塔尼斯重建后的样貌图，参见：Barry Kemp, "A Model of Tell el-Amarna," *Antiquity*, vol. 74, no. 283 (2000): 15–16, https://doi.org/10.1017/S0003598X00065996。
32. Roger S. Bagnall and Dominic W. Rathbone, eds., *Egypt: From Alexander to the Copts* (London: British Museum Press, 2004), 51.
33. 关于《埃及记述》的在线完整扫描本，参见：http://descegy.bibalex.org/, accessed 2 April 2018。
34. 关于新卫星的概述，参见："WorldView-4," DigitalGlobe, http://worldview4.digitalglobe.com/#/preload, accessed 2 April 2018。

6 伟大旅程

1. 如同北海水下的多格兰（Doggerland），参见：Vincent Gaffney et al., *Europe's Lost World: The Rediscovery of Doggerland*, CBA Research Report, no. 160 (York: Council for British Archaeology, 2009)。
2. Michael Greshko, "World's Oldest Cave Art Found—And Neanderthals Made It," *National Geographic News*, 22 February 2018, https://news.nationalgeographic.com/2018/02/neanderthals-cave-art-humans-evolution-science/, accessed 4 April 2018.
3. Lawrence Clayton et al., *The De Soto Chronicles: The Expedition of Hernando de Soto to North America in 1539–1543* (Tuscaloosa: University of Alabama Press, 1993).
4. Fernbank Museum of Natural History, "Archaeologists Track Infamous Conquistador Through Southeast," *ScienceDaily*, 5 November 2009, https://www.sciencedaily.com/releases/2009/11/091105084838.htm, accessed 4 April 2018.
5. Neal Lineback and Mandy L. Gritzner, "Geography in the News: Hernando De Soto's Famous Battle," *National Geographic Blog*, 14 June 2014, https://blog.nationalgeographic.org/2014/06/14/geography-in-the-news-hernando-de-sotos-famous-battle/, accessed 4 April 2018.
6. Nelson J. R. Fagundes et al., "Mitochondrial Population Genomics Supports a Single Pre-Clovis Origin with a Coastal Route for the Peopling of the Americas," *American Journal of Human Genetics*, vol. 82, no. 3 (2008): 583–92, https://doi.org/10.1016/j.ajhg.2007.11.013.
7. 就距今超过15 000年的考古遗址而言，目前仍存在大量争议。参见：Brigit Katz, "Found: One of the Oldest North American Settlements," *Smithsonian Smart-News*, 5 April 2017, https://www.smithsonianmag.com/smart-news/one-oldest-north-american-settlements-found-180962750/, accessed 5 April 2017。
8. Hansi Lo Wang, "The Map of Native American Tribes You've Never Seen Before," *NPR Code Switch*, 24 June 2014, https://www.npr.org/sections/codeswitch/2014/06/24/323665644/the-map-of-native-american-tribes-youve-never-seen-before, accessed 4 April 2018.

9. Kathryn E. Krasinski et al., "Detecting Late Holocene Cultural Landscape Modifications Using LiDAR Imagery in the Boreal Forest, Susitna Valley, Southcentral Alaska," *Journal of Field Archaeology*, vol. 41, no. 3 (2016): 255–70, https://doi.org/10.1080/00934690.2016.1174764.
10. 布赖恩·丹尼尔斯，个人通信，2018年3月3日。
11. "Tribal Nations and the United States: An Introduction," National Congress of American Indians, http://www.ncai.org/tribalnations/introduction/Tribal_Nations_and_the_United_States_An_Introduction-web-.pdf, accessed 4 April 2018.
12. René R. Gadacz and Zach Parrott, "First Nations," *The Canadian Encyclopedia*, 2015, http:// www.thecanadianencyclopedia.ca/en/article/first-nations/, accessed 4 April 2018.
13. Arthur Link et al., "United States," *Encyclopædia Britannica,* https://www.britannica.com/place/United-States, accessed 4 April 2018.
14. Sarah E. Baires, "How White Settlers Buried the Truth About the Midwest's Mysterious Mound Cities," Zócalo Public Square, 22 February 2018, http://www.zocalopublicsquare.org/2018/02/22/white-settlers-buried-truth-midwests-mysterious-mounds/ideas/essay/?xid=PS_smithsonian, accessed 5 April 2018.
15. James M. Harmon et al., "LiDAR for Archaeological Landscape Analysis: A Case Study of Two Eighteenth-Century Maryland Plantation Sites," *American Antiquity*, vol. 71, no. 4 (2006): 649–70, https://doi.org/10.2307/40035883.
16. Mark J. Rochelo et al., "Revealing Pre-Historic Native American Belle Glade Earthworks in the Northern Everglades Utilizing Airborne LiDAR," *Journal of Archaeological Science: Reports*, vol. 2 (2015): 624–43, https://doi.org/10.1016/j.jasrep.2014.11.009.
17. Katharine M. Johnson and William B. Ouimet, "Rediscovering the Lost Archaeological Landscape of Southern New England Using Airborne Light Detection and Ranging (LiDAR)," *Journal of Archaeological Science*, vol. 43 (2014): 9–20, https://doi.org/10.1016/j.jas.2013.12.004.
18. Harmon et al., "LiDAR for Archaeological Landscape Analysis."
19. 根据已知的玛雅遗存面积以及该区域内的平均森林覆盖率计算。
20. Adrian S. Z. Chase et al., "LiDAR for Archaeological Research and the Study of Historical Landscapes," *Sensing the Past: From Artifact to Historical Site*, ed. Nicola Masini and Francesco Soldovieri (Cham: Switzerland: Springer International Publishing, 2017), 89–100, https://doi.org/10.1007/978-3-319-50518-3_4; Arlen Chase et al., "Geospatial Revolution and Remote Sensing LiDAR in Mesoamerican Archaeology," *Proceedings of the National Academy of Sciences*, vol. 109, no. 32 (2012): 12916–21, https://doi.org/10.1073/pnas.1205198109.
21. Tom Clynes, "Exclusive: Laser Scans Reveal Maya 'Megalopolis' Below Guatemalan Jungle,"*National Geographic News,* 1 February 2018, https://news.nationalgeographic.

com/2018/02/maya-laser-lidar-guatemala-pacunam/, accessed 5 April 2018.
22. 弗朗西斯科·埃斯特拉达－贝利，个人通信，2018 年 11 月 7 日。
23. "Amazon Rainforest," *Encyclopedia Britannica*, 2018, https://www.britannica.com/place/Amazon-Rainforest, accessed 5 April 2018.
24. Evan Andrews, "The Enduring Mystery Behind Percy Fawcett's Disappearance," *History*, 29 May 2015, https://www.history.com/news/explorer-percy-fawcett-disappears-in-the-amazon, accessed 5 April 2018.
25. Michael J. Heckenberger et al., "Amazonia 1492: Pristine Forest or Cultural Parkland?" *Science*, vol. 301, no. 5640 (2003): 1710–14, https://doi.org/10.1126/science.1086112.
26. Michael J. Heckenberger et al., "Pre-Columbian Urbanism, Anthropogenic Landscapes, and the Future of the Amazon," *Science*, vol. 321, no. 5893 (2008): 1214–17, https://doi.org/10.1126/science.1159769.
27. Martti Pärssinen et al., "Pre-Columbian Geometric Earthworks in the Upper Purús: A Complex Society in Western Amazonia," *Antiquity*, vol. 83, no. 322 (2009): 1084–95, https://doi.org/10.1017/S0003598X00099373.
28. Hiram Bingham, "In the Wonderland of Peru—Rediscovering Machu Picchu," *National Geographic Magazine*, April 1913, https://www.nationalgeographic.com/magazine/1913/04/machu-picchu-peru-inca-hiram-bingham-discovery/, accessed 3 April 2018.
29. Rosa Lasaponara and Nicola Masini, "Facing the Archaeological Looting in Peru by Using Very High-Resolution Satellite Imagery and Local Spatial Autocorrelation Statistics," *Computational Science and Its Applications—ICCSA 2010*, ed. David Taniar et al. (Berlin and Heidelberg: Springer, 2010), 254–61, https://doi.org/10.1007/978-3-642-12156-2_19.
30. Rosa Lasaponara et al., "New Discoveries in the Piramide Naranjada in Cahuachi (Peru) Using Satellite, Ground Probing Radar and Magnetic Investigations," *Journal of Archaeological Science*, vol. 38, no. 9 (2011): 2031–39, https://doi.org/10.1016/j.jas.2010.12.010.
31. William Neuman and Ralph Blumenthal, "New to the Archaeologist's Toolkit: The Drone," *New York Times*, 13 August 2014, https://www.nytimes.com/2014/08/14/arts/design/drones-are-used-to-patrol-endangered-archaeological-sites.html, accessed 6 April 2018.
32. Terry L. Hunt and Carl P. Lipo, "Late Colonization of Easter Island," *Science*, vol. 311, no. 5767 (2006): 1603–6, https://doi.org/10.1126/science.1121879.
33. Carl P. Lipo and Terry L. Hunt, "Mapping Prehistoric Statue Roads on Easter Island,"*Antiquity*, vol. 79, no. 303 (2005): 158–68, https://doi.org/10.1017/S0003598X00113778.
34. Carl P. Lipo et al., "The 'Walking' Megalithic Statues (Moai) of Easter Island," *Journal*

of Archaeological Science, vol. 40, no. 6 (2013): 2859–66, https://doi.org/10.1016/j.jas.2012.09.029.

35. Terry Hunt and Carl Lipo, *The Statues That Walked: Unraveling the Mystery of Easter Island* (New York: Simon and Schuster, 2011).

36. Robert DiNapoli et al., "Rapa Nui (Easter Island) monument (*ahu*) locations explained by freshwater sources," *PLOS ONE* (10 January 2019): e0210409, https://doi.org/10.1371/journal.pone.0210409.

37. Terry L. Hunt and Carl Lipo, "The Archaeology of Rapa Nui (Easter Island)," *The Oxford Handbook of Prehistoric Oceania*, ed. Ethan E. Cochrane and Terry L. Hunt (New York: Oxford University Press, 2017), https://doi.org/10.1093/oxfordhb/9780199925070.013.026.

38. Dominic Hosner et al, "Archaeological Sites in China During the Neolithic and Bronze Age," *PANGAEA*, 2016, https://doi.org/10.1594/PANGAEA.860072, supplement to Hosner et al., "Spatiotemporal and Distribution Patterns of Archaeological Sites in China During the Neolithic and Bronze Age: An Overview," *The Holocene*, https://doi.org/10.1177/0959683616641743.

39. N. K. Hu and X. Li, "Historical Ruins of Remote Sensing Archaeology in Arid Desertified Environment, Northwestern China," *IOP Conference Series: Earth and Environmental Science,* vol. 57, no. 1 (2017), https://doi.org/10.1088/1755-1315/57/1/012028.

40. V. Pawar et al., "Satellite Remote Sensing on the Plains of NW India—The Approaches Used by the Land, Water and Settlement Project," *Proceedings of National Workshop on Space Technology and Archaeology, 29 –30 April 2015* (Haryana Space Applications Centre, Hisar, Haryana, India, 2016), 22–26.

41. Hector A. Orengo and Cameron A. Petrie, "Multi-Scale Relief Model (MSRM): A New Algorithm for the Visualization of Subtle Topographic Change of Variable Size in Digital Elevation Models," *Earth Surface Processes and Landforms*, vol. 43, no. 6 (2018): 1361– 69, https://doi.org/10.1002/esp.4317.

42. Ajit Singh et al., "Counter-Intuitive Influence of Himalayan River Morphodynamics on Indus Civilisation Urban Settlements," *Nature Communications*, vol. 1617, no. 8 (2017), https://doi.org/10.1038/s41467-017-01643-9.

43. Paige Williams, "Digging for Glory," *New Yorker,* 27 June 2016, https://www.newyorker.com/magazine/2016/06/27/lee-berger-digs-for-bones-and-glory, accessed 7 April 2018.

44. Shadreck Chirikure et al., "Seen but Not Told: Re-mapping Great Zimbabwe Using Archival Data, Satellite Imagery and Geographical Information Systems," *Journal of Archaeological Method and Theory*, vol. 24, no. 2 (2017): 489–513, https://doi.org/10.1007/s10816-016-9275-1.

45. Shadreck Chirikure et al., "Zimbabwe Culture Before Mapungubwe: New Evidence from Mapela Hill, South-Western Zimbabwe," *PLOS ONE* (31 October 2014), https://doi.org/10.1371/journal.pone.0111224.
46. M. G. Meredith-Williams et al., "Mapping, Modelling and Predicting Prehistoric Coastal Archaeology in the Southern Red Sea Using New Applications of Digital-Imaging Techniques," *World Archaeology*, vol. 46, no. 1 (2014): 10–24, https://doi.org/10.1080/00438243.2014.890913; M. G. Meredith-Williams et al., "4200 New Shell Mound Sites in the Southern Red Sea," *Human Exploitation of Aquatic Landscapes*, ed. Ricardo Fernandes and John Meadows, special issue of *Internet Archaeology*, no. 37 (2014), https://doi.org/10.11141/ia.37.2.
47. Enrico Borgogno Mondino et al., "High Resolution Satellite Images for Archeological Applications: The Karima Case Study (Nubia Region, Sudan)," *European Journal of Remote Sensing*, vol. 45, no. 1 (2012): 243–59, https://doi.org/10.5721/EuJRS20124522.
48. Amy Maxmen, "A Race Against Time to Excavate an Ancient African Civilization: Archaeologists in Nubia Are Struggling Against Erosion, Desertification, and Government Plans to Develop the Land," *Atlantic*, 23 February 2018, https://www.theatlantic.com/science/archive/2018/02/erosion-and-development-threaten-ancient-nubian-sites/554003/, accessed 6 April 2018.
49. David J. Mattingly and Martin Sterry, "The First Towns in the Central Sahara," *Antiquity*, vol. 87, no. 336 (2013): 503–18, https://doi.org/10.1017/S0003598X00049097.
50. Carrie Hirtz, "Contributions of GIS and Satellite-Based Remote Sensing to Landscape Archaeology in the Middle East," *Journal of Archaeological Research*, vol. 22, no. 3 (2014): 229–76, https://doi.org/10.1007/s10814-013-9072-2.
51. Bjoern H. Menze and Jason A. Ur, "Mapping Patterns of Long-Term Settlement in Northern Mesopotamia at a Large Scale," *Proceedings of the National Academy of Sciences*, vol. 109, no. 14 (2012): E778–87, https://doi.org/10.1073/pnas.1115472109.
52. Warwick Ball and Jean-Claude Gardin, *Archaeological Gazetteer of Afghanistan*, Synthèse, no. 8 (Paris: Éditions Recherche sur les civilisations, 1982).
53. David Thomas, personal communication, 8 November 2018.
54. David C. Thomas et al., "The Archaeological Sites of Afghanistan in Google Earth," *AARGnews*, no. 37 (September 2008): 22–30.
55. Andrew Lawler, "Spy Satellites Are Revealing Afghanistan's Lost Empires," *Science*, 13 December 2017, http://www.sciencemag.org/news/2017/12/spy-satellites-are-revealing-afghanistan-s-lost-empires, accessed 2 April 2017.
56. David Kennedy and Robert Bewley, "APAAME: Aerial Photographic Archive for Archaeology in the Middle East," APAAME, http://www.apaame.org/, accessed 4 April 2018.

57. David Kennedy and Robert Bewley, "Aerial Archaeology in Jordan," *Antiquity*, vol. 83, no. 319 (2009): 69–81, https://doi.org/10.1017/S0003598X00098094.
58. "EAMENA: Endangered Archaeology in the Middle East and North Africa," University of Oxford, 2015, www.eamena.org, accessed 31 March 2018.
59. "Mega-Jordan: The National Heritage Documentation and Management System," MEGA-Jordan, Getty Conservation Institute and World Monuments Fund, 2010, http://www.megajordan.org, accessed 31 March 2018.
60. 我在网站上选取了所有的遗址类型，发现有超过 68 000 处遗址，但有一些跨类别或跨时期的遗址被重复列出。据文物部的直接资料，数据库中总收录遗址约为 27 000 处。史蒂芬·萨维奇，个人通信，2018 年 4 月 8 日。
61. Rosa Lasaponara et al., "On the LiDAR Contribution for the Archaeological and Geomorphological Study of a Deserted Medieval Village in Southern Italy," *Journal of Geophyics and Engineering*, vol. 7, no. 2 (2010): 155, https://doi.org/10.1088/1742-2132/7/2/S01.
62. R. Coluzzi et al., "On the LiDAR Contribution for Landscape Archaeology and Palaeoenvironmental Studies: The Case Study of Bosco dell'Incoronata (Southern Italy)," *Advances in Geosciences*, vol. 24 (2010): 125–32, https://doi.org/doi:10.5194/adgeo-24-125-2010.
63. Paolo Mozzi et al., "The Roman City of Altinum, Venice Lagoon, from Remote Sensing and Geophysical Prospection," *Archaeological Prospection*, vol. 23, no. 1 (2016): 27–44, https://doi.org/10.1002/arp.1520.
64. "Learn the Knowledge of London," Transport for London, https://tfl.gov.uk/info-for/taxis-and-private-hire/licensing/learn-the-knowledge-of-london, accessed 3 April 2018.
65. "ARCHI UK," Archaeological Data Service, ARCHI UK, http://www.archiuk.com/, accessed 1 April 2018.
66. "Lasers Reveal 'Lost' Roman Roads," GOV.UK, 3 February 2016, https://www.gov.uk/government/news/lasers-reveal-lost-roman-roads, accessed 2 April 2018.
67. Maev Kennedy, "'Millennia of Human Activity': Heatwave Reveals Lost UK Archaeological Sites," *Guardian*, 14 August 2018, https://www.theguardian.com/science/2018/aug/15/millennia-of-human-activity-heatwave-reveals-lost-uk-archaeological-sites, accessed 8 November 2018.
68. Erwin Meylemans et al., "It's All in the Pixels: High-Resolution Remote-Sensing Data and the Mapping and Analysis of the Archaeological and Historical Landscape," *Internet Archaeology*, vol. 43 (2017), https://doi.org/10.11141/ia.43.2.
69. Nick Allen, "1,000-Year-Old Fishing Trap Found on Google Earth," *Telegraph*, 16 March 2009, https://www.telegraph.co.uk/news/newstopics/howaboutthat/5000835/1000-year-old-fishing-trap-found-on-Google-Earth.html, accessed 7 April 2018.
70. Laura Rocchio, "Satellites and Shipwrecks: Landsat Satellite Spots Foundered Ships in Coastal Waters," NASA, 11 March 2016, https://www.nasa.gov/feature/goddard/2016/

landsat-spots-shipwrecks-in-coastal-waters, accessed 5 April 2018.
71. "Drones Seek Out Lost Shipwrecks Below Lake Huron." *DroneDeploy* (blog), 20 September 2017, https://blog.dronedeploy.com/drones-seek-out-lost-shipwrecks-below-lake-huron-1420f8b407b4, accessed 5 April 2018.
72. "Trident Underwater Drone," OpenROV, https://www.openrov.com/, accessed 4 April 2018.
73. Toshiko Kaneda and Carl Haub, "How Many People Have Ever Lived on Earth?" Population Reference Bureau, https://www.prb.org/howmanypeoplehaveeverlivedonearth/, accessed 7 April 2018.
74. Richard Gray, "How Can We Manage Earth's Land?" BBC Futurenow, 29 June 2017, http://www.bbc.com/future/story/20170628-how-to-best-manage-earths-land, accessed 7 April 2018.

7 帝国覆灭

1. David Jeffreys and Ana Tavares, "The Historic Landscape of Early Dynastic Memphis,"*Mitteilungen des Deutschen Archäologischen Instituts Abteilung Kairo*, vol. 50 (1994): 143–73.
2. I. E. S. Edwards, *The Pyramids of Egypt*, 5th ed. (New York: Harmondsworth, 1993).
3. Mark Lehner, *The Complete Pyramids* (London: Thames and Hudson, 1997), 115.
4. 有关古王国行政事务管理的全面概述，参见：Klaus Baer, *Rank and Title in the Old Kingdom: The Structure of the Egyptian Administration in the Fifth and Sixth Dynasties* (Chicago: University of Chicago Press, 1960)。
5. James P. Allen, *The Ancient Egyptian Pyramid Texts* (Atlanta: Society of Biblical Literature Press, 2015).
6. Gregory Mumford, "Tell Ras Budran (Site 345): Defining Egypt's Eastern Frontier and Mining Operations in South Sinai During the Late Old Kingdom (Early EB IV/MB I)," *Bulletin of the American Schools of Oriental Research,* no. 342 (May 2006): 13–67; Gregory Mumford, "Ongoing Investigations at a Late Old Kingdom Coastal Fort at Ras Budran in South Sinai," *Journal of Ancient Egyptian Interconnections*, vol. 4, no. 4 (2012): 20–28, https://doi.org/10.2458/azu_jaei_v04i4_mumford.
7. 考古学家已经在阿巴西亚台形遗址（Tell Abassiya）、哈迪丁台形遗址（Tell Haddidin）、北伊斯维德台形遗址（Tell Iswid North）、南伊斯维德台形遗址（Tell Iswid South）、哈萨宁台形遗址（Tell Hasanin）、乌姆扎亚特台形遗址（Tell Umm el Zayat）、马萨拉台形遗址（Tell Mashala）、阿赫达尔台形遗址、迪尔迪尔台形遗址（Tell Dirdir）和格里尔台形遗址（Tell Gherir）发现了陶器碎片 (Edwin C. M. van den Brink et al., "A Geo-Archaeological Survey in the East Delta, Egypt: The First Two Seasons, a Preliminary Report," *Mitteilungen des Deutschen Archäologischen Instituts Abteilung Kairo*, vol. 43 [1987]: 4–31; Edwin C. M. van

den Brink et al., "The Amsterdam University Survey Expedition to the East Nile Delta [1984–1986]," *The Archaeology of the Nile Delta: Problems and Priorities*, ed. Edwin van den Brink [Amsterdam: Netherlands Foundation for Archaeological Research in Egypt, 1988], 65–114); Tell Diba, Tell Farkha (Jean Leclant and Anne Minault-Gout, "Fouilles et travaux en Égypte et au Soudan, 1997–1998. Seconde partie," *Orientalia*, vol. 69 [2000]: 141–70); Abu Daoud (Marek Chlodnicki et al., "The Nile Delta in Transition: A View from Tell el-Farkha," *The Nile Delta in Transition, 4th–3rd Millennium B. C. Proceedings of the Seminar Held in Cairo, 21–24 October 1990, at the Netherlands Institute of Archaeology and Arabic Studies*, ed. Edwin C. M. van den Brink [Tel Aviv: Edwin C. M. van den Brink, 1992], 171–90); and Geziret el-Faras (Van den Brink et al., "A Geo-Archaeological Survey in the East Delta, Egypt," 20; Van den Brink et al., "The Amsterdam University Survey Expedition to the East Nile Delta [1984–1986]")。考古学家在易卜拉欣·阿瓦德台形遗址发掘了古王国时代的一个聚落、一个墓区以及关于神庙堆积层的证据 (Willem M. van Haarlem, "Temple Deposits at Tell Ibrahim Awad II—An Update," *Göttinger Miszellen*, vol. 154 [1996]: 31–34)。门德斯地区有一个占地面积超过15万平方英里的大型墓区，以及一个聚落和一个大型神庙建筑群 (Donald B. Redford, *Excavations at Mendes: Volume I. The Royal Necropolis* [Leiden: Brill, 2004]; Donald B. Redford, *City of the Ram-Man: The Story of Ancient Mendes* [Princeton, NJ: Princeton University Press, 2010])。在塔尔哈台形遗址、穆塞亚台形遗址和沙鲁法台形遗址，考古学家新发现了多处古王国时代的陶器遗址。由于滤水厂的兴建，特比拉台形遗址的古王国时代地层已经难以分辨，但出土的陶器及其碎片由此得到保护 (Gregory Mumford, "The First Intermediate Period: Unravelling a 'Dark Age' at Mendes and Tell Tebilla," *Akhenaten Temple Project Newsletter*, no. 1 [2000]: 3–4)。法吉台形遗址（Tell Fagi）和艾恩台形遗址（Tell el-Ein）也出土了古王国时代的陶器碎片 (Van den Brink et al., "A Geo-Archaeological Survey in the East Delta, Egypt," 23)，此外还有马拉台形遗址（Tell Mara）(Van den Brink et al., "The Amsterdam University Survey Expedition to the East Nile Delta [1984–1986]")。在卡菲尼戈姆墓区遗址（Kufr Nigm），各发掘单元内存在大量清晰可见的结构物 (Mohammed I. Bakr, "The New Excavations at Ezbet et-Tell, Kufr Nigm: The First Season [1984]," in Van den Brink, *The Archaeology of the Nile Delta: Problems and Priorities*, 49–62)。

8. Gregory Mumford, *The Late Old Kingdom to First Intermediate Period Settlement at Tell er-Ru'ba (Mendes)* (forthcoming).
9. 见2003年地表调查。
10. Van den Brink et al., "A Geo-Archaeological Survey in the East Delta, Egypt," 20.
11. Willem van Haarlem, "Tell Ibrahim Awad," *Egyptian Archaeology*, vol. 18 (2001): 33–35.
12. 有关古埃及物质的综合研究，参见：Paul T. Nicholson and Ian Shaw, eds., *Ancient*

Egyptian Materials and Technologies (Cambridge: Cambridge University Press, 2009)。
13. Rushdi Said, *Geological Evolution of the Nile Valley* (New York: Springer, 1988), 1–7.
14. Rushdi Said, *The River Nile: Geology, Hydrology and Utilization* (Oxford and New York: Pergamon Press, 1993), 1–7.
15. Gregory Mumford, "New Investigations at Tell Tebilla in the Mendesian Nome,"*Akhenaten Temple Project Newsletter*, vol. 2 (2000): 1–3.
16. 在尼罗河三角洲或尼罗河谷的任何一处聚落遗址钻取土层样本，只要钻得足够深，你就能钻到沙地。这是因为古埃及人聚居在被称为"格齐拉"（gezirah，意为"龟背地层"）的沙丘上。这种地层的形成与更新世晚期的冰川作用有关，但形成的具体年代尚不可考。在更新世晚期（公元前 38000— 前 12000 年），受亚极地冰川融化影响，地中海海平面上升超过 100 米，而海岸线与现代相比更是向内陆推进了 50 千米。从海岸线到今天的米特拉希纳（Mit Rahina，即孟斐斯），陆地海拔增加超过 25 米，而随着水位的上升，斜坡表层被不断侵蚀。日积月累之下，尼罗河的冲积物大量堆积，最终形成潟湖。随着时间的推移，上升后的海平面开始逐渐下降，由于三角洲地区受到侵蚀，龟背地层在更新世晚期开始形成，随之又出现了大量定居于此的聚落。卡尔·巴策在尼罗河三角洲取过深层土样，诸多取样地点分布在从亚历山大港到塞得港的不同区域。今天，距离地表约 10 米的地下，已经发现了旧石器晚期文化的证据。参见：Karl W. Butzer, "Geoarchaeological Implications of Recent Research in the Nile Delta," *Egypt and the Levant: Interrelations from the 4th Through Early 3rd Millennium BCE*, ed. Edwin C. M. van den Brink and Thomas Evan Levy (London: Leicester University Press, 2002), 83–97。
17. Lehner, *Complete Pyramids*, 115.
18. John Coleman Darnell, "The Message of King Wahankh Antef II to Khety, Ruler of Heracleopolis," *Zeitschrift für ägyptische Sprache und Altertumskunde*, vol. 124, no. 2 (1997): 101–8.
19. Detlef Franke, "The Career of Khnumhotep III of Beni Hasan and the So-called 'Decline of the Nomarchs,'" *Middle Kingdom Studies*, ed. Stephen Quirke (New Malden, Δ255Surrey: SIA Publishing, 1991), 51– 67; Labib Habachi, *Elephantine IV. The Sanctuary of Heqaib*, Deutsches Archäologisches Institut, Abteilung Cairo, Archäologische Veröffentlichungen, 33 (Mainz: Phillip von Zabern, 1985); Percy Newberry, *El Bersheh, Part I (The Tomb of Tehuti-hetep)* (London: The Egypt Exploration Fund, 1895, 33; repr. Phillip von Zabern: Mainz, 1985); P. Newberry, *El-Berhseh I The Tomb of Djeutyhetep* (London, 1895).
20. Jaromir Malek, "The Old Kingdom (ca. 2686–2160 BC)," *The Oxford History of Ancient Egypt*, ed. Ian Shaw (Oxford: Oxford University Press, 2000), 89–117; Stephan Seidlmayer,"First Intermediate Period (ca. 2160–2055 BC)," in Shaw, *Oxford History of Ancient Egypt*, 118–47.
21. Malek, "The Old Kingdom (ca. 2686–2160 BC)."

22. Barbara Bell, "Climate and the History of Egypt: The Middle Kingdom," *American Journal of Archaeology,* vol. 79, no. 3 (1975): 223–69, https://doi.org/10.2307/503481; Barbara Bell, "The Dark Ages in Ancient History. I. The First Dark Age in Egypt," *American Journal of Archaeology*, vol. 75, no. 1 (1971): 1–26, https://doi.org/10.2307/503678; Barbara Bell, "The Oldest Record of the Nile Floods," *Geographical Journal,* vol. 136, no. 4 (1970): 569–73; Harvey Weiss and Raymond S. Bradley, "What Drives Societal Collapse? " *Science*, vol. 291, no. 5504 (2001): 609–10, https://doi.org/10.1126/science.1058775; Fekri Hassan, "The Fall of the Egyptian Old Kingdom," BBC, 2011, http://www.bbc.co.uk/history/ancient/egyptians/apocalypse_egypt_01.shtml, accessed 5 May 2018; Kent R. Weeks, *The Illustrated Guide to Luxor* (Cairo: American University in Cairo Press, 2005), 35.
23. Said, *River Nile: Geology, Hydrology and Utilization*, 165.
24. Weiss and Bradley, "What Drives Societal Collapse?" 609–10.
25. Françoise Gasse, "Hydrological Changes in the African Tropics Since the Last Glacial Maximum," *Quaternary Science Reviews*, vol. 19, nos. 1–5 (2000): 189–212, https://doi.org/10.1016/S0277-3791(99)00061-X.
26. Michael D. Krom et al., "Nile River Sediment Fluctuations over the Past 7000 Yrs and Their Key Role in Sapropel Development," *Geology*, vol. 30, no. 1 (2002): 71–74, https:// doi.org/10.1130/0091-7613(2002)030 < 0071:NRSFOT>2.0.CO;2.
27. Said, *River Nile: Geology, Hydrology and Utilization*, chapter 5.
28. Joe Morrissey and Mary Lou Guerinot, "Iron Uptake and Transport in Plants: The Good, the Bad, and the Ionome," *Chemical Reviews*, vol. 109, no. 10 (2009): 4553–67, https://doi.org/10.1021/cr900112r.
29. Jean-Daniel Stanley et al., "Short Contribution: Nile Flow Failure at the End of the Old Kingdom, Egypt: Strontium Isotopic and Petrologic Evidence," *Geoarchaeology*, vol. 18, no. 3, (2003): 395–402, https://doi.org/10.1002/gea.10065.
30. Thomas von der Way, *Tell el-Fara'in/Buto I*, Archäologische Veröffentlichungen (Deutsches Archäologisches Institut. Abteilung Kairo), 83 (Mainz: Philip Von Zabern, 1997); Thomas von der Way, "Excavations at Tell el-Fara'in/Buto in 1987–1989," in Van den Brink, *Nile Delta in Transition*, 1–10.
31. 有关布陀年表的详细概述，参见：von der Way, *Tell el-Fara'in/Buto I*。
32. Lisa Giddy and David Jeffreys, "Memphis 1991," *Journal of Egyptian Archaeology*, vol. 78 (1992): 1–11, https://doi.org/10.2307/3822063.
33. Nicole Alexanian and Stephan Johannes Seidelmeyer, "Die Residenznekropole von Daschur Erster Grabungsbericht," *Mitteilungen des Deutschen Archäologischen Instituts, Abteilung Kairo*, vol. 58 (2002): 1–29.
34. William Ellis, "Africa's Sahel: The Stricken Land," *National Geographic Magazine*, August 1987, 140–79.
35. Harvey Weiss, "Beyond the Younger Dryas," *Environmental Disaster and the*

Archaeology of Human Response, ed. Garth Bawden and Richard Martin Reycraft, Maxwell Museum of Anthropology, Anthropological Papers no. 7 (Albuquerque: University of New Mexico, 2000), 75–98. 在对以色列犹太山区的索雷克洞穴（Soreq Cave）的沉积物进行研究时发现，在4 200年前到4 000年前，降雨量减少了20%~30% (See Miryam Bar-Matthews et al., "Late Quaternary Paleoclimate in the Eastern Mediterranean Region from Stable Isotope Analysis of Speleothems at Soreq Cave, Israel," *Quaternary Research*, vol. 47, no. 2 [1997]: 155–68, https://doi.org/10.1006/qres.1997.1883)。在巴勒斯坦，考古学家发现了早期青铜时代IV（公元前2250—前2000年）遭废弃的遗址。在叙利亚的利兰台形遗址（Tell Leilan），考古学家发现了1米厚的贫瘠淤泥层，对应时代为后古王国时代，该淤泥层的特征与在特比拉台形遗址钻取的土层样本颇为相似(See H. Weiss et al., "The Genesis and Collapse of Third Millennium North Mesopotamian Civilization," *Science*, vol. 261, no. 5124 [1993]: 995–1004, https://doi.org/10.1126/science.261.5124.995; Larry A. Pavlish, "Archaeometry at Mendes: 1990–2002," *Egypt, Israel and the Ancient Mediterranean World: Studies in Honor of Donald B. Redford*, ed. Gary N. Knoppers and Antoine Hirsch, Problem der Ägyptologie series, vol. 20 [Leiden: Brill, 2004], 61–112)。相关证据表明，位于今叙利亚和伊拉克的阿卡德帝国的覆亡时间约为公元前2170年，即距今4 170年左右，前后误差为150年。在土耳其，里海和黑海之间有一个名为凡湖的湖泊，考古学家在此收集了过去20 000年来淤泥和黏土沉积层的年度资料。这些被称为"年融积层"（varves）的沉积层，通常可以揭示与静态水体相关的沉积循环信息。凡湖的"年融积层"显示，公元前2290—前2000年，空中悬浮尘土增加了5倍。另外，数据也显示湖泊水位下降，橡树花粉减少，而风成石英颗粒沉积物却有所增加。这是干旱时期出现的典型现象 (See Gerry Lemcke and Michael Sturm, "δ^{18}o and Trace Element Measurements as Proxy for the Reconstruction of Climate Changes at Lake Van [Turkey]: Preliminary Results," *Third Millennium B.C. Climate Change and Old World Collapse*, NATO ASI Series I, Global Environmental Change, vol. 49, ed. H. Nüzhet Dalfes et al. [Berlin: Springer, 1997], 653–78)。往东看，印度的一项研究对印度河三角洲的沉积物进行了取土层样本分析，发现浮游生物的氧同位素比值在大约4 200年前发生了重大变化，表明季风雨量减少 (See M. Staubwasser et al., "Climate Change at the 4.2 ka BP Termination of the Indus Valley Civilization and Holocene South Asian Monsoon Variability," *Geophysical Research Letters*, vol. 30, no. 8 [2003]: 1425, https://doi.org/10.1029/2002GL016822)。

36. Staubwasser et al., "Climate Change at the 4.2 ka BP Termination of the Indus Valley," 1425.

37. Donald B. Redford, "Mendes & Environs in the Middle Kingdom," *Studies in Honor of William Kelly Simpson*, vol. 2, ed. Peter Der Manuelian (Boston: Museum of Fine Arts, 1996), 679–82.

38. Peter deMenocal, "Cultural Responses to Climate Change During the Late Holocene," *Science*, vol. 292, no. 5517 (2001): 667–73, https://doi.org/10.1126/science.1059287; H. M. Cullen et al., "Climate Change and the Collapse of the Akkadian Empire: Evidence from the Deep Sea," *Geology*, vol. 28, no. 4 (2000): 379–82, https://doi.org/10.1130/0091-7613(2000)28＜379:CCATCO＞2.0.CO;2.
39. John Baines and Jaromir Malek, *Atlas of Ancient Egypt* (New York: Facts on File, 1984).
40. Van Haarlem, "Tell Ibrahim Awad," 33–35. 在该处遗址墓区发现的遗存，是生活在古王国末期到第一中间期初期的人们所留。Delia L. Phillips et al., "Bioarchaeology of Tell Ibrahim Awad," *Ägypten und Levante / Egypt and the Levant*, vol. 19 (2009): 157–210.
41. Jacques Vandier, *Mo'alla: La tombe d'Ankhtifi et la tombe de Sébekhotep* (Cairo: l'Institut français d'archéologie orientale, 1950); Miriam Lichtheim, *Ancient Egyptian Autobiographies Chiefly of the Middle Kingdom* (Göttingen: Vandenhoek and Ruprecht, 1988), 23–26; Miriam Lichtheim, *Ancient Egyptian Literature. Volume I: The Old and Middle Kingdoms* (Berkeley: University of California Press, 2006).

铭文 #1：伊德富的执事梅勒说："在旱灾发生时，每到一地，我都会埋葬死者，拯救生者。我把城镇和乡村里的所有田地及土丘封堵，免得灌溉用水流入辖区外的田地。作为一个值得尊敬的公民，此举可以为家人积下福德。" (See Lichtheim, *Ancient Egyptian Literature. Volume I: The Old and Middle Kingdoms*, 87.) 此人直接提及旱灾。他所说的"封堵田地"，实际上就是阻止那些至关重要的灌溉用水从本诺姆流出。如果他不这么做，那么这些水就会流走并被用于灌溉其他诺姆的作物。

铭文 #2：伊米尤特鲁（靠近现代的基波林，位于卢克索以南 30 千米处）的司库伊提解释："在连年的苦难中，我一直在拯救伊米尤特鲁的民众。尽管有 400 人陷入困境之中，但我不曾强掳任何人的女儿，也不曾强占任何人的田地。" (See Lichtheim, *Ancient Egyptian Literature. Volume I: The Old and Middle Kingdoms*, 88.) 我们从伊提的话语中可以看出，"灾难"并非只持续了一年，而是持续了多年。虽然我们无从得知他的确切所指，但很明显，当地人遭了灾。

铭文 #3：在科普托斯（现代的库伏特，位于卢克索以北 30 千米处）的主管塞尼西的纪念石碑上刻有如下文字："在持续多年的苦难岁月里，我在爵主兼大祭司德杰菲的大门口，称量上埃及的大麦，并分配给全镇人民作为口粮。" (See Lichtheim, *Ancient Egyptian Literature. Volume I: The Old and Middle Kingdoms*, 89.) 我们再一次看到了对持续多年的灾难的记录。从这段话中我们可以看出，人们依靠配给的大麦维持生存，说明当时人面临严重的饥荒。

铭文 #4：在诺马尔赫亨克乌的自传中，铭文写道："我也将来自其他诺姆的人安顿在本诺姆萧条的城镇。" (See Lichtheim, *Ancient Egyptian Literature. Volume I: The Old and Middle Kingdoms*, 89.) 这些城镇之所以出现萧条景象，可能是因为当地发生了瘟疫、饥荒或战争，才会有其他诺姆的人填补迁入。这表明该时期社会动荡不安。

铭文 #5：一位名叫赫蒂的诺马尔赫在自传中写道："我为该城修建水渠，而上埃及则面临严重灾情，久旱无雨，河道干涸。我封堵边界……我把高地化为湿润的沼泽地。我让洪水淹没老旧土丘。在周边区域面临严重旱灾时，我确保耕地有水可用。" (See Lichtheim, *Ancient Egyptian Autobiographies*, 23–24.) 这是旱灾的明显证据，而诺马尔赫通过开挖灌溉水渠和修建堤坝等创新方法保留了水源。在治理洪泛区方面，他可能是相当成功的。

铭文 #6：在司库内菲利尤的门碑铭文中写道："在'勒紧裤腰带'的这一年里，我拯救了很多人。" (See Lichtheim, *Ancient Egyptian Autobiographies*, 26–27.) 伴随旱灾而来的是一年的歉收。这是另外一项表明第一中间期至少出现过一次旱灾的证据。

铭文 #7：穆阿拉（位于卢克索周边）的安赫梯菲墓葬："整个上埃及都面临严重饥荒，但我不允许本诺姆中的任何人死于饥饿……全国人民就像蝗虫一样，从上游到下游，沿着河流四处寻找食物。"对于这类文本的重要性，埃及古物学家做了淡化处理 (see Stephan Seidlmayer, "First Intermediate Period [ca. 2160–2055 BC]")，并表示安赫梯菲只不过是重复了其他众多墓葬主人的记述而已，言辞难免有夸大之嫌 (see D. B. Spaniel, "The Date of Ankhtifi of Mo'alla," *Göttinger Miszellen*, vol. 78 [1984]: 87–94)。安赫梯菲还提及古埃及人吃自己的孩子，这被大多数现代埃及古物学家驳斥。安赫梯菲的墓葬铭文的制式，同其他墓葬铭文的制式大同小异，只不过他更进一步。安赫梯菲很自豪地告诉子孙后代，旱灾时他也没有让自己诺姆内的人挨饿。常规的制式描述于是呈现了完全不同的寓意：在全诺姆陷入困顿的艰难时期，安赫梯菲恪尽职守，展现了自己的领导才能。

42. Edward Brovarski, "Ahanakht of Bersheh and the Hare Nome in the First Intermediate Period and Middle Kingdom," *Studies in Ancient Egypt, the Aegean, and the Sudan: Essays in Honor of Dows Dunham on the Occasion of his 90th birthday, June 1, 1980*, ed. William Kelly Simpson and Whitney M. Davis (Boston: Museum of Fine Arts, 1981), 14–30.
43. Brovarski, "Ahanakht of Bersheh and the Hare Nome in the First Intermediate Period and Middle Kingdom."

8 古都重现

1. 我最喜欢的一本关于中王国时代历史的书：Wolfram Grajetzki, *The Middle Kingdom of Ancient Egypt* (London: Gerald Duckworth, 2006)。
2. Grajetzki, *Middle Kingdom of Ancient Egypt*, 19.
3. Grajetzki, *Middle Kingdom of Ancient Egypt*, 19–23.
4. Grajetzki, *Middle Kingdom of Ancient Egypt*, 28.
5. 关于该遗址的概述，参见：William Kelly Simpson, "Lischt," *Lexikon Ägyptologie*, der vol. 3, ed. Wolfgang Helck and Wolfhart Westendorf (Wiesbaden: Otto Harrassowitz, 1979), 1058–61。
6. Dieter Arnold, *The Pyramid Complex of Amenemhat I at Lisht: The Architecture*, Egyptian Expedition Publications of the Metropolitan Museum of Art, vol. 29 (New

York: Metropolitan Museum of Art, 2015).
7. Grajetzki, *Middle Kingdom of Ancient Egypt*, 29–32.
8. Dieter Arnold and Peter Jánosi, "The Move to the North: Establishing a New Capital," *Ancient Egypt Transformed: The Middle Kingdom*, ed. Adela Oppenheim et al. (New York: Metropolitan Museum of Art, 2015), 54–67. This co-regency is debated, though. See Grajetzki, *Middle Kingdom of Ancient Egypt*, 33.
9. Arnold and Jánosi, "The Move to the North," 54–67; Grajetzki, *Middle Kingdom of Ancient Egypt*, 55.
10. William Kelly Simpson, *The Literature of Ancient Egypt: An Anthology of Stories, Instructions, Stelae, Autobiographies, and Poetry*, 3rd ed. (New Haven, CT: Yale University Press, 2003), 54–66.
11. See Dieter Arnold, *The South Cemeteries of Lisht, Volume III: The Pyramid Complex of Senwosret I*, Egyptian Expedition Publications of the Metropolitan Museum of Art, vol. 25 (New York: Metropolitan Museum of Art, 1992); Dieter Arnold, *The South Cemeteries of Lisht, Volume I: The Pyramid of Senwosret I*, Egyptian Expedition Publications of the Metropolitan Museum of Art, vol. 22 (New York: Metropolitan Museum of Art, 1988).
12. Wolfram Grajetzki, *Court Officials of the Egyptian Middle Kingdom* (London: Gerald Duckworth, 2009), 132–33.
13. 见于赫努姆霍特普二世的陵墓：Naguib Kanawati and Linda Evans, *Beni Hasan, Volume 1: The Tomb of Khnumhotep II*, The Australian Centre for Egyptology, Report 36 (Oxford: Aris and Phillips, 2014)。
14. 关于中埃及语的概述，参见：James P. Allen, *Middle Egyptian: An Introduction to the Language and Culture of Hieroglyphs* (Cambridge: Cambridge University Press, 2000); Mark Collier and Bill Manley, *How to Read Egyptian Hieroglyphs: A Step-by-Step Guide to Teach Yourself*, rev. ed. (Berkeley: University of California Press, 2003); Richard B. Parkinson, "The Impact of Middle Kingdom Literature: Ancient and Modern," in Oppenheim et al., *Ancient Egypt Transformed*, 180–87。
15. R. B. Parkinson, *Voices from Ancient Egypt: An Anthology of Middle Kingdom Writings*, Oklahoma Series in Classical Culture, vol. 9 (Norman: University of Oklahoma Press, 1991), 5–6.
16. 关于伊塔威的概述，参见：Grajetzki, *Middle Kingdom of Ancient Egypt*, 29–31。
17. 未必适合所有人看。参见：Wolfram Grajetzki, *Burial Customs in Ancient Egypt: Life in Death for Rich and Poor* (London: Gerald Duckworth, 2003)。
18. Dieter Arnold, *Middle Kingdom Tomb Architecture at Lisht*, Egyptian Expedition Publications of the Metropolitan Museum of Art, vol. 28 (New York: Metropolitan Museum of Art, 2008).
19. 中王国时代的金字塔的周围或附近地区，至今仍能看到数量众多、样式不一的泥砖坡道。参见：Dieter Arnold, *Building in Egypt: Pharaonic Stone Masonry* (Oxford: Oxford University Press, 1991), 81–90。

20. 在中王国时代，采挖硬质和软质石材的采石场主要集中在东部沙漠，但西部沙漠也有一些采石场。参见：Barbara G. Aston et al., "Stone," *Ancient Egyptian Materials and Technology*, ed. Paul T. Nicholson and Ian Shaw (Cambridge: Cambridge University Press, 2000), 5–77, esp. 8–15, figs. 2.1–2 maps, table 2.1; for quarries, see Rosemarie Klemm and Dietrich D. Klemm, *Stones and Quarries in Ancient Egypt*, trans. and ed. Nigel Strudwick (London: British Museum Press, 2008)。

21. See Arnold, *South Cemeteries of Lisht, Volume I: The Pyramid of Senwosret I*, 14.

22. Felix Arnold, "Settlement Remains at Lisht-North," *House and Palace in Ancient Egypt: International Symposium in Cairo, April 8 to 11, 1992*, vols. 1 and 2, ed. Manfred Bietak, Österreichische Akademie der Wissenschaften, Denkschriften der Gesamtakademie, vol. 14 (Vienna: Österreichische Akademie der Wissenschaften, 1996), 13–21.

23. "Necklace of Sithathoryunet," Metropolitan Museum of Art, https://www.metmuseum.org/art/collection/search/545532, accessed 5 May 2018; Wolfram Grajetzki, *Tomb Treasures of the Late Middle Kingdom: The Archaeology of Female Burials* (Philadelphia: University of Pennsylvania Press, 2014), 36–45.

24. "Amenemhet and Khnumhotep II at Beni Hasan," in Simpson, *Literature of Ancient Egypt*, 418–24.

25. 在第二中间期（约公元前1648—前1540年），尽管权力中心从伊塔威转移到了三角洲东北部，但想必还有人居住在伊塔威。我们之所以持这一观点，是因为"皮耶胜利纪念碑"（Victory Stele of Piye）的碑文中提到了伊塔威。"皮耶胜利纪念碑"是第二十五王朝时期遗留下来的刻有铭文的石碑，现收藏于开罗的埃及博物馆。该纪念碑的年代与定都伊塔威的年代相隔大约1100年。当然，这一观点也未完全得到证实。碑文中所提的伊塔威，所指的可能不是旧都，而是另一个城市或整个地区的统称。

26. "白色城墙"指的是法老统治时期的孟斐斯。参见：Steven Snape, *The Complete Cities of Ancient Egypt* (London: Thames and Hudson, 2014), 170; see also Nadine Moeller, *The Archaeology of Urbanism in Ancient Egypt, From the Predynastic Period to the End of the Middle Kingdom* (Cambridge: Cambridge University Press, 2016), 158–60。

27. 考古研究发现，在中王国时代，很多政府主导建造的社区和一部分自然形成的聚落，较少采用多层建筑模式（相对于屋顶通道），这不同于中王国早期的一些"灵室"（soul house）的建筑模式 (Aikaterini Koltsida, *Social Aspects of Ancient Egyptian Domestic Architecture*, British Archaeological Reports International Series, book 1608 [Oxford: Archaeopress, 2007], pls. 11–15)，也不同于新王国时代及以后的房屋建筑模式 (Dieter Arnold, *The Encyclopedia of Ancient Egyptian Architecture*

注释

[Princeton, NJ: Princeton University Press, 2003], 112), 包括新王国后期的多层建筑模式。在拉罕（楼梯多与谷仓相连）、象岛（可能的多层建筑 H84；房屋 H70 和 H93）、达普亚台形遗址（Tell el-Dab'a，宫殿建筑群）、北利什特（房屋 A 1.3 和 A 3.3）以及其他地区的很多房屋内，考古学家发现了楼梯等遗迹，表明它们可能是多层建筑，但目前仍缺乏确凿证据。(Moeller, *Archaeology of Urbanism in Ancient Egypt*, 285, 311, 314, fig. 8.44, 336–37, 341, 352–55, fig. 9.10, 361–64, figs. 9.18–19, 370; see also Stephen Quirke, *Egyptian Sites: Lahun. A Town in Egypt 1800 B.C., and the History of Its Landscape* [London: Golden House Publications, 2005], 49).

28. Percy Newberry, *El Bersheh, Part I: The Tomb of Tehuti-hetep* (London: Egypt Exploration Fund, 1895).
29. Sarah Parcak et al., "Satellite Evidence of Archaeological Site Looting in Egypt: 2002–2013," *Antiquity*, vol. 90, no. 349 (2016): 185–205, https://doi.org/10.15184/aqy.2016.1.
30. 见于阿玛尔纳台形遗址中依石体开凿的墓葬。参见：Norman de Garis Davies, *The Rock Tombs of el Amarna* (London: Egypt Exploration Fund, 1903)。
31. 但该墓区目前已发掘的墓葬屈指可数。参见：Wolfram Grajetzki, "Multiple Burials in Ancient Egypt to the End of the Middle Kingdom," *Life and Afterlife in Ancient Egypt During the Middle Kingdom and Second Intermediate Period*, ed. Silke Grallert and Wolfram Grajetzki, GHP Egyptology 7 (London: Golden House Publications, 2007), 16–34。
32. 关于墓葬内铺设泥砖堤道的另一个例子，参见：Alexander Badawy, *A History of Egyptian Architecture, Volume 2: The First Intermediate Period, the Middle Kingdom, and the Second Intermediate Period* (Berkeley: University of California Press, 1966), 152, fig. 59; and at Lisht, Grajetzki, *Tomb Treasures of the Late Middle Kingdom*, 18, fig. 2。
33. 关于古埃及绘画和艺术风格的概述，参见：W. Stevenson Smith, *The Art and Architecture of Ancient Egypt*, rev. with additions by William Kelly Simpson (New Haven, CT: Yale University Press, 1998)。
34. 中王国时代的众多绘画作品，参见：Oppenheim et al., *Ancient Egypt Transformed*。
35. 关于这类头衔以及中王国时代其他头衔的讨论，参见：Henry George Fischer, *Egyptian Titles of the Middle Kingdom: A Supplement to Wm. Ward's Index*, 2nd ed., rev. and augmented (New York: Metropolitan Museum of Art, 1997)。
36. See Collier and Manley, *How to Read Egyptian Hieroglyphs*, 41; and Grajetzki, *Court Officials of the Egyptian Middle Kingdom*, 101.
37. See Ingrid Melandri, "Female Burials in the Funerary Complexes of the Twelfth Dynasty: An Architectonic Approach," *The World of Middle Kingdom Egypt (2000–1550 BC), Volume II: Contributions on Archaeology, Art, Religion, and Written

Records, ed. Gianluca Miniaci and Wolfram Grajetzki, Middle Kingdom Studies, book 2 (London: Golden House Publications, 2016), 161–79.

38. 关于中王国时代平民、军人、祭司、精英阶层、王室成员和旅居埃及的外国人的着装讨论，参见：Philip J. Watson, *Costume of Ancient Egypt*, Costume Reference (London: B. T. Batsford, 1987), 12–17, 30, 39–40, 47–48, 51, 55。

39. 在古埃及，女性墓葬内极少设有祭堂，但也有例外，比如中王国时代维西尔英泰菲克（Intefiqer）在底比斯为其母亲塞尼特（Senet）修建了设有祭堂的陵墓 (Gay Robins, *Women in Ancient Egypt* [Cambridge, MA: Harvard University Press, 1993], 100, 165)。在古埃及社会，铭文 [比如中王国时代的文本《杜亚夫教子赫提书》(*Teaching of Duaf's son Khety*)] 和以男性为主导的丧葬制度中 (Robins, *Women in Ancient Egypt*, 106–7)，均可看到作为母亲的女性的尊崇地位。

40. See Janine Bourriau, *Pharaohs and Mortals: Egyptian Art in the Middle Kingdom*, Fitzwilliam Museum Publications (Cambridge and New York: Cambridge University Press, 1998), 144, pl. 149.

41. Carol Andrews, *Amulets of Ancient Egypt* (London: British Museum Press, 1994).

42. Janet Richards, *Society and Death in Ancient Egypt: Mortuary Landscapes of the Middle Kingdom* (Cambridge: Cambridge University Press, 2005), 196–97, E830 N 780 Burial 9, fig. 97.

43. Aidan Dodson and Salima Ikram, *The Tomb in Ancient Egypt: Royal and Private Sepulchres from the Early Dynastic Period to the Romans* (Cairo: American University in Cairo Press, 2008), 36–38.

9　过去的未来

1. Christine Finn, "Recreating the Sounds of Tutankhamun's Trumpets," BBC News, 18 April 2011, http://www.bbc.com/news/world-middle-east-13092827, accessed 9 March 2018.

2. Brad Jones, "We Just Discovered One of Our Closest Earth-Like Planets Ever," *Futurism*, 15 November 2017, https://futurism.com/discovered-closest-earth-like-planets/, accessed 10 March 2018.

3. "Number of Smartphone Users Worldwide from 2014 to 2020 (in Billions)," Statista, the Statistics Portal, 2016, https://www.statista.com/statistics/330695/number-of-smartphone-users-worldwide/, accessed 10 March 2018.

4. Rebecca J. Rosen, "Why Today's Inventors Need to Read More Science Fiction," *Atlantic*, 20 September 2013, https://www.theatlantic.com/technology/archive/2013/09/why-todays-inventors-need-to-read-more-science-fiction/279793/, accessed 10 March 2018.

5. "Sub-$50 Small Multirotor Drone Mini Reviews," RotorCopters, http://www.rotorcopters.com/sub-50-multirotor-drone-mini-reviews/, accessed 30 March 2018.

6. "Micro and Nano Drones—the Smaller the Better," Dronethusiast, https://www.dronethusiast.com/best-micro-mini-nano-drones/, accessed 30 March 2018.
7. Telmo Adão et al., "Hyperspectral Imaging: A Review on UAV-Based Sensors, Data Processing and Applications for Agriculture and Forestry," *Remote Sensing*, vol. 9, no. 11 (2017): 1110, https://doi.org/10.3390/rs9111110.
8. Eyal Ben-Dor, ed., "Hyperspectral Remote Sensing," *Remote Sensing*, special issue, vol. 12, no. 2 (2012), http://www.mdpi.com/journal/remotesensing/special_issues/hyperspectral-remote-sens, accessed 8 March 2018.
9. Andy Extance, "Spectroscopy in Your Hands," *Chemistry World*, 2 February 2018, https://www.chemistryworld.com/feature/handheld-spectrometers/3008475.article, accessed 9 March 2018.
10. "ASD Terraspec 4 Hi-Res Mineral Spectrometer," Malvern Panalytical, https://www.asdi.com/products-and-services/terraspec/terraspec-4-hi-res-mineral-spectrometer, accessed 31 March 2018.
11. Sarah Parcak and Gregory Mumford, "Satellite Imagery Detection of a Possible Hippodrome and Other Features at the Ptolemaic-Roman Port Town of Taposiris Magna," *Journal of Ancient Egyptian Interconnections*, vol. 4, no. 4 (2012): 30–34, https://doi.org/10.2458/azu_jaei_v04i4_gregory_mumford.
12. Janet Nichol and Pui Hang To, "Temporal Characteristics of Thermal Satellite Sensors for Urban Heat Island Analysis," *Earthzine*, 8 July 2011, https://earthzine.org/2011/07/08/temporal-characteristics-of-thermal-satellite-sensors-for-urban-heat-island-analysis/, accessed 31 March 2018.
13. Jesse Casana et al., "Archaeological Aerial Thermography: A Case Study at the Chaco-Era Blue J Community, New Mexico," *Journal of Archaeological Science*, vol. 45 (2014): 207–19, https://doi.org/10.1016/j.jas.2014.02.015.
14. See "Remote Sensing," Harris Aerial, https://www.harrisaerial.com/remote-sensing/, accessed 12 March 2018.
15. Sarah Parcak et al., "Satellite Evidence of Archaeological Site Looting in Egypt: 2002–2013," *Antiquity*, vol. 90, no. 349 (2016): 188–205, https://doi.org/10.15184/aqy.2016.1.
16. See "Magnitude Surveys Ltd," http://www.magnitudesurveys.co.uk/, accessed 31 March 2018.
17. Alex Davies, "What Is LiDAR, Why Do Self-Driving Cars Need It, and Can It See Nerf Bullets?" *Wired*, 6 February 2018, https://www.wired.com/story/lidar-self-driving-cars-luminar-video/, accessed 31 March 2018.
18. Kazuya Nakajima et al., "3D Environment Mapping and Self-Position Estimation by a Small Flying Robot Mounted with a Movable Ultrasonic Range Sensor," *Journal of Electrical Systems and Information Technology*, vol. 4, no. 2 (2017): 289–98, https://doi.

org/10.1016/j.jesit.2017.01.007.
19. Susanne Brinkmann et al., "Laser Cleaning Tomb Paintings at Luxor (TT49)," *Kmt: A Modern Journal of Ancient Egypt*, vol. 21, no. 3 (2010): 18–34.
20. I. Bukreeva et al., "Virtual Unrolling and Deciphering of Herculaneum Papyri by X-Ray Phase-Contrast Tomography," *Nature: Scientific Reports*, vol. 6, no. 27227 (2016): https:// doi.org/10.1038/srep27227.
21. Vito Mocella et al., "Revealing Letters in Rolled Herculaneum Papyri by X-Ray Phase-Contrast Imaging," *Nature Communications*, vol. 6, no. 5895 (2015): https://doi.org/10.1038/ncomms6895.
22. Robert Perkins, "A Birder in the Hand: Mobile Phone App Can Recognize Birds from Photos," *Caltech News*, 14 December 2016, http://www.caltech.edu/news/birder-hand-mobile-phone-app-can-recognize-birds-photos-53288, accessed 14 December 2016.
23. Nikki Aldeborgh, "GBDX + PoolNet: Identifying Pools on Satellite Imagery," Digital-Globe, 13 July 2016, https://platform.digitalglobe.com/gbdx-poolnet-identifying-pools-satellite-imagery/, accessed 31 March 2018.
24. See "Google Books Ngram Viewer," Google, https://books.google.com/ngrams, accessed 31 March 2018.
25. Michael Blanding, "Plagiarism Software Reveals a New Source for 11 of Shakespeare's Plays," *New York Times*, 7 February 2018, https://www.nytimes.com/2018/02/07/books/plagiarism-software-unveils-a-new-source-for-11-of-shakespeares-plays.html, accessed 31March 2018.
26. Marc Raibert, "Meet Spot, the Robot Dog That Can Run, Hop, and Open Doors," TED2017, https://www.ted.com/talks/marc_raibert_meet_spot_the_robot_dog_that_can_run_hop_and_open_doors, accessed 24 March 2018.
27. Christina Poletto, "When Roomba Met Dog Poop: Man's 'Poopocalypse' Goes Viral," *Today*, 16 August 2016, https://www.today.com/home/when-roomba-met-dog-poop-man-s-poopocalypse-goes-viral-t101883, accessed 24 March 2018.
28. Anthony Cuthbertson, "DARPA Plans Autonomous 'Flying Insect' Drones with Skills to Match Birds of Prey," *International Business Times*, 2 January 2015, http://www.ibtimes.co.uk/darpa-plans-autonomous-flying-insect-drones-skills-match-birds-prey-1481554, accessed 15 February 2018.
29. Antoinette Mercurio, "The Little Robot That Could: Professors of History and Computer Science Collaborate on Robot Archaeology Project," Ryerson University, 13 October 2017, https://www.ryerson.ca/news-events/news/2017/10/the-little-robot-that-could/, accessed 14 February 2018.
30. "Geno DNA Ancestry Kit," *National Geographic*, https://genographic.nationalgeographic.com/, accessed 14 February 2018.
31. Zahi Hawass et al., "Ancestry and Pathology in King Tutankhamun's Family," *Journal*

of the American Medical Association, vol. 303, no. 7 (2010): 638–47, https://doi.org/10.1001/jama.2010.121.

32. Christina Warinner et al., "A New Era in Palaeomicrobiology: Prospects for Ancient Dental Calculus as a Long-Term Record of the Human Oral Microbiome," *Philosophical Transactions of the Royal Society B: Biological Sciences*, vol. 370, no. 1660 (2015), https://doi.org/10.1098/rstb.2013.0376.
33. "Face of First Brit Revealed," UCL News, University College London, 7 February 2018, https://www.ucl.ac.uk/news/news articles/0218/070218-Face-of-cheddar-man-revealed, accessed 6 February 2018.
34. Jane Wakefield, "TED2017: Scary Robots That Want to Be Useful," BBC News, 17 April 2017, http://www.bbc.com/news/technology-39656040, accessed 31 March 2018.
35. Douglas Gantenbein, "Kinect Launches a Surgical Revolution," *Microsoft Research Blog*, 7 June 2012, https://www.microsoft.com/en-us/research/blog/kinect-launches-surgical-revolution/, accessed 31 March 2018.
36. "Surgical Simulation Training," CAE Healthcare, https://caehealthcare.com/surgical-simulation, accessed 30 March 2018.
37. "MorphoSource," MorphoSource by Duke University, https://www.morphosource.org/, accessed 8 February 2018.
38. Kristina Killgrove, "How to Print Your Own 3D Replicas of Homo Naledi and Other Hominin Fossils," *Forbes*, 19 September 2015, https://www.forbes.com/sites/kristinakillgrove/2015/09/19/how-to-print-your-own-3d-replicas-of-homo-naledi-and-other-hominin-fossils/#657a831112c0, accessed 4 February 2018.
39. David L. Chandler, "Surfaces Get Smooth or Bumpy on Command," *MIT News*, 11 June 2015, http://news.mit.edu/2015/controllable-surface-textures-0611, accessed 7 February 2018.
40. Jennifer Chu, "New 3D Printer Is 10 Times Faster Than Commercial Counterparts," *MIT News*, 29 November 2017, http://news.mit.edu/2017/new-3-d-printer-10-times-faster-commercial-counterparts-1129, accessed 6 February 2018.
41. "Sir Arthur's Quotations," *The Arthur C. Clarke Foundation*, https://www.clarkefoundation.org/about-sir-arthur/sir-arthurs-quotations/, accessed 19 February 2018.
42. Brad Jones, "Planet Hunter," *Futurism*, 15 November 2017, https://futurism.com/discovered-closest-earth-like-planets/, accessed 19 February 2018.
43. "The Drake Equation," SETI Institute, https://www.seti.org/drakeequation, accessed 15 February 2018.
44. "The Drake Equation."
45. As presented in Erich von Däniken, *Chariots of the Gods? Unsolved Mysteries of the Past* (New York: G. P. Putnam's Sons, 1968).

46. "How the World Reacted to Elon Musk's Falcon Heavy Launch," BBC News, 7 February 2018, http://www.bbc.com/news/world-us-canada-42973449, accessed 31 March 2018.
47. Viviane Slon et al., "Neandertal and Denisovan DNA from Pleistocene Sediments," *Science*, vol. 356, no. 6338 (2017): 605–8, http://doi.org/10.1126/science.aam9695.

10 挑战

1. Jean-François Champollion, *Lettre à M. Dacier relative à l'alphabet des hiéroglyphes phonétiques*(Paris: Firmin Didot Père et Fils, 1822).
2. *Stephens & Catherwood Revisited: Maya Ruins and the Passage of Time* (Washington, DC: Dumbarton Oaks Research Library and Collection, Trustees for Harvard University, 2015).
3. Hiram Bingham, "In the Wonderland of Peru—Rediscovering Machu Picchu," *National Geographic Magazine*, April 1913, https://www.nationalgeographic.com/magazine/1913/04/machu-picchu-peru-inca-hiram-bingham-discovery/, accessed 20 February 2018.
4. "Helena, St. (c. 255–c. 230)," *The Oxford Dictionary of the Christian Church*, ed. F. L. Cross and E. A. Livingstone (Oxford: Oxford University Press, published online 2009), https:// doi.org/10.1093/acref/9780192802903.001.0001.
5. Georgina Howell, *Gertrude Bell: Queen of the Desert, Shaper of Nations* (New York: Sarah Crichton Books, Farrar, Straus and Giroux, 2008).
6. Kathleen Kenyon, *Digging Up Jericho* (London: Ernest Benn, 1957).
7. Agatha Christie, *Agatha Christie: An Autobiography* (New York: Berkley Books, 1991).
8. Agatha Christie Mallowan, "A-sitting on a Tell," *Come, Tell Me How You Live* (London: Agatha Christie Limited, A Chorian Company, 1946). Reprinted by permission of Harper Collins Publishers.
9. Daniel E. Slotnik, "Barbara Mertz, Egyptologist and Mystery Writer, Dies at 85," *New York Times*, 13 August 2013, http://www.nytimes.com/2013/08/14/arts/barbara-mertz-egyptologist-and-mystery-writer-dies-at-85.html, accessed 18 February 2018.
10. "Meet the Egyptian Female Archaeologist Leading Her Own Excavation at Just 27 Years Old," *Cairoscene*, 19 May 2017, http://www.cairoscene.com/ArtsAndCulture/Meet-the-Egyptian-Female-Archaeologist-Leading-Her-Own-Excavation-at-Just-27-Years-Old, accessed 17 February 2018.
11. See "Archaeology/In Your Hands," https://digventures.com/, accessed 17 February 2018.
12. "Chocolate Artefact," *DigVentures*, https://digventures.com/shop/chocolate-artefact/, accessed 19 May 2018.
13. See Lyminge Archaeological Project, http://www.lymingearchaeology.org/, accessed 19

February 2018.
14. François Dubé, "Breaking New Ground," *ChinAfrica*, 8 September 2017, http://www.chinafrica.cn/Africa/201709/t20170908_800104306.html, accessed 19 February 2018.
15. Natan Kellermann, "Epigenetic Transmission of Holocaust Trauma: Can Nightmares Be Inherited?" *Israeli Journal of Psychiatry and Related Sciences*, vol. 50, no. 1 (2013): 33–39.
16. Amy Boddy et al., "Fetal Microchimerism and Maternal Health: A Review and Evolutionary Analysis of Cooperation and Conflict Beyond the Womb," *BioEssays*, vol. 37, no. 10 (2015): 1106–18, https://doi.org/10.1002/bies.201500059.
17. Alan Rogers et al., "Early History of Neanderthals and Denisovans," *Proceedings of the National Academy of Sciences*, vol. 114, no. 37 (2017): 9859–63, https://doi.org/10.1073/pnas.1706426114.
18. Ann Gibbons, "Signs of Symbolic Behavior Emerged at the Dawn of Our Species in Africa," *Science News*, 15 March 2018, http://www.sciencemag.org/news/2018/03/signs-symbolic-behavior-emerged-dawn-our-species-africa, accessed 26 April 2018.
19. Richard Potts et al., "Environmental Dynamics During the Onset of the Middle Stone Age in Eastern Africa," *Science*, vol. 360, no. 6384 (2018), https://doi.org/10.1126/science.aao2200.
20. Douglas Fry and Patrik Söderberg, "Lethal Aggression in Mobile Forager Bands and Implications for the Origins of War," *Science*, vol. 341, no. 6143 (2013): 270–73, https://doi.org/10.1126/science.1235675.
21. Colin K. Khoury et al., "Origins of Food Crops Connect Countries Worldwide," *Proceedings of the Royal Society B: Biological Sciences*, vol. 283, no. 1832 (2016), https://doi.org/10.1098/rspb.2016.0792.
22. Jeremy Cherfas, "A Map of Where Your Food Originated May Surprise You," *The Salt*, National Public Radio, 13 June 2016, www.npr.org/sections/thesalt/2016/06/13/481586649/a-map-of-where-your-food-originated-may-surprise-you, accessed 20 March 2018.
23. Luke Fleming, "Linguistic Exogamy and Language Shift in the Northwest Amazon," *International Journal of the Sociology of Language*, vol. 2016, no. 240 (2016): 9–27, https://doi.org/10.1515/ijsl-2016-0013; Jean E. Jackson, *The Fish People: Linguistic Exogamy and Tukanoan Identity in Northwest Amazonia*, Cambridge Studies in Social Anthropology, (Cambridge: Cambridge University Press, 1983), xix, 287.
24. Peter Ralph and Graham Coop, "The Geography of Recent Genetic Ancestry Across Europe," *PLOS Biology*, vol. 11, no. 5 (2013): e1001555, https://doi.org/10.1371/journal.pbio.1001555; Susan Bell, "Researcher Uses DNA to Demonstrate Just How Closely Everyone on Earth Is Related to Everyone Else," *PHYSORG*, 8 August 2013, https://phys.org/news/2013-08-dna-earth.html, accessed 21 March 2018.

25. Colin McEvedy and Richard M. Jones, *Atlas of World Population History* (Middlesex, UK: Penguin Books, 1978); John Carl Nelson, *Historical Atlas of the Eight Billion: World Population History 3000 BCE to 2020* (CreateSpace Independent Publishing Platform, 2014).
26. Peter Brand, "Reuse and Restoration," *UCLA Encyclopedia of Egyptology*, ed. Willeke Wendrich, 2010, https://escholarship.org/uc/item/2vp6065d, accessed 19 March 2018.
27. Thomas Asbridge, *The Crusades: The War for the Holy Land* (London: Simon and Schuster, 2010).
28. Olivia Solon, "Elon Musk: We Must Colonise Mars to Preserve Our Species in a Third World War," *Guardian*, 11 March 2018, www.theguardian.com/technology/2018/mar/11/elon-musk-colonise-mars-third-world-war, accessed 21 March 2018.
29. Stephen Petranek, *How We'll Live on Mars*, TED Books (New York: Simon and Schuster, 2015).
30. Michael Emslie et al., "Expectations and Outcomes of Reserve Network Performance Following Re-zoning of the Great Barrier Reef Marine Park," *Current Biology*, vol. 25, no. 8 (2015): 983–92, https://doi.org/10.1016/j.cub.2015.01.073.
31. Karen Frances Eng, "The Man Who Plants Trees: Shubhendu Sharma Is Reforesting the World, One Patch at a Time," *TEDBlog*, 9 May 2014, https://blog.ted.com/shubhendusharma/, accessed 21 March 2018.

11 失窃的遗产

1. Jaromir Malek et al., "Howard Carter's Notes on Various Objects Found in the Tomb of Tutankhamun (TAA i.2.10)," Griffith Institute, University of Oxford, http://www.griffith.ox.ac.uk/gri/taa_i_2_10.html, accessed 31 March 2018. On object # 435: "(H. 47.6). Crater with flanking ornament Finger marks of thieves on interior walls."
2. "The Antiquities Coalition Warns American Heritage Is a Casualty of Government Shutdown," *Antiquities Coalition* (blog), 22 January 2018, https://theantiquitiescoalition.org/blog-posts/american-heritage-casualty-of-shutdown/, accessed 22 January 2018.
3. Brian Vastag, "Amid Protests and Looting, Officials Work to Preserve Egypt's Treasures,"*Washington Post*, 30 January 2011, http://www.washingtonpost.com/wp-dyn/content/article/2011/01/30/AR2011013003244.html, accessed 11 March 2018.
4. Elizabeth C. Stone, "Patterns of Looting in Southern Iraq," *Antiquity*, vol. 82, no. 315 (2008): 125–38, https://doi.org/10.1017/S0003598X00096496.
5. Sarah Parcak et al., "Satellite Evidence of Archaeological Site Looting in Egypt: 2002–2013," *Antiquity*, vol. 90, no. 349 (2016): 188–205, https://doi.org/10.15184/aqy.2016.1.
6. Sarah Parcak et al., "Using Open Access Satellite Data Alongside Ground Based Remote Sensing: An Assessment, with Case Studies from Egypt's Delta," *Geosciences*, vol. 7,

no. 4 (2017): 94, https://doi.org/10.3390/geosciences7040094.

7. 世界各地的考古同行都在各自领域提出同样的问题。紧随伊丽莎白·斯通的步伐，现在有很多项目是针对伊拉克和叙利亚境内的考古遗址的。目前，两国遗址被蓄意破坏和被劫掠的情况可谓触目惊心。(See Michael Danti et al., "The American Schools of Oriental Research Cultural Heritage Initiatives: Monitoring Cultural Heritage in Syria and Northern Iraq by Geospatial Imagery," *Geosciences*, vol. 7, no. 4 [2017]: 95, https://doi.org/10.3390/geosciences7040095; and Jesse Casana and Mitra Panahipour, "Notes on a Disappearing Past: Satellite-Based Monitoring of Looting and Damage to Archaeological Sites in Syria," *Journal of Eastern Mediterranean Archaeology and Heritage Studies*, vol. 2, no. 2 [2014]: 128–51, https://doi.org/10.5325/jeasmedarcherstu.2.2.0128.) 多段视频资料显示，盲目的暴民用锤子破坏已有4 000年历史的石碑纪念物 ("Casualties of War," *PBS NewsHour*, 27 February 2015, https://www.youtube.com/watch?v=DBrHUrUMifk, accessed 11 March 2018). 但还有一个视角：在"伊斯兰国"崛起之后，劫掠遗址活动日趋猖獗——那些憎恶文化的坏人摇身变为文化破坏者。在叙利亚，劫掠遗址活动自2010年开始猖獗，我想这与2006年至2009年的旱灾有关，当然也与全球经济衰退有关。叙利亚内战进一步加剧了这种原本就已经很糟糕的局势，而"伊斯兰国"则从中大赚特赚。

8. Protect and Preserve International Cultural Property Act, H.R. 1493, United States House of Representatives, https://www.congress.gov/bill/114th-congress/house-bill/1493 (19 March 2015), accessed 28 October 2017.

9. "Secretary Kerry Signs Cultural Property Protection Agreement with Egypt," US Department of State, https://2009-2017.state.gov/r/pa/prs/ps/2016/11/264632.htm, accessed 26 October 2017.

10. Julie Zauzmer and Sarah Pulliam Bailey, "Hobby Lobby's \$3 Million Smuggling Case Casts a Cloud over the Museum of the Bible," *Washington Post*, 6 July 2017, https://www.washingtonpost.com/news/acts-of-faith/wp/2017/07/06/hobby-lobbys-3-million-smuggling-case-casts-a-cloud-over-the-museum-of-the-bible/?utm_term=.e8d7123583da, accessed 7 March 2018.

11. Patty Gerstenblith, "Controlling the International Market in Antiquities: Reducing the Harm, Preserving the Past," *Chicago Journal of International Law*, vol. 8, no. 1 (2007): 169–95.

12. Zauzmer and Bailey, "Hobby Lobby's \$3 Million Smuggling Case."

13. Sarah Parcak, "Moving from Space-Based to Ground-Based Solutions in Remote Sensing for Archaeological Heritage: A Case Study from Egypt," *Remote Sensing*, vol. 9, no. 12 (2017): 1297, https://doi.org/10.3390/rs9121297.

14. Tom Mueller, "How Tomb Raiders Are Stealing Our History," *National Geographic Magazine*, June 2016, https://www.nationalgeographic.com/magazine/2016/06/looting-ancient-blood-antiquities/, accessed 28 October 2017.

15. Danny Lewis, "How 'Operation Mummy's Curse' Is Helping Fight Terrorism," *Smithsonian SmartNews*, 28 April 2015, https://www.smithsonianmag.com/smart-news/federal-agents-are-fighting-terrorism-tracking-down-missing-mummies-180955113/, accessed 28 October 2017; "ICE Returns Ancient Artifacts to Egypt," US Immigration and Customs Enforcement, 1 December 2016, https://www.ice.gov/news/releases/ice-returns-ancient-artifacts-egypt#wcm-survey-target-id, accessed 6 March 2018.
16. Kathleen Caulderwood, "US Returns $2.5M In Egyptian Antiquities as Experts Call for Tougher Punishment on Smugglers," *International Business Times*, 22 April 2015, http://www.ibtimes.com/us-returns-25m-egyptian-antiquities-experts-call-tougher-punishment-smugglers-1892622, accessed 28 October 2017.
17. Caulderwood, "US Returns $2.5M In Egyptian Antiquities."
18. "18 U.S. Code § 2315-Sale or Receipt of Stolen Goods, Securities, Moneys, or Fraudulent State Tax Stamps," *Legal Information Institute,* https://www.law.cornell.edu/uscode/text/18/2315, accessed 28 October 2017.
19. David Silverman and Jennifer Houser Wegner, "Unpublished Report on the Tripartite Coffin Set, Penn Museum, University of Pennsylvania Museum," provided by a confidential source at US Homeland Security in January 2015.
20. "Ancient Art," https://caryatidconservation.sharepoint.com/Pages/ancient.aspx, accessed 28 October 2017, link no longer working.
21. Jaromir Malek, *Topographical Bibliography of Ancient Egyptian Hieroglyphic Texts, Statues, Reliefs and Paintings. Volume VIII: Objects of Provenance Not Known: Statues* (Leuven: Peeters, 1999), 846–47.
22. Blythe Bowman Proulx, "Archaeological Site Looting in 'Glocal' Perspective: Nature, Scope, and Frequency," *American Journal of Archaeology*, vol. 117, no. 1 (2013): 111–25, https://doi.org/10.3764/aja.117.1.0111.
23. "Notice: Two Sentry Guards Killed at the Archaeological Site at Deir el-Bersha in Egypt,"*Association for Research into Crimes Against Art*, 22 February 2016, http://art-crime.blogspot.com/2016/02/one-killed-one-injured-at.html, accessed 8 March 2018.
24. Morag M. Kersel, "Go, Do Good! Responsibility and the Future of Cultural Heritage in the Eastern Mediterranean in the 21st Century," *The Future of the Past: From Amphipolis to Mosul, New Approaches to Cultural Heritage Preservation in the Eastern Mediterranean*, ed. Konstantinos Chalikias et al. (Boston: Archaeological Institute of America, 2016), 5–10.
25. Morag Kersel and Andrew C. Hill, "Aerial Innovations: Using Drones to Document Looting," *Oriental Institute News and Notes*, no. 224 (2015): 8–9.

12 面向大众的太空考古学

1. See "Galaxy Zoo," https://www.zooniverse.org/projects/zookeeper/galaxy-zoo/, accessed 19 February 2018.
2. See "Eyewire," https://eyewire.org/explore, accessed 19 February 2018.
3. See "Levantine Ceramics Project," https://www.levantineceramics.org/, accessed 17 February 2018.
4. Karen Eng, "GlobalXplorer° Completes Its First Expedition: What the Crowd Found in Peru," Medium, 10 April 2018, https://medium.com/@globalxplorer/globalxplorer-completes-its-first-expedition-what-the-crowd-found-in-peru-7897ed78ce05, accessed 10 April 2018.
5. Eli Rosenberg, "A Protest Damaged Ancient Monuments in Peru. The Repair Effort Led to the Discovery of Even More," *Washington Post*, 5 April 2018, https://www.washingtonpost.com/news/speaking-of-science/wp/2018/04/05/a-protest-damaged-ancient-monuments-in-peru-the-repair-effort-led-to-the-discovery-of-even-more/?noredirect=on&utm_term=.ec70c0b29980, accessed 5 April 2018.
6. Chris Hadfield, *An Astronaut's Guide to Life on Earth: What Going to Space Taught Me About Ingenuity, Determination, and Being Prepared for Anything* (New York: Back Bay Books, Little, Brown, 2015).
7. Chris Hadfield, "We Should Treat Earth as Kindly as We Treat Spacecraft," *Wired*, 25 November 2013, https://www.wired.com/2013/11/chris-hadfield-wired/, accessed 29 April 2018.